企业上市之路

7年内打造一家上市公司

李勇◎著

中国经济出版社
CHINA ECONOMIC PUBLISHING HOUSE
北京

图书在版编目（CIP）数据

企业上市之路：7年内打造一家上市公司／李勇著
．--北京：中国经济出版社，2022.10
ISBN 978-7-5136-7113-2

Ⅰ．①企… Ⅱ．①李… Ⅲ．①上市公司-企业管理-研究-中国 Ⅳ．①F279.246

中国版本图书馆CIP数据核字（2022）第183114号

策划编辑　燕丽丽
责任编辑　赵嘉敏
责任印制　马小宾
封面设计　久品轩

出版发行　中国经济出版社
印 刷 者　北京富泰印刷有限责任公司
经 销 者　各地新华书店
开　　本　710mm×1000mm　1/16
印　　张　18.25
字　　数　230千字
版　　次　2022年10月第1版
印　　次　2022年10月第1次
定　　价　68.00元
广告经营许可证　京西工商广字第8179号

中国经济出版社 **网址** www.economyph.com **社址** 北京市东城区安定门外大街58号 **邮编** 100011
本版图书如存在印装质量问题，请与本社销售中心联系调换（联系电话：010-57512564）

前言
Preface

你知道是什么阻碍了我们实现财务自由吗？诚如博多·舍费尔在《财务自由之路》中所讲，是故步自封、听天由命。我们每个人都应该有梦想，克服贫穷给我们带来的阻碍，努力创造更美好的生活。笔者专注于资本市场业务领域逾10年，曾遇见数百名创业者或企业家，他们怀揣梦想，在追求财务自由的道路上努力前行。

很多人说，新三板的崛起唤醒了很多企业家的资本意识，但并没有帮助企业家实现财务自由。“工欲善其事，必先利其器。”10年以来，笔者致力于研究并从事企业融资及上市、并购重组等工作。本书汇集了笔者在资本市场服务过程中遇到的难点和重点，并进行了归纳、提炼。市场上关于上市的专业书籍琳琅满目，主要集中在上市流程、上市条件以及上市案例等方面，而且内容详尽。本书在此方面进行弱化处理，将理论与实操相结合，涉及企业股权结构设计、股权激励、私募股权融资、境内外上市及财务造假识别等资本运作全流程内容。本书还总结了境内上市审核要点并将其作为附录，这部分内容相当于“考试题库”，其重要性不亚于本书正文所述内容，因为它关系到“考试”的通过与否。出于保护客户商业秘密的原因，笔者对实践案例进行了适当改编，并搜集了部分市场公开资料，希望读者从中获得启发，领悟资本运作背后的逻辑和手法，最终打造一家属于自己的上市公司。

笔者亲眼见证很多企业从设立到上市，实现市值从百亿元到千亿元的蜕变。但资本运作之路并不是坦途，你如果下定决心打造一家属于自己的上市公司，那么一定要全力以赴，甚至接受痛苦。

笔者衷心希望，这本书可以为创业者或资本市场从业者答疑解惑，使其在创业过程中避免一些陷阱，并预祝你们能在7年内创造一家属于自己的上市公司，甚至打造自己的商业帝国；衷心希望各位读者能满怀希望和信心，无惧创业或者从业的艰难困苦，一往无前，实现财务自由及自己的人生价值。由于时间和水平所限，本书难免有疏漏和不足之处，敬请读者提出宝贵意见和建议，以便进一步修订完善。

目录
Contents

Chapter

01

资本运作之初体验

· 你真正想要什么
· 资本运作成就造富神话
· 资本运作的践行者
· 打造一家上市公司
· 资本运作的基础

你真正想要什么

我想要什么

2011 年冬天，笔者在长安街上的某律师事务所参加面试，碰到一个同学（后来成为笔者一生的挚友）。面试结束后，我们兴高采烈地从天安门走过，唯一记得的就是北京寒风凛冽的冬天和当时内心的满足感。笔者若成功入职，就能拿到上万元月薪，这对于在北京郊区读书的应届毕业生来说，无疑是一笔巨款。自此，笔者进入了资本市场，当时根本不知道什么是资本市场及其业务，纯属误打误撞。

每当回想起那一天，笔者不禁问自己，当时为什么这么高兴？可能是因为作为一名律师将要持续面对法规及司法实践的更新，是一份绝对富有挑战性的工作；也可能是因为不菲的薪水，足以改变笔者的生活；抑或是因为即将走出校园，迎接色彩斑斓的新世界。无论何种原因，有一种情感是真实的，且到现在笔者都清晰记得：笔者找到了自己喜欢的、想要坚持下去的职业及人生道路。

创业者想要什么

笔者曾遇到过一位创业者王某。据自述，他在大学期间就开始做编程、做网站，小有积蓄；毕业之后便鼓起勇气去海南做共享汽车，在不认识任何人的情况下，通过拜访当地招商局领导，实现1,000台共享汽车成功落地。该项目比摩拜单车概念的提出及落地还要早，但由于用户的乘车习惯以及车辆使用单价太高等原因，并没有成功商业化。幸好项目最后被某著名的新能源汽车龙头企业收购，王某的创业项目才得以及时止损。随后王某成为该新能源汽车企业的董事长助理，通过后续的工作，偿还了之前做共享汽车项目所欠下的款项。蛰伏若干年后，王某重新创业并成立公司，考虑到新能源汽车保值率低的问题，推出新能源汽车的换购保值服务。

有一次笔者和王某交谈，他讲述了之前的创业经历。如果他不去创业，可能很早就非常富有，但因为创业，他变得非常“负有”。他经历过富有的生活，也许唯有创业并打造一家公司，才是他真正想要的。富有只是人生的一种状态，创造价值、改变现状，这种动态追求的过程，也许才是创业者孜孜以求的。

或许你和王某一样，正在创业或者计划创业，或者作为一名资本市场从业者，想要有独立发展的空间。也许你的企业处于创业阶段，业务模式还没有走通？也许你的企业资金流非常紧张？也许你的企业无法获得私募融资？也许你的企业无法快速打开市场？也许你的竞争对手在不停地抢占原本属于你的市场？也许你的企业已经遇到行业天花板，无法实现收入和利润的翻倍？你是否对企业的发展失去梦想？在不同的发展阶段，创业者会面临不同的问题。难道创业是为了获得无穷无尽的问题和烦恼吗？笔者猜测，这一定不是大多数人想要的。

生金蛋的鹅

伊索寓言里有一个故事《生金蛋的鹅》。故事的主要内容是一个农夫发现家里有一只鹅，每天都能生一只金蛋，于是每天将金蛋拿到市场上去销售；农夫虽然因为每天销售金蛋变得富有，但太过贪心，将鹅杀死并把鹅肚子剖开，结果却发现里面什么都没有，再也没有金蛋可以捡。无论是当年初入职场时笔者找到的第一份工作，还是王某不断地创业，抑或是农夫的鹅，无非都是希望在充满不确定性的外部环境下，获得巨额且持续稳定的财富。

对于创业者来说，他们想要的可能是打造一家公司，并通过上市等方式巩固公司行业地位，实现公司的快速、稳定发展，让它源源不断地为其及后代创造财富。在现代企业经营制度下，企业所有权与经营权相分离，内控制度健全的上市公司较一般公司具有更强的自我驱动力和生命力，像一只“生金蛋的鹅”，乖乖地为创业者生“金蛋”。

笔者发现，用友网络 2018—2020 年现金分红金额分别为 4. 74 亿元、6. 46 亿元和 6. 50 亿元。其中，控股股东获得分红金额分别为 1. 35 亿元、1. 83 亿元和 1. 84 亿元。[①] 控股股东源源不断地从用友网络分红，用友网络就是我们一直在寻找的生金蛋的“鹅”。

---

① 资料来源于《用友网络科技股份有限公司非公开发行股票申请文件反馈意见之回复报告》（修订稿）。

资本运作成就造富神话

香港上市创造财富

笔者从事律师行业参与的第一个项目，是某省大型民营企业香港上市项目。该企业主要生产铝产品，年总产能接近上百万吨，是位列世界前五的铝产品制造商。在此之前，该企业的老板成功设立一家纺织公司并在香港上市，该纺织公司也是当地百强企业。此次他要打造第二家上市公司。经过公司及各方近一年的努力，第二家上市公司顺利在香港主板上市，成功获得超过 70 亿港元的融资，市值接近 300 亿港元。按照其所持上市公司股票估值计算，他的身价翻了好几倍，超过百亿港元。此后，他一直稳坐所在省份首富的宝座。

从新三板到科创板的神话

2012 年，为了解决中小企业融资难问题，经国务院批准，全国中小企业股份转让系统（俗称“新三板”）从中关村科技园扩容至上海张江、武汉东湖、天津滨海等新区。2014 年，新三板扩容至全国。2016 年底挂牌数量突破至 10,000 家，全年新三板定增融资规模为 1,281 亿元。

然而，很多人抱怨新三板无法融资或者融资困难。投资最简单的逻辑是在标的公司估值增长的前提下，投资估值低的资产，并在资产估值提高后套现实现盈利。企业基本面不符合该投资逻辑时，融资自然就困难。新三板挂牌企业中存在较多基本面相对较差的公司，无法顺利融资属于正常现象。但是从新三板挂牌企业数量、历年融资规模、新三板转板上市企业情况来看，新三板的融资及造富效应仍然是值得肯定的。

为了推行股票发行注册制试点，经中国证监会批准，2019 年 7 月，科创板第一批 25 家企业上市。以 2019 年 7 月 22 日这 25 家企业股票收盘价为准，25 家科创板企业的平均涨幅达到 139.55%，总成交额约为 485 亿元，平均成交额达到 19.40 亿元，平均换手率为 77.78%，静态市盈率平均为 120 倍。开盘首日，16 家科创板上市企业实际控制人的持股估值超过 20 亿元，统计如图 1－1 所示。

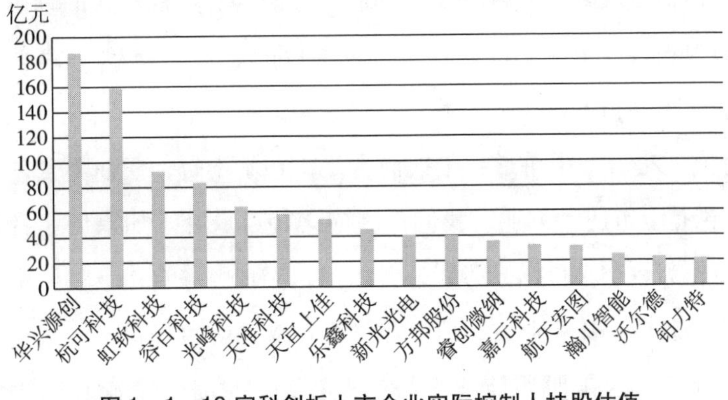

图 1－1　16 家科创板上市企业实际控制人持股估值

资料来源：Wind 数据库。

根据上述数据，若公司成功在科创板上市，实际控制人拥有的财富少则几十亿元，多则上百亿元，实现身价过亿元可能只是一个小目标。

成为下一个上市公司老板

也许你认为，笔者遇到的或所举案例都是全国范围内的优质企业，对自己而言并没有太多的参考意义。其实，大多数企业都是从小企业成长起来的，其间面临很多困境，如资金流紧张、员工流动性较大、融资碰壁、上市被举报以及IPO被否等，有人跨越障碍成为上市公司老板，有人创业失败消失在茫茫人海中。

曾经有一个上市项目，所有的IPO申报材料都已经准备就绪，由于该公司在新三板挂牌期间披露的财务数据与IPO披露的财务数据存在差异，实际控制人犹豫了。如果将这部分内容披露出来，公司存在被中国证监会及全国中小企业股份转让系统有限责任公司（新三板的运营机构）监管处罚或采取监管措施的风险。实际控制人对笔者说："要不我们不要做IPO申报了。"IPO申报准备工作已历时一年多，如果进行IPO申报，成功的概率至少50%；如果不申报，那意味着各方努力将付诸东流。项目延期半个月后，我们通过案例检索论证发现，虽然新三板与IPO披露的财务数据存在差异，但被行政处罚的风险较小，最终打消了实际控制人的顾虑并顺利完成上市申报。该企业上市首日股价较发行价上涨约150%，市值轻松超过100亿元。

《荀子·劝学》中讲道："锲而舍之，朽木不折；锲而不舍，金石可镂。"无论是上市还是创业，我们都不应该轻言放弃。如果创业者都可以先把上市作为一个小目标，那么笔者相信，实现财务自由、创立世界五百强企业带动就业、让企业成为地方经济产业支柱等目标也不会太遥远。同时，企业上市不仅是股票挂牌交易的那一刻，更是一个漫长的过程。因此，企业需要认真筹划和对待上市这一目标，遵守各项法律，规范财务流程，建立良好的内控及公司治理制度；要事前整体规划、全盘布局每一轮私募股权融资、员工股权激励实施等事项，只有这样才有可能快速实现上市，尽量少走弯路。

资本运作的践行者

从1990年沪、深证券交易所设立到境内企业在中国香港地区，以及美国等境外市场上市，整个资本市场的发展已经超过30年。资本市场的发展离不开拟上市企业、中介机构以及监管部门的相互沟通与支持，特别是很多创新制度的建立，都闪现着中介机构的智慧。其中，目前比较有借鉴意义的制度创新情况如下。

境外上市的新浪模式

新浪网在美国上市时，某律师创新性地设计出新浪模式，顺利绕开境外上市涉及的境内行业外资投资限制。其中，新浪模式又称VIE模式或协议控制。VIE即Variable Interest Entities，直译为可变利益实体，是指拟上市企业通过一系列的协议拥有利益实体的实际或潜在的经济来源，拥有如表决权、分红权等重要股东权利，但拟上市企业本身对此利益实体并不是《中华人民共和国公司法》（以下简称“《公司法》”）下真正意义上的持股。此利益实体指中国境内合法经营的公司。[①] 新浪网是第一个使用该模式的公司，因此该模式被称为新浪模式。

① 朴明根，张伟．美国证券化法规体系的重大变革及启示[J]．财经问题研究，2011（3）：77－83.

具体而言，为了解决境外投资者对境内增值电信业务公司持股的限制，境外上市主体通常通过其境内全资子公司（外商独资企业）与境内经营实体及其股东签订一系列法律文件，使境外上市主体能够实际控制境内经营实体并取得收益。通过此项操作之后，境外上市主体将不持有股权的境内经营实体纳入合并报表，从而间接实现上市目标。新浪模式的交易结构如图1－2所示。

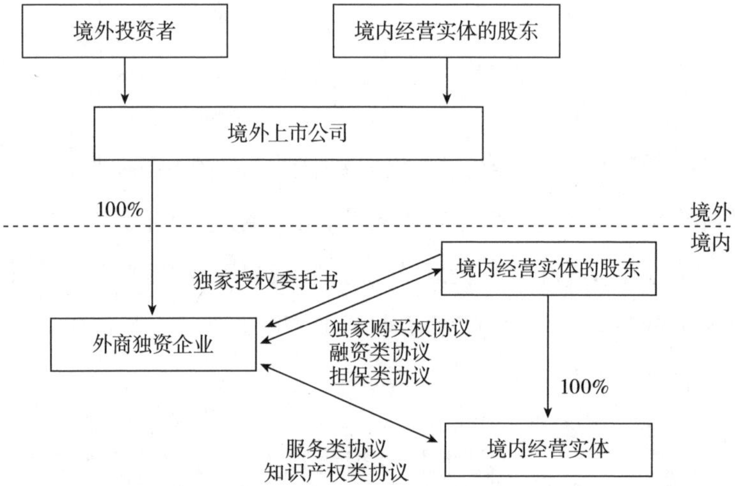

图1－2　新浪模式交易结构

新浪模式解决了外商投资行业的限制问题，在2000年以来的红筹上市项目中被广泛使用，是中国律师结合境外上市要求创造性设计的交易结构。严格来说，新浪模式是对中国外商投资制度的规避，曾经也有法院以“以合法形式掩盖非法目的”为由认定VIE协议无效①，由于涉及境外较多上市公司及境外投资者的利益，相应主管部门并未明确VIE协议的合法性。尽管如此，目前红筹企业上市及红筹企业A股上市，涉及外商投资限制领域的，都会采用新浪模式。

---

①《华懋金融服务有限公司与中国中小企业投资有限公司委托投资纠纷上诉案民事判决书》[(2002)民四终字第30号]。

境内上市注册制

境内上市在原来的核准制下，出现了上市企业排队的“堰塞湖”情况，存在 IPO 发行定价不得超过 23 倍市盈率、部分公司财务造假等问题。为了解决中国资本市场的前述问题，2013 年 11 月，党的十八届三中全会提出，推进股票发行注册制改革。当时中国资本市场发展不到 30 年，属于朝阳行业，未来发展趋势是走向国际化。笔者认为，全面推行注册制势在必行。从那时起，长期看好资本市场的观念就在笔者内心生根发芽。2013 年正是 A 股 IPO 暂停发行期间，中国资本市场处于低谷时期，相对于笔者对资本市场的美好憧憬及跃跃欲试，其他人士则可能对中国资本市场的前景相对悲观。他们认为，未来 10 年能实现注册制就不错了。

2019 年 1 月 28 日，中国证监会正式发布《关于在上海证券交易所设立科创板并试点注册制的实施意见》。2019 年 6 月 13 日，科创板正式开板并试点注册制。此时距离 2013 年 11 月已过去 5 年 6 个月的时间，比他们当时预计的时间提前了 4 年。上市审核注册制推行后，科创板及创业板的上市条件都加入了市值要求，比如科创板上市规则规定，“预计市值不低于人民币 15 亿元，最近一年营业收入不低于人民币 2 亿元，且最近三年累计研发投入占最近三年累计营业收入的比例不低于 15%”①，自此亏损企业亦可以在境内 A 股上市；同时还规定，“预计市值不低于人民币 40 亿元，主要业务或产品需经国家有关部门批准，市场空间大，目前已取得阶段性成果。医药行业企业需至少有一项核心产品获准开展二期临床试验，其他符合科创板定位的企业需具备明显的技术优势并满足相应条件”②，医药行业没有收入的企业亦可以在科创板申请上市。

上述发行审核制度的变更及注册制的推行，离不开中国证监会等监管

① 《上海证券交易所科创板股票上市规则(2020 年 12 月修订)》第 2. 1. 2 条。
② 《上海证券交易所科创板股票上市规则(2020 年 12 月修订)》第 2. 1. 2 条。

部门的推动，更离不开企业的呼吁，以及证券机构、律师事务所等中介机构在其中的斡旋。特别是，在资本市场相关规则公开征求意见时，证券机构、律师事务所等中介机构都会向监管部门反馈修改意见。

监管机构和中介机构联合推动境外上市程序

2021 年 12 月 24 日，中国证监会公布《国务院关于境内企业境外发行证券和上市的管理规定（草案征求意见稿）》和《境内企业境外发行证券和上市备案管理办法（征求意见稿）》（以下简称“境外上市新规”[①]）。境外上市新规针对境外上市监管制度的改革提出了原则性指导意见。前述改革的核心是推行全面备案制：对于 H 股上市和大红筹模式（香港上市的大红筹模式和小红筹模式定义详见第五章第二节内容），境内核准模式将变更为备案程序；而对于小红筹模式，则从“零报备”正式纳入备案监管。

自 2017 年起，笔者就在公众号“梧桐树下”讲授 H 股上市课程，希望通过公开讲课等方式，推动 H 股上市及相关制度变革，帮助更多人了解 H 股上市规则及动态，从而帮助更多企业实现“A + H”上市。预计 2022 年境外上市新规有望正式实施，H 股上市和红筹模式将被统一监管，与之配套的“全流通”监管规则有望出台。《公司法》的修订，打破了 H 股上市公司设置表决权差异安排（表决权差异定义详见第二章第二节内容）的制度障碍。因此，H 股上市模式预计将成为境外上市的主流方式。

监管机构、企业及中介机构等都是资本运作的践行者。有人创造新浪模式，有人推动注册制的落地，有人创业并推动公司上市，还有人在平凡岗位做资本市场相关项目。尽管每位参与者对资本市场的发展所做出的贡献存在差异，但他们在各自岗位推动资本市场运作及制度的建设和发展所做出的努力，都值得被铭记。

---

① 截至 2022 年 6 月 30 日，境外上市新规尚未正式颁布并实施。

打造一家上市公司

如前文所述，创业者想要的是生金蛋的“鹅”，即打造一家上市公司。但大多数人对资本市场并不熟悉，对资本市场的了解或许仅局限于“炒股”；就算是熟悉资本市场的人，也许都不敢把打造一家属于自己的上市公司作为目标。笔者结合从业经历，将打造属于自己的上市公司的方法汇总如下。

具有破釜沉舟的精神

公司老板若想要打造属于自己的上市公司，需要具有破釜沉舟的精神。这种精神可能体现在创业、股权融资、业务开展、上市等实体经营及资本运作的各个环节。

比如，公司在设立之初，产品可能没有成形，产品及技术可能没有找到具体的应用场景，商业模式及盈利模式可能不够完善。尽管如此，很多创始人放弃了优越的社会地位以及丰厚的工资，选择创业。在创业初期，这些创始人可能都没有给自己发工资，甚至要持续给公司垫付成本及费用，直到创业成功或者彻底失败。创业者既然选择了远方，便只能风雨兼程。

又如，在股权融资过程中，投资人会要求公司或实际控制人在特定情况（如无法在规定期限内完成合格上市、经营出现重大亏损、重大违约）下以股权回购作为兜底条款。绝大多数的公司实际控制人都没有办法拒绝该兜底条款，或者说该兜底条款已经成为市场上投资机构投资某公司的前提条件。如果发生回购情形，该回购义务极有可能导致实际控制人背负巨额债务，如罗永浩创业设立锤子科技失败后负债6亿元。

创业、股权融资等各个环节都在考验创业者是否具备勇往直前、破釜沉舟的精神。若创业者犹豫不决、瞻前顾后，可能就错过了公司快速发展的机遇。

资本运作成功的通用技巧

《论语·卫灵公》曰："工欲善其事，必先利其器。"掌握正确的方法，资本运作并非遥不可及。笔者根据从业经历，并借鉴从业过程中遇到的成功经验，将资本运作成功的通用技巧总结如下。

制定上市目标

正如巴金所言："从容思考，从速实行，方向永远比努力更重要。"如果方向不对，就算坚持到底，我们也无法顺利到达终点。人生旅途仅有一次，在有限的时间里，我们需要精心设计自己的人生。本章第一节就讲到了我们真正想要的是什么，我们只有想清楚这个问题的答案之后，才能规划人生的方向。有人说，我们的梦想就是不工作、"躺平"。如果整日在家无所事事，靠一些肥皂剧度日，那其实是虚度光阴。不工作、"躺平"，至少不应该是本书读者的梦想。与梦想有关的事情，尽管过程很痛苦，但收获更多的是喜悦。

从图1－3可以看出，2021年有23家公司从设立之日起计算，在7年内完成在A股上市，其中7家公司属于计算机、通信和其他电子设备制造业，4家公司属于医药制造业。根据前述案例，我们尝试规划一份理想的上市进程时间表，即从公司成立的第1～2年进行业务布局，建立自己的盈利模式；第 3～5 年，作为上市申报报告期，呈现完美的业绩增长；第 6～7 年进行上市申报及发行工作。因此，7 年内打造一家上市公司，从实践及理论上看都是具有可行性的。

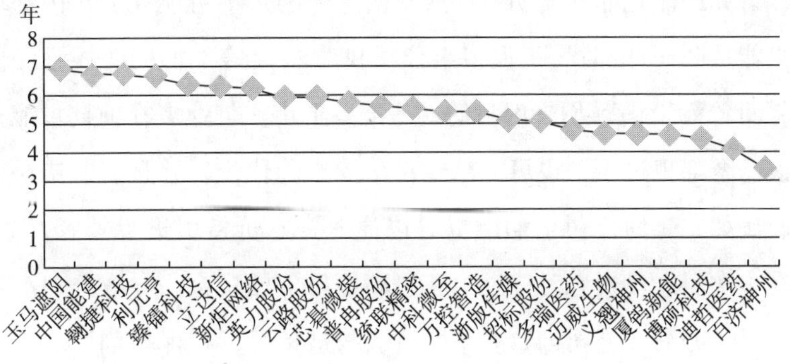

图 1－3　2021 年自设立之日起 7 年内成功上市的公司

资料来源：Wind 数据库。

聘请资本运作专业人士

东京奥运会期间，抖音一条热门视频中提出一个问题：为什么体育世界冠军也需要找一名教练？其实，教练就是他们的专家顾问，其优势在于教授他人方法。拥有丰富经验的教练能及时指出运动员的不足，同时为运动员制订具有针对性的训练计划，从而在短时间内激发运动员的潜力，而运动员只需要按照训练计划将自己的天赋表现出来即可。

大多数事情都是有迹可循的，我们需要做的是找到专业人员，并指导我们工作。对于资本运作而言，专业人员包括证券公司投资银行部门的工作人员、专门从事资本市场业务的律师和会计师，以及专门协助公司资本运作的财务总监、董事会秘书及其他专家顾问。在目前这种经济环境以及急功近利的职场氛围里，想要寻找一位专门协助公司进行资本运作的人员，需要付出的代价相对较高，不仅要有股权激励，年薪也可能上百万元。因此，公司可以选择折中方案，寻找投资银行机构、律师及会计师等中介机构来对公司进行专业辅导，以降低成本。中介机构人员相比企业内部人员更专业，但可能同时辅导上百家公司或企业，在每个企业身上耗费的时间和精力相对有限。

马云在提及蔡崇信时曾说："我特别草根，而他受过专业教育并训练有素，讲究纪律且非常聪明。像蔡崇信这样的人不可能在公司内部培养出来，只能从公司外部找。"但多半公司找"蔡崇信"们的时候已经快要上市了，而"蔡崇信"们来的目的就是准备上市。创业者在前期可能把该犯的错误已全部犯过了，也可能已经付出惨重的代价，并且有些错误根本不可逆。比如，有的公司早期融资时以注册资本价格引进投资者，一方面，公司在本次引入投资者时错过了获得高额融资的机会，导致公司产生实际损失；另一方面，公司创始股东所持股权被稀释，在保持创始股东控制权的情况下，未来融资所能稀释的股权比例下降，导致公司未来可以融资的金额减少。

我们一般建议企业寻找刚毕业的学生，由专业的中介机构在服务企业过程中，顺便对他们进行培养，在他们遇到问题时及时予以解答，经过3~5年的培养，他们是有可能被培养成为"蔡崇信"的。对于企业而言，刚毕业的学生可塑性强，成本较低；同时，中介机构相对来说更专业，而且某些专业机构对公司具有背书作用，可以弥补刚毕业学生的不足。

为资本运作付出超额努力

稻盛和夫曾说，"极度"认真地工作，能扭转人生①。笔者见过的很多企业实际控制人都是没有周末的工作狂，无论再苦再累，只要睡一觉就能满血复活。

竭尽全力，只为解决问题

曾经有一家高科技公司，自然资源部通过航空拍摄对比发现了该公司违法占地的行为，要求该公司退还非法占用的土地并处以50万元的罚款。

---

① 稻盛和夫．干法[M]．北京：机械工业出版社，2021.

当时该公司并没有实现盈利，每月至少要支付员工工资 1,000 万元。公司表面光鲜亮丽，实则处于倒闭边缘，又遇到前述行政处罚。

公司老板去当地县政府找到县长，恳求县长帮忙协调解决问题。在公司老板 3 次去县政府拜访县长后，县长终于被老板的执着打动，给老板介绍了当地的政府引导基金，并协调政府走流程，帮公司解决违法占地的问题。经过多轮投资谈判，公司顺利获得 2,000 万元的 A 轮融资。公司获得资金后，缴纳了罚款，并通过招拍挂程序顺利取得土地使用权。

老板与县长原本不认识，因为企业遇到上述突发情况，不得已才到县政府请求帮助，并竭尽全力，终于解决了公司的问题。

专业做到极致，获得认可

曾经有一家医疗器械公司，设立最初运用镀膜机从事晶体镀膜服务，由于未能够突破晶体镀膜核心工艺技术，未进入晶体镀膜市场。2004—2008 年，该公司转向微投影显示应用领域，研究开发了 IBS 镀膜技术，并基于医疗行业产品的需求，通过微投影显示领域的镀膜技术，逐渐积累形成可应用于医用成像器械领域的自有核心技术。其中，公司自主研发的高清荧光腹腔镜器械被全球最大的骨科及医疗科技公司采用。

这家医疗器械公司能在没有客户的时候专心搞研发，创造了世界上最先进的医疗技术，最终获得全球最大的骨科及医疗科技公司的认可，并水到渠成地在科创板成功上市。我们相信，只要专业做到极致，无论是客户还是资本市场，都会给予认可。

资本运作必须持之以恒

稻盛和夫曾说："纵使是自不量力的梦想，是看似高不可攀的目标，还是要在胸中牢牢立下这个目标，并坚持不懈地在同仁们面前展示这个目标。"[①] 如果方向对了，但是不懂得坚持，我们永远到达不了终点。对于上

---

① 稻盛和夫．干法［M］．北京：机械工业出版社．2021

市而言，持之以恒是必不可少的要素。以下案例充分说明了持之以恒的重要性。

3 次 IPO 背后的坚持

白云电器3次上市审核之路

早在2007年9月，广州白云电器设备股份有限公司（以下简称“白云电器”）就计划登陆深交所中小板，但在中国证监会发审会上会之前因“相关事项待进一步审核”被取消审核。2012年1月，白云电器第二次上市审核，同样拟登陆深交所中小板，被中国证监会发审委否决。

中国证监会在《关于不予核准广州白云电器设备股份有限公司首次公开发行股票申请的决定》（证监许可〔2012〕232号）中指出，公司的实际控制人为胡氏五兄妹，其子女同时投资设立白云电气集团有限公司（以下简称“白云电气集团”，即白云电器的兄弟公司），并通过白云电器集团控股、参股多家公司（以下简称“关联方”）。关联方与白云电器都从事输变电设备业务，存在相同客户的情形；其中，白云电器集团的参股公司东芝白云真空开关管（锦州）有限公司（以下简称“东芝白云锦州”），其主营产品真空开关管主要配套在白云电器持股50%的合营公司广州东芝白云电器设备有限公司（以下简称“东芝白云”）所生产的产品10－35KV真空断路器中，东芝白云锦州在2009年和2010年向东芝白云销售产生的收入占其自身营业收入的比重高达30%以上，同期白云电器与东芝白云之间存在持续的关联采购和销售。因上述同业竞争及关联交易事项，中国证监会认为白云电器不符合《首次公开发行股票并上市管理办法》第二十条“发行人①在独立性方面不得有其他严重缺陷”的规定。

2016年3月22日，白云电器成功在上海证券交易所（以下简称“上

① 发行人是指申请公开发行股票的公司，是拟上市公司申请上市时的简称，与中国香港上市所称的上市申请人意思相同。

交所”）上市。为了能够通过此次审核，白云电气集团实施了资产重组，以增强白云电器的独立性。对于与东芝白云存在持续交易的东芝白云锦州，白云电气集团将所持股权转让予白云电器；对于与白云电器存在非电网类重叠客户或同一供应商的附属公司，白云电气集团均将其对外转让；对于与白云电器仅存在电网公司重叠客户的附属公司，基于国内电网系统现行的国有垄断格局以及该体系严格执行的招标规则，能够保证各方在投标过程中的独立性，白云电气集团将其保留在体内。白云电器就独立性问题做出专项说明并予以解释，明确白云电气集团下属企业中仅南京电气集团、桂林电容与白云电器存在相同客户的情形，相同的客户为南方电网和国家电网，公司与南京电气集团、桂林电容的业务与管理均相互独立。① 据此，白云电器在第三次申报 IPO 时才成功上市，加上上市申报前的准备时间，其整个 IPO 历程长达 10 年。

A 股“钉子户”的 10 年

乔丹体育的漫长上市之路

乔丹体育于 2011 年 11 月通过中国证监会发审会审核，10 年多的时间过去了，创下 A 股排队等待 IPO 批文时间最长的纪录，被称为 A 股“钉子户”。

乔丹体育主要从事运动鞋、运动服装和运动配饰的设计、生产和销售，其创始人丁国雄于 1991 年注册了“乔丹”商标。随后乔丹体育迅速成长，于 2011 年 11 月递交了 A 股 IPO 申请。截至 2011 年 6 月 30 日，乔丹体育的业务已经覆盖 31 个省级市场营销网络，专卖店超过 5,700 家。② 2011 年 11 月 25 日，乔丹体育 IPO 首发申请获得发审会通过。按照原计

① 资料来源于 2016 年《白云电器首次公开发行 A 股股票招股说明书》。
② 资料来源于 2011 年《乔丹体育股份有限公司首发招股说明书(申报稿)》。

划，该公司将于2012年3月底前实现A股IPO上市，成为当时的“A股第一体育品牌”。

遗憾的是，2012年，美国NBA篮球明星迈克尔·乔丹向中国商标评审委员会提出撤销申请，请求撤销时称乔丹体育的第6020578号“乔丹及图”商标。2012年2月，迈克尔·乔丹以侵犯其姓名权为由向上海市第二中级人民法院提起诉讼，随后以侵犯名誉权提起民事诉讼，以及提起撤销商标权的行政诉讼。2016年4月，最高人民法院判定乔丹体育注册的78个商标中有3个商标违规，判定撤销使用。

2019年10月，最高人民法院做出判决，以乔丹体育注册的手持球图案商标没有体现乔丹个人特征，不具有可识别性为由，认定乔丹体育的商标并未损害迈克尔·乔丹的肖像权。2020年3月4日，最高人民法院针对美国“飞人乔丹”（Air Jordan）品牌状告乔丹体育商标侵权案公布《迈克尔·杰弗里·乔丹、国家知识产权局商标行政管理（商标）再审行政判决书》[（2018）最高法行再32号]，认定乔丹体育明知再审申请人迈克尔·乔丹在我国具有长期、广泛的知名度，仍然使用“乔丹”申请注册争议商标，容易导致相关公众误认为标记有争议商标的商品与再审申请人存在代言、许可等特定联系，损害了再审申请人的在先姓名权。争议商标的注册违反了《商标法》规定，依照《商标法》应予撤销，由国家知识产权局就争议商标重新做出裁定。至此，乔丹体育与迈克尔·乔丹持续近9年的商标诉讼拉锯战终于落幕。

外界人士只看到乔丹体育在中国证监会排队上市，却看不到其为保证上市审核程序不被终止，每6个月需要更新一次财务数据，需要保荐机构、会计师及律师更新招股书、审计报告及法律意见书，在这段时间需要面对中国证监会的财务专项核查程序、股东穿透核查等各种审核要求。虽然乔丹体育尚未成功上市，但其持之以恒的精神着实令人佩服。同时，乔丹体育对于商标侵权缺乏法律意识，是这一悲剧发生的根本原因，也给予我们警示。

公司成立30年才上市

2021年成功上市的公司中，成立时间超过30年的公司情况如图1－4所示。

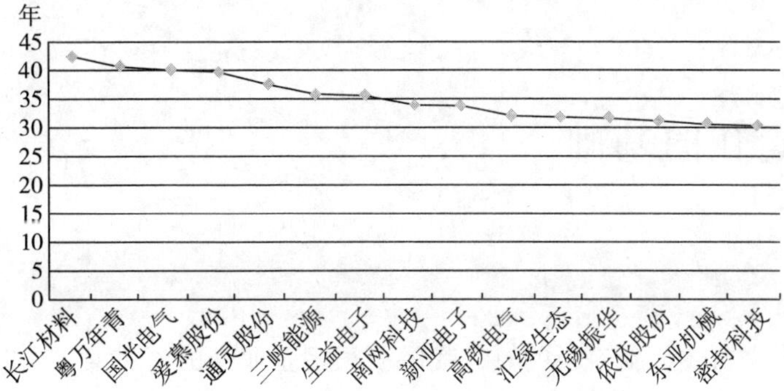

图1－4　2021年成功上市且成立时间超过30年的公司

资料来源：Wind数据库。

吴晓波曾说："只有6%的中国企业能够活过10年。"在这些企业中，能上市的公司更是凤毛麟角。星光不问赶路人，时间不负有心人。我们唯一要谨记的是，不要丢掉自己的梦想和目标，持之以恒地走下去。

资本运作的基础

如上文所述，新三板的崛起唤醒了很多企业家的资本意识。近年来进入“全民 PE 时代”，非常多的企业以上市为目标，开展私募融资及股权激励等资本运作事项。诚然，资本运作可以为企业的发展带来足够的资金，引进高端人才，但是我们不能忘了资本运作的基础。

做好企业才是王道

近年来，股权激励在市场上被传得神乎其神。笔者曾遇到一家新能源汽车公司，该公司处于起步阶段。创始人和蔚来汽车旗下某投资者沟通创业想法，拿到 200 万元的天使轮投资。该创始人已经创业多次，深谙资本运作方法，于是找到了国内顶级投资银行、顶级律师事务所及会计师事务所为其操作员工股权激励。在征求员工意见后，竟然没有人愿意投资该公司。员工对公司的基本情况是最清楚不过的，既然员工都不愿意投资公司，就说明该公司生产经营存在潜在风险，一旦投资可能就血本无归。

经济基础决定上层建筑，无论是股权激励、私募融资，还是企业上市，资本运作都建立在企业运营的基础之上。在初创阶段，公司的首要任务是做好业务，提高收入及利润。对于这一阶段的公司而言，股权激励的作用是有限的，甚至会产生负面效果。“不以结婚为目的的谈恋爱，都是要流氓”。公司如果经营不好，无论是股权激励，还是引进投资者，都是要流氓。说得严重一些，这些为了融资而融资的公司，并没有想要提高公司的经营业绩，是资本市场领域的“骗子”。因此，把企业做好才是资本运作的基础。

舍本逐末的资本运作

“假”融资方式

曾经有一家城市轨道交通领域的人工智能企业，业绩较差，且应收账款较高，存在现金流断裂的风险。该企业为提高估值，选择引进某人工智能投资公司的投资，投资金额超过1亿元。同时，该公司与人工智能投资公司约定，向人工智能投资公司购买人工智能产品，价值约1亿元。

经过这样的一番操作，该公司获得融资以显示出高估值，且有著名的人工智能投资公司作为股东进行背书，在业务中也会使用到人工智能产品，只要顺利完成销售，资金就能回收。此外，人工智能投资公司完成投资后，在账面上形成长期股权投资或金融工具，同时其将人工智能产品进行高价销售，有利于增加营业收入及净利润。

上述操作看似天衣无缝，但该公司迟迟不能消化掉购买的人工智能产品，因此在财务上需计提存货减值，对公司利润产生较大的影响。不仅如此，该公司在完成上述融资后，提出以25亿元作为投前估值进行融资，是上一轮投后估值的2.5倍。其实资本市场圈子并不大，只要是比较有名的企业或者运作方式，圈内人士大部分都知晓。该公司提及其私募融资的情况及估值时，虽然没有明确引进人工智能投资公司的投资与购买人工智能产品是互为条件的一揽子交易，但市场上很多投资者早就遇到过上述操作模式。此后，这家公司在市场上融资2年，都没有找到合适的投资者，融资以失败告终。

财务数据造假

由于财务尽职调查的细致程度较低，私募股权投资领域存在较多的财务造假行为，只是鲜有媒体报道出来。曾经有一家通信领域的企业，属于高科技公司。由于境内通信业务主要被三大运营商垄断，境外通信频段可以自由买卖，该公司只能将产品销往境外，并在境外开展通信业务，境外销售金额占比达95%以上。

为了完成对赌业绩指标及下一轮融资，该企业在境外销售收入存在较大金额造假的情况。由于审计要求不高，非上市公司的财务造假难以被发现。但该公司想要登陆资本市场（包括上市、被并购），那绝不是一件容易的事情。这便是该通信企业这些年一直在说马上要申报上市、公司正在进行私募融资，却只能完成私募融资、迟迟不能完成上市的原因。

因此，把企业做好才是资本运作的基础，资本运作结果可反作用于公司运营。如果企业一味地追求资本运作，特别是采取一些虚假的手段，而放弃了做好企业的初衷，这势必是一条歧路。

如何把企业做好

稻盛和夫在《干法》一书中提到了他年轻时的一则故事。他曾经想学习成功经营者的经营秘诀，于是去听了当时在日本被称为“经营之神”松下幸之助的演讲，演讲的主题是“水库式经营”。所谓“水库式经营”，是指企业在经营过程中要事先做好准备，做到洪水来时像水库一样蓄水，干旱时像水库一样放水。[①] 比如公司在经营时需要1亿元的流动资金，则需要准备2亿元资金，以应对某些突发情况。这些准备体现在研发、生产、销售、人员、资金等各方面，类似于我们所说的未雨绸缪，只有这样才能抵御经营风险。

---

① 稻盛和夫．干法[M]．北京：机械工业出版社，2021.

演讲结束后，有人举手提问："这些道理我们都明白，怎样才能做到未雨绸缪呢？如果不教授我们具体的方案，我们很难办到。"但是松下幸之助思索片刻，说道："不，你不想可不行啊。"未雨绸缪的方法千差万别，每个企业都有适合自己的方法，松下幸之助无法直接告诉提问者如何操作，需要提问者进行认真思考，这种思考是一切的开始。

企业如果要建成属于自己的"水库"，千方百计想办法即可。同理，如何把企业做好，每个企业都有适合自己的方法，有的靠股东背景，有的靠技术实力，有的靠销售渠道，有的靠资金实力，还有的凭运气。创业者需要努力去想、去布局、去实践。

Chapter

02

创业如何提前布局

· 理顺市场环境

· 防为他人作嫁衣

· 股权分配与结构设计

· 善用股权激励

· 合理的税务筹划

理顺市场环境

创业需要顺势而为

IDG资本全球董事长熊晓鸽曾说，成功的创业者永远是少数，投资100个项目，有20个项目成功就非常不错了。熊晓鸽这一代人很幸运，遇到了中国对外开放、互联网的普及等。近年来中国香港首富李嘉诚抛售境内地产资产并投资境外房地产，网民口诛笔伐也无法阻挡其投资决策。胡润研究院发布的《2022胡润全球房地产企业家榜》显示，李嘉诚以2,050亿元成为全球房地产首富，而恒大集团董事长许家印以“－230亿美元”成为全球财富下降最多的房地产企业家。

无论是熊晓鸽所谓的“运气”，还是李嘉诚投资决策的改变，都在于他们对所在行业市场环境及未来发展的有效把握。换言之，这些企业家成功的关键在于对趋势的把握，然后顺势而为、乘势而上。

李嘉诚先生的长袖善舞

李嘉诚先生，1928年7月29日出生于广东潮州，其12岁就投靠舅父庄静庵，起初在钟表公司打工，随后在一家塑胶厂当销售员。由于销售业绩突出，他在塑胶厂工作了两年就升任塑胶厂总经理，那年他18岁。1950

年，李嘉诚决定创业，在向亲友借了5万港元的情况下，创立了长江塑胶厂。随后长江塑胶厂由塑胶花产品转型为塑胶玩具，实现1,000万美元的出口额，成为中国香港塑胶玩具销售冠军。从塑胶花产品到塑胶玩具的转型成功，完全取决于李嘉诚对国际市场形势的判断。

1965年2月，由于房地产泡沫，中国香港发生银行信用危机，房地产价格暴跌，李嘉诚大量收购低价楼盘。3年后，房地产价格恢复正常，李嘉诚又高价抛售房产，从而实现盈利，并成功进入房地产市场。别人恐惧的时候，方是最佳时机。李嘉诚以其独到的眼光和果敢在短期内通过房地产市场获得巨大收益。

1990年，李嘉诚在英国投资Orange电信公司，总投资额为84亿港元，主要在英国从事电信业务，Orange公司于1996年在英国上市。2000年4月，李嘉诚将其持有的Orange公司40%股份转让给德国电讯集团，转让对价为1130亿港元，创下中国香港有史以来获利最高的交易记录。3年时间，李嘉诚便获利逾千亿港元，资产暴涨一倍。

2015年，李嘉诚下属的长江实业与和记黄埔两家上市公司进行重组及分拆，长江实业及和记黄埔的非房地产业务及房地产业务将分别进行合并，而合并的非房地产业务及合并的房地产业务再进行划分，由两家新公司——长江和记实业有限公司和长江实业地产有限公司（以下简称“长地”）分别持有。其中，地产业务重组进入长地（股票代码：1113），并以介绍方式在香港联交所上市。笔者有幸见证并参与该“世纪大重组”项目。

无论是早期成功转型塑胶玩具，还是通过房地产市场低价套利；无论是在英国投资电信公司上市退出，还是重组地产及非地产业务、转换地产投资区域，都显示出李嘉诚对趋势超强的预判及执行力。

资本运作亦需顺势而为

李嘉诚白手起家及持续发展的故事告诉我们，在企业经营过程中，要抓住商机，顺势而为。资本运作也需要顺势而为。

2019 年 11 月，阿里巴巴重返香港联交所进行第二上市，当日市值超过 4 万亿港元，成为在香港联交所上市企业中超过腾讯控股有限公司（以下简称“腾讯”）且市值排名第一的上市公司。[①] 无论是早期的蔡崇信还是之后的总经理张勇，都具有高超的资本运作能力，所以他们才能在阿里巴巴的成长和扩张中发挥至关重要的作用。

资本运作要跟随宏观大势

顺势而为的前提是要把握势能的方向，并掌握大势的持续时间。对大势的判断越清晰，你抓住的机会也就越多。站在风口上，猪也能飞起来。比如在宏观经济低迷的时候，可以进行纵向并购；在市场利率较低时，发行优先股或者债券；在经济环境活跃时，提前上市并预判风险。证券市场历来都是宏观经济的“晴雨表”，证券市场发行审核政策也可能随宏观经济情况而变化，我们则需要及时把握住企业上市发行的窗口。

资本运作要跟随产业或行业周期

产业导入期，企业拼的是谁有先发优势；快速成长期，随着竞争者不断增多，需要比拼业务；行业供大于求、集中度趋于提升的时候，企业拼的是组织能力和扩张能力；产业成熟期，当行业中出现寡头，供需趋于稳定时，拼的就是资本；产业衰退期，企业比拼的是转型——看谁更有眼光、更有决心、更快速转型。资本运作应尽可能避免在产业衰退期进行，尽量在产业导入期、快速成长期、产业成熟期进行，这样企业才能获得一

① 资料来源于 https://finance.sina.com.cn/chanjing/gsnews/2019-11-27/doc-iihnzahi3616754.shtml。

个较高的估值。

资本运作要跟随企业战略

企业要根据内外部环境，进行相应的宏观分析、产业分析、行业分析、竞争分析。企业通过这些分析，找出自己在业务领域成功的关键因素，最后制定战略。同时，企业的资源是有限的，在制定战略的时候，过度扩张或过度保守都不可行。管理层一定要站在企业整体发展的角度看待资本运作，把资本运作作为公司战略，由公司老板或高级管理人员亲自坐镇。

防为他人作嫁衣

企业创始人与外部投资者对于公司控制权的争夺已经屡见不鲜，尤其在市场经济繁荣的年代。随着企业的不断壮大，创始人为了企业的发展，势必会引入外部投资者。但事物往往都有两面性，企业因发展需要在不断引入外部投资者的同时也稀释了其实际控制人的股权比例，增加了新股东与原实际控制人之间争夺公司控制权的可能性。

控制权的重要性

早期投资中，投资者一般关注创始人（企业实际控制人）的管理能力、技术能力、执行力等。投资者投资某家企业与其实际控制人有相当大的关系，也就是我们常说的“早期投资就是投人”。因为实际控制人对公司发展规划及经营决策都发挥着至关重要的作用，特别是早期，不同实际控制人对公司发展的影响会有本质的区别。同时，在上市审核时，科创板及创业板要求公司实际控制权最近两年不发生变化。由此可见，公司的控制权不仅代表公司归谁管理，或者谁持有的公司股东表决权更多，更关系到这家公司能否成功或者成为一家伟大的公司。

在出现控制权争议时，公司在经营决策上可能会出现问题，进而对公司生产经营产生重大不利影响。根据历史经验，存在控制权之争的企业，大多数都损失惨重，耳熟能详的有国美电器实际控制人黄光裕与原董事局主席陈晓之间的控制权之争、万科管理层与宝能集团的控制权之争。同时，还有堪称宫廷大戏的山水水泥的控制权之争，其持续时间之久，涉及相关方之多，让人瞠目结舌；加之2015年年底的暴力事件，当时斗争的激烈程度及紧张气氛，让笔者终生难忘。

山水水泥的控制权之争[①]

山水水泥于2008年7月4日在香港联交所主板上市，为中国水泥行业的第一只红筹股，其经营实体就是山东山水水泥集团有限公司，是国家重点支持的12家全国性大型水泥企业之一。

2011年，山水水泥执行董事李延民退休，所有股权均转交张氏信托，山水水泥实际控制人及董事长张才奎通过控股股东山水投资持有公司81.74%的股权。为了巩固控制权，张才奎在2013年11月12日发布了山水投资《股份回购方案》和《境外信托退出性收益分配方案》。该方案规定，山水投资股份回购所需的资金均来源于自有资金，为山水投资于上市公司山水水泥取得的年度分红。相当于山水投资用属于职工股东和退股高管的分红去回购属于他们的股份，因此，回购条件没有得到所有职工股东和退股高管的认可。该方案在公司内部引起轩然大波，成为山水水泥控制权之争的导火索。

自此，山水水泥内部诉讼迭起、纠纷不断，各路资本争相涌入。首先，中国建材以定向增发的方式被引入持股16.67%，稀释后山水投资持股比例为25.09%；其次，原股东亚洲水泥持续增持山水水泥股份，持股比例达到20.90%；最后，天瑞水泥通过二级市场增持山水水泥股份，持股比例达28.16%。在这个时间段，各路资本集结，准备夺取山

① 资料来源于https://xw.qq.com/cmsid/20210511A0BL1U00。

水水泥的控制权。控制权引发的一系列纠纷，使山水水泥一度陷入经营困境。2015 年度，山水水泥亏损近 67 亿元，2016 年亏损 9.79 亿元。2015 年 12 月底，山水水泥济南总部发生了一宗暴力事件，前任董事陈某连同一群黑帮成员强行闯入济南总部，毁坏办公室内的财务资料，并袭击山水水泥的员工。

2015 年，陈宏庆购买山水投资职工所持股份，但他没有直接与职工进行股权交易，而是在高管的协助下，以刘德权、郝广祥等 11 名职工代表的名义收购山水投资股份，并签订了《借款协议》。为了维护企业及员工队伍的稳定，2017 年 9 月，济南产业发展投资集团有限公司开始收购山水投资员工股份，拟间接实现对山水投资的控制，以解决山水水泥的控制权争议问题。相关购股代表将山水投资股份转让给济南产业发展投资集团有限公司，股权归属再次发生纠纷。为了明确股权归属，双方对几千名职工股东提起诉讼，要求确认股权归属，并要求员工履行股份转让义务。

山水投资是在中国香港注册成立的公司，由于存在股权诉讼，双方的股份均未完成过户。山水水泥的大部分股权归属于谁，如今仍未有实质结果。自 2013 年以来，这场控制权之争持续时间至今长达 9 年，股东对职工股份的争夺，实际上是对上市公司控制权的争夺。未来山水水泥又将落入谁手，仍是悬念。

决定控制权归属的关键因素

京东集团创始人刘强东曾说："我如果失去京东的控制权，会第一时间把它卖掉！拿钱走人!"没有刘强东，就没有现在的京东集团。企业的发展需要不断引进新人员和外部资金。人员的引进可能需要授予其股权，外部资金的引进则对应新投资者，进而导致实际控制人的股权比例不断被稀释。

《公司法》规定，增加或者减少注册资本、修改公司章程、变更公司形式以及合并、分立及解散等重要事项，均需提交股东（大）会审议。[①]同时，需要提示说明的是，由于存在表决权委托等方式将股权收益权与股权表决权相分离，决定公司控制权的关键因素是表决权比例，而不是持股比例。公司表决权比例对应的权利如图 2－1 所示。

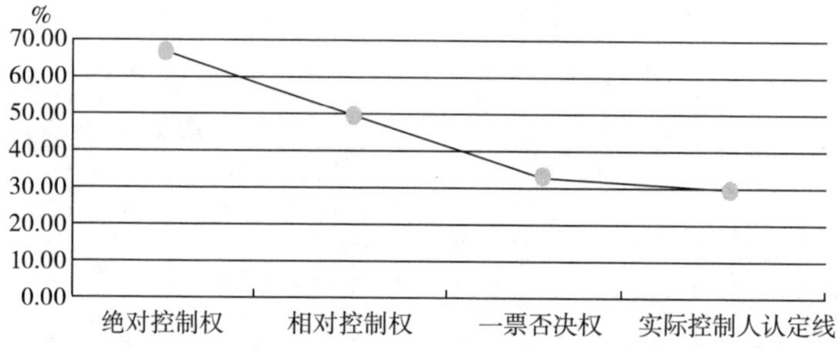

图 2－1　公司表决权比例对应的权利

资料来源：笔者整理。

《公司法》对公司表决权比例对应的权利做出如下规定：

第一，增资、减资及修改公司章程等重大事项需要股东（大）会 2/3 以上表决权审议通过。因此在拥有超过 66.67% 股权表决权的情况下，该股东对公司具有绝对控制权。

第二，除重大事项外，选举董事、监事，财务预算方案、结算方案、利润分配方案等一般事项，需要股东（大）会半数以上表决权审议通过。因此，在拥有超过 50% 股权表决权的情况下，该股东对公司具有相对控制权。

第三，在股东拥有超过 33.33% 股权表决权的情况下，对于公司增资、减资及修改公司章程等重大事项具有否决的权利。

第四，根据上市审核要求，发行人股权较为分散但存在单一股东控制比例达到 30% 表决权情形的，若无相反的证据，原则上应将该股东认定为

① 摘自《中华人民共和国公司法》（2018 年修正）第四十三条。

控股股东或实际控制人。

满帮集团张晖拿回控制权，带领公司纽交所上市敲钟

2021年6月22日，“数字货运第一股”满帮集团成功在纽交所敲钟挂牌上市。在上市现场，满帮集团董事长兼CEO张晖在致辞中说道，其最感谢的是戴文建，他带领的货车帮曾是运满满的死对头，现在却变成惺惺相惜的兄弟。张晖直言：“我们有太多惊心动魄的故事，如果要是复盘去拍一部电影，绝对是任何一位导演和编剧都想不出来的故事。”

1. 运满满与货车帮合并，张晖交出CEO职位

满帮集团系由运满满与货车帮于2017年11月合并而来，在合并谈判过程中，张晖态度很强硬：“如果我不是CEO，根本就没必要谈下去。”双方谈判一度陷入僵局，合并后满帮集团的CEO由谁担任成为此次交易的核心问题。经过一段时间的沉淀，权衡利弊之后，张晖选择以大局为重。最终确定满帮的董事长兼CEO由运满满投资人王刚出任，货车帮CEO罗鹏和运满满CEO张晖兼任集团联席总裁。①

实际控制权不明晰的“三驾马车”架构很快便出现问题，王刚、张晖与罗鹏分别是投资人、创始人和职业经理人的心态，团队和文化并没有实现真正的融合。于是公司出现两种政策、两个团队，各自为政，成本倍增，迈入了艰难时代。

2. 张晖取得多数股东支持，担任CEO职位

张晖为了改变现有相互掣肘的公司管理机制，找到所有投资人，通过逐一交谈，取得了红杉、软银等投资者的支持。其中，软银持股22.2%，红杉持股7.2%，并且早已离开货车帮的戴文建也成为张晖的支持者。2018年12月，满帮召开董事会，张晖担任CEO的议案因获得多数董事同

① 引自财经网科技《“运满满”“货车帮”被网络安全审查　数字货运第一股面临诸多挑战》。

意而通过。自此，原有的“三驾马车”架构终于解体。

张晖接任满帮CEO之后，第一时间为满帮做减法，砍掉了自营物流和物流地产等业务，重点发展基础平台和交易业务。张晖在一次采访时曾说：“我们希望建一个生态，大家能够相互成就。我们的客户自己做物流，你做自营就不对，所以把它砍掉，不跟生态用户去抢生意，不能又当运动员，又当裁判员，肯定干不好。比如说地产可能要弱化一些，这个本质不是我们基础的平台业务。”就是这种共同成长、相互成就的思维挽救了满帮。满帮招股书显示，车货匹配业务占满帮营收的75.5%，增值服务占24.5%，车货匹配业务中的线上交易则是未来的营收增长点。2020年底，满帮集团董事长王刚离职，原货车帮等管理团队也陆续离开。张晖成为满帮集团唯一的话事人，拥有真正的管理权，这无疑挽救了满帮。

张晖之所以能拿回控制权，是因为其除了持有满帮15.5%的股份外，还获得红杉、软银等过半数表决权股东的支持。如果多轮融资导致创始股东表决权比例被稀释，事先又没有对企业控制权进行制度安排，为了避免其他人窃取企业经营果实，你需要尽可能地拉拢对你有利的股东，得到他们的支持。在比较关键的阶段，如上市前、重组合并前、引入新投资者或公司出现经营危机时，提出对控制权归属的制度安排。张晖正是在满帮出现经营危机时，获得多数表决权股东支持并顺利拿回控制权。因此，掌握公司控制权不在于股权比例，关键在于自己拥有或支持自己的表决权比例。

获得企业控制权的方案

企业在引进新人员和外部资金的前提下，要保证实际控制权不发生变化。至于企业如何保证控制权不发生变化，则需要综合考虑融资稀释的比例、一致行动协议、表决权差异设置等内容。常见的保持控制权不变的模式如表2－1所示。

表 2-1 常见的保持控制权不变的模式

模式	具体含义	适用情形
一致行动安排	投资者通过协议、其他安排，与其他投资者共同扩大其所能够支配的一个公司股权表决权数量的行为或者事实①	创始股东之间股权比例相对平均，一致行动人之间系近亲属或者具有相关利益安排，为了增强实际控制人对公司的控制力
表决权委托	公司股东之间通过协议方式约定在一定期间内，基于委托协议中双方的合意，将委托方手中的股权及对公司事务的表决权委托受托方行使②	实际控制人的股权比例相对较高，股东将其对企业的表决权委托给实际控制人，以此增加实际控制人对企业的表决权比例
通过合伙企业制度安排	按照合伙协议的约定或者经全体合伙人决定，可以委托一个或者数个合伙人对外代表合伙企业，执行合伙事务。③ 合伙企业合伙人的权利可以通过合伙协议约定委托执行事务人行使，从而起到表决权委托的作用	为了实施员工持股，保证实际控制人表决权不被稀释，需要将员工股份的表决权统一划归实际控制人，避免员工直接持股给公司股权带来频繁变动及纠纷
表决权差异安排	公司依照《公司法》第一百三十一条的规定，在一般规定的普通股份之外，发行拥有特别表决权的股份。每一特别表决权股份拥有的表决权数量大于每一普通股份拥有的表决权数量，其他股东权利与普通股份相同④	实际控制人的股权比例较少，且需要引进大量的外部投资者，正常的股权设置将导致实际控制人丧失控制权，则可以选择表决权差异安排

一致行动安排

君实生物的一致行动协议安排⑤

上海君实生物医药科技股份有限公司的控股股东、实际控制人为熊凤祥、熊俊父子。为了进一步加强对公司的控制，2017 年 12 月 25 日，熊凤祥、熊俊与瑞源盛本、本裕天源等股东签订《一致行动协议》，约定各方作为一致行动人，就发行人的经营、管理、控制及其相关事项保持一致立

① 摘自《上市公司收购管理办法》(2020 年修正)第八十三条。
② 资料来源于 https://www. sohu. com/a/418456345_120056925。
③ 《中华人民共和国合伙企业法(2006 修订)》第十六条。
④ 摘自《上海证券交易所科创板股票上市规则(2020 年 12 月修订)》第 2. 1. 4 条。
⑤ 资料来源于君实生物《首次公开发行股票并在科创板上市招股说明书》。

场及意见，各方在召开股东大会前应当经过适当的事先协商程序以对会议表决事项事先达成一致意见，各方应以此一致意见在股东大会上进行投票表决；若各方对该等事项仍未形成一致意见，导致各方无法形成一致意思表示的，其他各方同意无条件与熊俊保持一致意见。

表决权委托

海尔生物的表决权委托协议①

海尔集团公司（以下简称“海尔集团”）通过控制青岛海尔生物医疗控股有限公司间接持有青岛海尔生物医疗股份有限公司（以下简称“海尔生物”）42.30%的股份，同时青岛海创睿股权投资基金中心（有限合伙）（以下简称“海创睿”）与海尔集团签署《表决权委托协议》，约定将其持有海尔生物13.50%股权所对应的全部表决权委托给海尔集团行使。海尔集团通过间接控股和委托表决合计控制海尔生物55.80%股份所对应的表决权，系海尔生物的实际控制人。

《表决权委托协议》约定，海创睿将其于协议签署当日或其后所持的海尔生物的股权所对应的全部表决权委托给海尔集团行使。海尔集团在委托期限内，有权根据届时有效的海尔生物的公司章程行使标的股权所对应的如下权利：召集、召开和出席海尔生物股东大会；对所有根据相关法律或海尔生物章程需要股东大会讨论、决议的事项行使表决权。

通过合伙企业制度安排

绿地集团的合伙企业制度安排②

绿地控股集团有限公司（以下简称“绿地集团”）通过设立合伙企业，

① 资料来源于海尔生物《8－3律师补充法律意见书（二）》。

② 资料来源于绿地控股《重大资产置换及发行股份购买资产暨关联交易预案》。

实际控制人作为GP，享有整个合伙企业的控制权。LP份额部分仅享有收益权，不享有表决权。

2015年，绿地集团借壳上海金丰投资股份有限公司时，以张玉良为首的绿地集团管理层人员设立了格林兰投资，并由格林兰投资作为唯一的普通合伙人而设立32个有限合伙企业［“上海格林兰壹投资管理中心（有限合伙）”至“上海格林兰叁拾贰投资管理中心（有限合伙）”］，该等合伙企业的管理控制权均在普通合伙人格林兰投资手中。从效果上看，格林兰投资只出资3.2万元就控制了3,759.74万元的员工所持股权，占绿地集团29.09%的股权。绿地集团股权结构如图2－2所示。

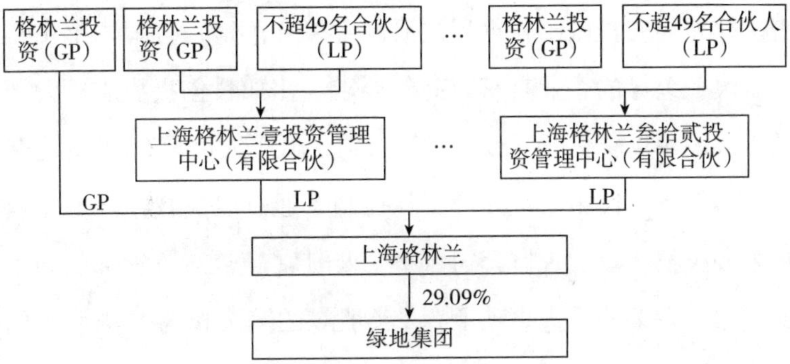

图2－2 绿地集团股权结构

表决权差异安排

九号公司的表决权差异安排①

根据九号有限公司（以下简称“九号公司”）章程（草案），九号公司股份分为A类普通股股份（普通股份）和B类普通股股份（特别表决权股份），公司每份B类普通股股份具有5份表决权，每份B类普通股股份的表决权数量相同，除表决权差异外，A类普通股股份与B类普通股股份

① 资料来源于九号公司《公开发行存托凭证并在科创板上市招股说明书》。

具有的其他股东权利完全相同。

高禄峰先生与王野先生共同为九号公司的实际控制人。高禄峰先生通过 Putech Limited、HctechⅠ、HctechⅢ合计控制九号公司 B 类普通股股票 8,398,388 股，占九号公司已发行总股本的 13.25%，占九号公司全体股东享有投票权的 30.88%；王野先生通过 Cidwang Limited、HctechⅡ合计控制九号公司 B 类普通股股票 9,756,269 股，占九号公司已发行总股本的 15.40%，占九号公司全体股东享有投票权的 35.87%。高禄峰与王野为一致行动人，其持有九号公司已发行股本的 28.65%，因表决权差异安排，两人合计控制九号公司 66.75% 的投票权。

表决权差异安排跟随科创板注册制度一并落地，且境内上市相关规定对采取表决权差异的企业具有较高的要求。比如科创板要求，公司预计市值不低于人民币 100 亿元，或者预计市值不低于人民币 50 亿元且最近一年营业收入不低于人民币 5 亿元。实际控制人通过表决权差异安排获得股东大会更多表决权，以此控制公司董事会及日常经营。监管部门为了保护投资者的利益，在某些重大事项上，A 类股东的表决权与 B 类股东的表决权是一致的，同时不允许随意增加 B 类股票的数量，不能随意提高特别表决权的数量，B 类股票不能随意转让给其他人。

虽然表决权差异安排解决了创始人控制权问题，但上市规则对表决权差异安排具有严格限制。因此，企业在设置控制权结构时，除了采用表决权差异安排外，仍建议同时选择其他稳定控制权的方式为巩固实际控制人地位提供双重保障。

股权分配与结构设计

对于初创公司而言，创始人、核心人员之间如何进行股权分配、采用何种股权结构等事项的重要程度不亚于公司经营本身。在保证公司控制权不变的情况下，初创团队股权分配可以基于以下原则进行。

股权分配

首先，初创团队股权分配应与其对公司投入要素的市场价值挂钩，并设定相应的权利行使条件，从而做出有利于企业发展的股权分配。其次，核心创始人（CEO或者董事长）可以单独分配“核心创始人身份股”，使核心创始人在公司持股比例最高，并保证其实际控制人地位。最后，初创团队股权分配还需要考虑未来公司的融资规模，以及对公司目前股权比例的稀释程度，这里的稀释既可能是一轮，也可能是多轮。公司比较理想的股权分配结构如图2-3所示。

公司在持续发展的全生命周期内，需要持续引进核心技术人员或其他优秀的员工、资源方。为了增加公司职位的吸引力，市场上很多公司都会给予员工股权激励。为了保证公司的控制权，股权激励需要尽量不稀释实际控制人的表决权比例。因此，公司可以事先预留10%~23%的股权激励份额（其中，核心员工持股10%~18%，资源方持股5%~13%，具体持

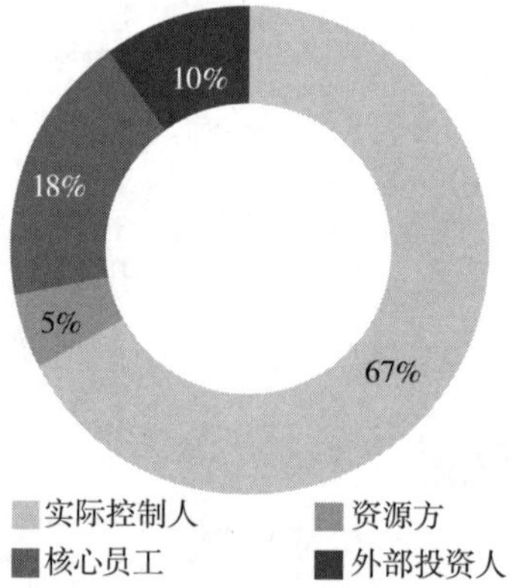

图2－3　公司理想的股权结构分配

股比例根据实际情况在核心员工与资源方之间进行调整），并通过表决权委托、一致行动或合伙协议等安排，事先将员工股权激励的表决权交给实际控制人。

每个企业设立时所在的行业、所拥有的资源都是不一样的，因此处于相同发展阶段的企业，对应的估值各不相同。公司进行股权分配时，股东获得相同的股权比例，对应的估值却大不相同，获得的价值感受也不相同。虽然公司实际控制人应该保持一定数量的表决权比例，但不应太关注其拥有的股权比例。如果能通过将股权比例分配给员工或资源方并把公司做大做强，公司市值达到1,000亿元，就算持有10%股权，也比持有100%股权但公司估值10亿元更好。

公司在分配股权的时候，没有一套放之四海而皆准的分配方案，应充分考虑公司实际情况进行个性化设计。比如初创型企业，全员持股有助于调动员工的积极性，快速拓展市场；成熟型企业，员工持股比例会相对较低，公司实际控制人希望获得更多的股权比例和收益。

结合前文股权比例的分析，企业常见的股权分配模式如表2－2所示。

表 2－2 企业常见的股权分配模式

模式	股权比例	适用情形
创始人绝对控股	实际控制人持股 67%，核心员工持股 18%，资源方持股 5%，外部投资者持股 10%	实际控制人能力较强，公司所有重大事项均由其一人决定，其他核心员工分管公司某一方面
创始人相对控股	实际控制人持股 51%，核心员工持股 34%，资源方持股 5%，外部投资者持股 10%	实际控制人能力较强，但其他核心员工均具有一定的话语权或重大影响，在增资或减资、变更公司组织形式等重大事项上由多数表决权的股东决定，其他事项均由实际控制人一人决定
创始人重大影响	实际控制人持股 34%，核心员工持股 51%，资源方持股 5%，外部投资者持股 10%	实际控制人仅在某一方面较强，在某些重大事项上具有一票否决权。实际控制人不能对公司进行绝对掌控

股权结构设计

股权结构设计的目标包括：巩固公司控制权；提高公司股权集中度，简化股东结构，维持股权结构稳定；提高上市后减持便捷性；节约纳税成本。

基于上述目标，常见的股权结构设计方案有 4 种，包括自然人型股权结构、合伙企业型股权结构、控股公司型股权结构及混合型股权结构。

自然人型股权结构

自然人直接持有公司股权的股权结构最简单，主要适用于创业初期创始股东及短期持股的投资者，具体特点如下。

未来减持套现的税收政策明确

自然人持股结构下的持有人在套现时个税政策明确，不同架构下股东减持的个人所得税税率如表 2－3 所示。

表 2－3 不同架构下股东减持的个人所得税税率

交易类型	自然人	合伙企业	有限公司
转让非上市公司股权	20%	20% 或 5% ~35%	40%

续表

交易类型	自然人	合伙企业	有限公司
转让限售股[1]	20%	20%或5%~35%	40%
转让A股上市公司及新三板公司非限售股	免税	20%或5%~35%	40%

资料来源：笔者整理。

合伙企业合伙人适用的税率取决于各地主管税务机关意见。其中，对于创业投资合伙企业而言，若选择按单一投资基金核算，其个人合伙人从该基金应分得的股权转让所得和股息红利所得，按照20%税率计算缴纳个人所得税。创投企业选择按年度所得整体核算的，其个人合伙人应从创投企业取得的所得，按照“经营所得”项目5%~35%的超额累进税率计算缴纳个人所得税[2]。对于非创业投资合伙企业而言，合伙企业转让股票所得，应比照“个体工商户生产经营所得”项目，适用5%~35%的超额累进税率，地方政府自行规定投资类合伙企业的自然人合伙人按照“财产转让所得”或“利息、股息、红利所得”项目适用20%的税率，违反了《税收征收管理法》第三条的规定，应予纠正[3]。

有限公司减持企业所得税税率为25%，税后分红个人所得税税率为20%，综合税负为25%+（1-25%）×20%=40%。

持有人套现时免收增值税

自然人在减持上市公司的股票时免收增值税，但是在有限合伙架构或有限公司持股架构下，转让上市公司股票均需要缴纳增值税。自然人、合

① 限售股范围详见《关于个人转让上市公司限售股所得征收个人所得税有关问题的通知》（财税〔2009〕167号）、《财政部、国家税务总局、证监会关于个人转让上市公司限售股所得征收个人所得税有关问题的补充通知》（财税〔2010〕70号）。

② 具体详见《关于创业投资企业个人合伙人所得税政策问题的通知》（财税〔2019〕8号）第二条。

③ 具体详见2018年税务内部指导文件《国家税务总局稽查局关于2018年股权转让检查工作的指导意见》（税总稽便函〔2018〕88号）。

伙企业及有限公司转让非上市公司股权均不需要缴纳增值税。

减持上市公司股票可以选择纳税地点

个人减持上市公司股票的纳税地在其资金账户开户的证券机构所在地，合伙企业或有限公司减持上市公司股票的纳税地在其企业注册地。实践中，部分地区为了招商引资，制定了种类繁多的税收优惠政策，部分地区可以将留存部分的税收全部返还给纳税人。因此，自然人直接持有上市公司股票，可以随时将资金账户调整到有税收优惠的地区，然后在当地纳税并享受税收优惠。

无法集中控制权，没有股权杠杆作用

合伙企业及有限公司可以通过上一层的控制权结构实现对控制权的集中，起到股权杠杆的作用，比如马云通过合伙企业持股结构，只需要使用少量资金就可以撬动万亿元市值的蚂蚁科技集团股份有限公司（以下简称“蚂蚁集团”），自然人架构则无法实现。

对于长期持股股东而言税负较高

自然人如果长期持有公司股权，而不是以短期持有为目的，每次分红或以未分配利润、盈余公积、资本公积转增股本等操作均需要缴纳个人所得税。需要注意的是，股份公司设立后，由股本溢价形成的资本公积转增股本一般被认为无须缴纳个人所得税①，但具体操作中存在争议，应以主管税务机关的意见为准。

鉴于上述情况，若公司上市后把股票出售套现，则公司可以采用自然

---

① 《国家税务总局关于股份制企业转增股本和派发红股征免个人所得税的通知》(国税发〔1997〕198号)第一条规定，“股份制企业用资本公积金转增股本不属于股息、红利性质的分配，对个人取得的转增股本数额，不作为个人所得，不征收个人所得税”；《国家税务总局关于原城市信用社在转制为城市合作银行过程中个人股增值所得应纳个人所得税的批复》(国税函〔1998〕289号)第二条，“资本公积金”是指股份制企业股票溢价发行收入所形成的资本公积金，将此转增股本由个人取得的数额，不作为应税所得征收个人所得税。

人直接持股架构，套现时可以通过调整资金账户所在地进行税收筹划，税负较低。创业期间，由于能否存活尚未可知，公司不宜将股权架构设计得过于复杂。公司可以在商业模式得到初步验证之后并在私募股权融资之前进行股权架构调整。

合伙企业型股权结构

合伙企业型股权结构最常见，主要适用于成熟期企业股权激励，具体特点如下。

合伙企业可以实现表决权差异

公司实际控制人可以通过担任有限合伙企业的执行事务合伙人，执行合伙企业的事务，承担合伙企业管理职能，掌握合伙企业所持公司的全部表决权。合伙企业的有限合伙人则不参与合伙企业的管理，可以通过间接持有公司股权的方式获得收益权等表决权以外的权利。如此，合伙企业既可以满足实际控制人对于控制权的需求，也可以满足有限合伙人（投资者或激励对象）对投资收益的诉求。

合伙企业可以实现经济利益差异

合伙协议可约定，不同合伙人相同出资金额所对应公司的股份数量或收益权不同，具体差异可能由合伙人入股时间、重要性、职务等因素导致。通过合伙人之间的约定，合伙企业可以实现不同合伙人所持出资金额的经济利益差异。简单来说，每 1 元出资金额对应的收益权都可以不同。

避免有限合伙人承担连带责任

普通合伙人对合伙企业债务承担无限连带责任，有限合伙人以其认缴的出资额为限对合伙企业债务承担责任。因此，创始股东作为持股平台的执行事务合伙人即普通合伙人，需要承担无限连带责任，这就是“能力越大，责任越大”。另外，大多数投资者作为合伙企业的有限合伙人，无须承担无限连带责任，因此，这是一个保护大多数人的方案。

享受税收优惠

对于未来转让或减持所持公司股权时的有限合伙企业对外转让所持公司股权，适用“先分后税”的原则，合伙企业本身无须缴纳所得税，合伙企业的合伙人按照财产转让所得的税率（20%）或者经营所得的超额累进税率（5%~35%）缴纳个人所得税。公司制企业对外转让股权，则需要先缴纳25%的企业所得税，分配时则按20%缴纳个人所得税。同时，合伙企业还可以选择注册在税收洼地，通过核定征收或税收返还的方式享受税收优惠政策。

需要注意的是，财政部、税务总局于2021年12月30日发布《关于权益性投资经营所得个人所得税征收管理的公告》，规定持有股权、股票、合伙企业财产份额等权益性投资的个人独资企业、合伙企业，一律适用查账征收方式计征个人所得税。自此，通过合伙企业核定征收进行避税的方案［如核定征收的应税所得率为10%，则按照超额累进税率（5%~35%）的10%计算个人所得税］不再适用。

为此，有人将资管计划、契约型基金、信托计划等投资工具作为持股主体，由于这类投资工具不具有代扣代缴义务，自然人投资人需要自行申报并缴纳个人所得税。一方面，我国税法规定，自然人获得投资收益应适用20%的个人所得税税率。另一方面，目前税务局针对上述投资工具的征税问题并没有出具相关政策文件①。若自然人投资人不主动去申报纳税，则进入了税收征管的模糊地带。

蚂蚁集团的合伙型股权结构②

蚂蚁集团起步于2004年，是中国最大的移动支付平台支付宝的母公

① https://mp.weixin.qq.com/s/Er-k44fwtQecpWfZRGILyg。

② 资料来源于蚂蚁集团《首次公开发行股票并在科创板上市招股意向书》。

司，也是领先的金融科技开放平台，致力于以科技和创新推动包括金融服务业在内的全球现代服务业的数字化升级，携手合作伙伴为消费者和小微经营者提供普惠、绿色、可持续的服务，为世界带来微小而美好的改变。

蚂蚁集团的股权结构如图2－4所示。

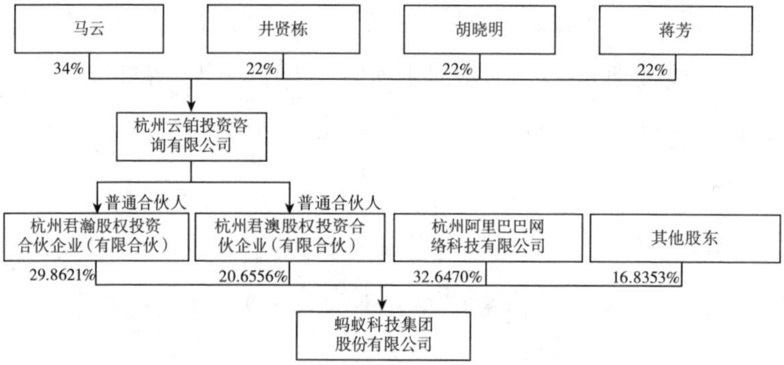

图2－4　蚂蚁集团的股权结构

蚂蚁集团控股股东为杭州君瀚股权投资合伙企业（有限合伙）（简称“杭州君瀚”）及杭州君澳股权投资合伙企业（有限合伙）（简称“杭州君澳”），分别持有蚂蚁集团29.8621%及20.6556%的股份。杭州君瀚及杭州君澳的普通合伙人及执行事务合伙人为杭州云铂投资咨询有限公司（简称“杭州云铂”）。马云持有杭州云铂34%的股权，井贤栋、胡晓明及蒋芳分别持有杭州云铂22%的股权。马云在实际持有蚂蚁集团较少权益的情况下，却获得超过50%的表决权，充分发挥了合伙企业在表决权方面的优势。

控股公司型股权结构

控股公司型股权结构在大型企业集团中较为常见，主要适用于成熟期企业控股及长期持有者，具体特点如下。

股权杠杆及税收筹划

控股公司股权结构与有限合伙股权结构类似，能提升控制权，具有股权杠杆作用，也可进行税收筹划。大型企业可能会投资很多企业，这些企业具有丰厚的利润。下属公司将利润分配到上层股东时，上层股东如果是自然人或合伙企业，在当年就要发生纳税义务；上层股东如果是控股公司，则无须缴纳任何税款，且可以用所得分红再投资设立其他公司。因此，如果是集团公司，实际控制人拥有多个产业布局，并拟长期持有公司股权时，可以采用控股公司持股结构。

股东综合税负较高

控股公司在减持上市公司股份时，需要缴纳企业所得税，个人最终获得分红需要缴纳个人所得税，综合税率为40%，所以税负较高。

股权杠杆作用有限，且缺乏灵活性

虽然控股公司层面具有股权杠杆作用，但是实际控制人至少需要持有51%的股权，才能控制控股公司，相对于合伙企业的执行事务合伙人只要持有少量财产份额就可以实现控制权，控股公司的杠杆作用有限。控股公司股东增加和减少时，需要其他股东同意并放弃优先购买权等，操作缺乏灵活性。

文峰股份的控股公司型股权结构①

文峰股份是南通市最大的零售企业，也是江苏省领先的零售企业之一，主要从事百货、超市、电器销售专业店的连锁经营业务，主要经营地为江苏省和上海市；在中国连锁经营协会公布的2009年连锁百强中排名第二十二。

文峰股份的股权结构如图2－5所示。

① 资料来源于文峰股份《首次公开发行股票招股说明书》。

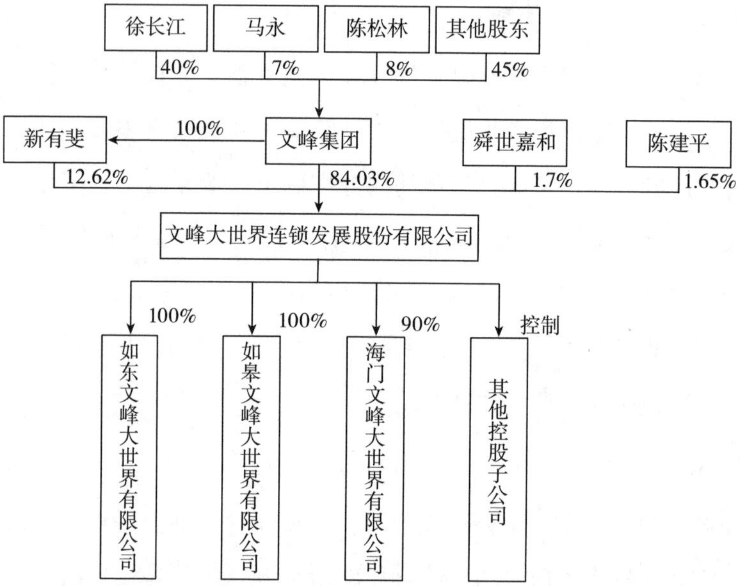

图2－5　文峰股份上市前的股权结构

混合型股权结构

混合型股权结构从企业及股东的自身情况出发，同时采用一种或多种常规的持股结构，结合每一种持股方式的优缺点，设计出最符合公司情况的持股结构。此种结构适用于拟进行资本运作的公司。

雪龙集团的混合型持股结构①

雪龙集团股份有限公司（以下简称“雪龙集团”）主要从事商用车冷却系统产品及汽车轻量化塑料件的研发、生产和销售。其主要产品包括风扇总成、硅油离合器风扇总成、电控硅油离合器风扇总成、汽车轻量化塑料件等，被广泛应用于商用车、非道路移动机械等领域。雪龙集团于2020年3月10日在上交所主板上市。雪龙集团上市前股权结构如图2－6所示。

① 资料来源于雪龙集团《首次公开发行股票招股意向书》。

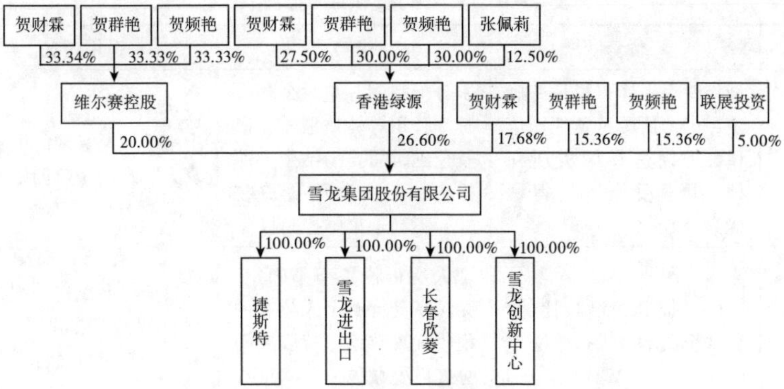

图2－6　雪龙集团上市前股权结构

上述股权结构的作用如下。

1. 通过公司间接持股安排

创始人贺财霖、贺频艳、贺群艳设立香港绿源和维尔赛控股间接持股雪龙集团，不仅保留了雪龙集团的外商投资企业身份，控股公司持股为创始团队未来在体外发展其他板块业务预留空间；同时增加了贺财霖、贺频艳、贺群艳对雪龙集团的控制权比例。

2. 自然人直接持股安排

创始人贺财霖、贺频艳、贺群艳直接持有部分股权，方便未来减持套现。自然人可以通过选择具有税收优惠政策的证券机构所在地开户并缴纳个人所得税，从而享受该所在地税收返还等优惠政策。

3. 进行股权激励

雪龙集团管理层及核心员工通过有限合伙企业持股平台（联展投资）持股，该部分股份的控制权并不归属于创始股东，可能是为了避免上市后36个月的锁定期而设定的，管理层及核心员工享有未来转让雪龙集团股票或获得分红的收益权。

基于上述案例，常见的股权结构类型有4种，如表2－4所示。

表 2－4　常见的股权结构类型

模式	优势	劣势	适用情况
个人持股类型	减持时个人所得税税率确定；上市后减持免征增值税，可以选择纳税所在地，并享受个人所得税优惠	未分配利润、盈余公积及资本公积等转增股本，以及分红时需要缴纳个人所得税，无法利用股权杠杆，不利于集中控制权	上市后短期套现的财务投资人、初创企业创始人
合伙企业类型	有助于提高控制权比例，合伙企业本身无须缴税	个人所得税税率不确定，无法享受针对个人持有的税收优惠政策，持股期间分红需要缴税	钱权分立严重的公司，计划短期减持的财务投资人、员工持股平台
控股公司类型	有利于进行税收筹划、划分业务板块，不同业务板块可以单独进行资本运作，有利于集中表决权，增强实际控制人的控制力	股东退出时税负较高，内部制度设计不灵活，无法实现持股人员的灵活增加和减少	业务多元化集团公司，创始股东计划长期持股，可以作为大股东的家族持股平台
混合持股类型	针对不同股东和不同诉求，专门设计股权结构，兼具其他持股类型的优势	设计相对复杂	具有资本运作想法的公司

股权结构设计存在的主要问题

在创业初期，为了让创始团队拥有更高的积极性和更强的战斗力，在股权分配和结构设计层面，创始人可能没有更多地结合未来资本运作进行思考。实践操作过程中，有的创始人过度追求控制权，有的企业实际控制人认定不清晰，有的创始人不太关注控制权，这些情况都不利于公司长远发展。

过度追求控制权

某汽车零部件生产制造企业的股权结构问题

曾经有一家汽车零部件生产制造企业，其实际控制人非常关注公司控制权，该企业股权结构设定如图 2－7 所示。

该股权结构的优势在于：第一，实际控制人为 A 合伙平台、B 合伙平

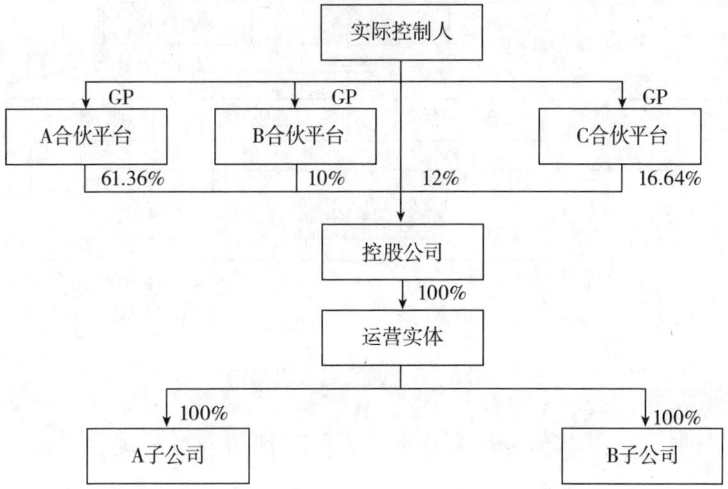

图2-7　某汽车零部件生产制造企业股权结构

台、C合伙平台的普通合伙人，拥有对这3个平台的控制权，实际持有运营实体100%表决权；第二，由于公司之间的分红无须缴纳企业所得税，控股公司作为运营实体的控股股东，在运营实体的资本公积、未分配利润转增股本时，其自然人股东无须缴纳个人所得税。同时，上述股权结构也有劣势：第一，控股公司作为运营实体的控股股东，其持有的股份在上市之日起需要锁定36个月，平台核心员工未来减持受到严格限制，不利于提高核心员工对上市的积极性；第二，上述股权结构相对复杂，不容易获得非专业人员的认可。

这家企业在融资时，投资者的律师认为上述股权结构过于复杂，要求进行简化。由于该企业并不是独角兽等优质投资标的，在“有奶便是娘”的时代，实际控制人不得不妥协。经投资者与实际控制人协商，将股权结构调整如下（见图2-8）。

与原始方案相比，该股权结构将核心员工股权直接落到运营实体上，实际控制人对运营实体的控制权比例降低，但核心员工3个持股平台未来上市后的持股锁定期缩短为12个月，有利于提高核心员工的积极性。

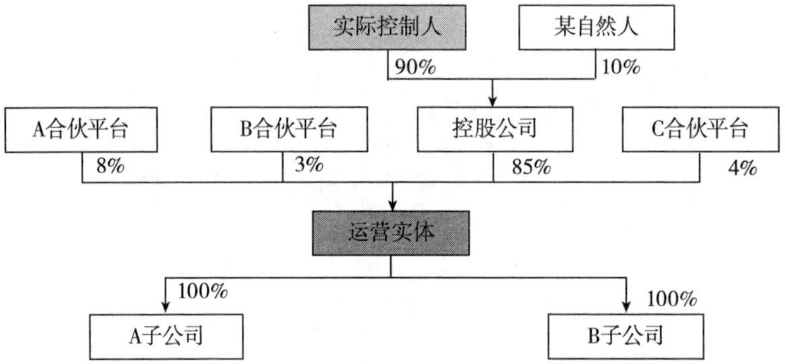

图2－8　调整后股权结构

当时投资者或其律师没有给出调整股权结构合理的理由，仅以公司股权结构复杂为由要求公司调整股权结构。实际控制人关于控制权的诉求可以理解，但也要考虑核心员工的利益以及一般人的理解能力。简单的股权结构其实更容易获得投资者以及上市审核员的认可和理解。

实际控制人认定不清晰

某网络安全企业的实际控制人问题

曾经有一家做网络安全的企业，其股权结构情况如图2－9所示。

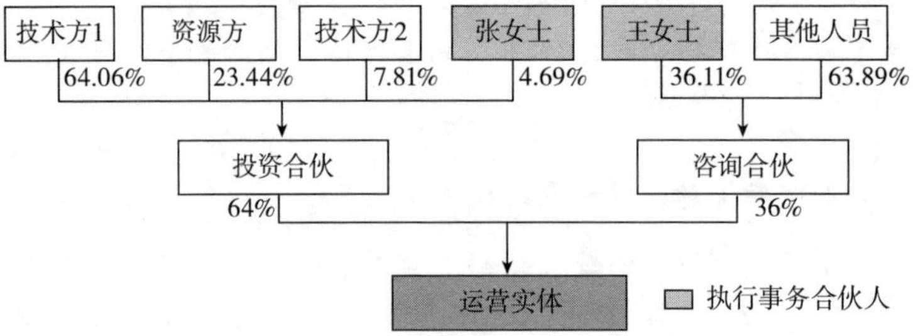

图2－9　某网络安全企业股权结构

咨询合伙平台代表公司管理团队，王女士作为公司总经理，负责公司日常经营。投资合伙平台代表公司的核心技术与资源方，公司所有的核心技术及客户资源都来源于技术方，张女士是技术方的代言人。

在公司运营过程中，王女士虽然管理日常业务，但遇到公司重大问题都会向技术方进行汇报，因此该公司真正的实际控制人应该是技术方。由于该技术方身份特殊不方便直接持股，其名下具有较多的科技型公司，存在同业竞争的嫌疑。因此，公司倾向于将王女士认定为公司实际控制人。

根据上市审核规定，王女士被认定为实际控制人有利有弊，利弊分析见表2－5。

表2－5　王女士被认定为实际控制人的利弊分析

审核要求①	优势	劣势	关注点
在确定公司控制权归属时，应当本着实事求是的原则，尊重企业的实际情况，以发行人自身的认定为主，由发行人股东予以确认	王女士负责日常管理，形式上符合实事求是的原则	王女士持股比例过低，存在被监管部门质疑的可能性	建议王女士同时担任投资合伙的执行事务合伙人，并赋予其绝对的控制权
存在下列情形之一的，保荐机构应进一步说明是否通过实际控制人认定而规避发行条件或监管并发表专项意见：（1）公司认定存在实际控制人，但其他股东持股比例较高与实际控制人持股比例接近的，且该股东控制的企业与发行人之间存在竞争或潜在竞争的；（2）第一大股东持股接近30%，其他股东比例不高且较为分散，公司认定无实际控制人的	没有认定为无实际控制人，不会触发第（2）款关注问题	技术方间接持股比例比王女士高，技术方存在较多网络安全的股权投资，这样的公司可能与运营主体构成同业竞争，从而存在被认定规避发行条件或监管的风险	如果认定技术方为实际控制人，则可能存在同业竞争的情况，竞争业务公司应划归运营实体。同时，技术方作为股东，其持股的合规性要符合任职单位规定，公司知识产权是否属于职务发明，亦需要关注
对于以表决权让与协议、一致行动协议等方式认定实际控制人的，比照代持关系进行处理	—	通过投资合伙与咨询合伙签订一致行动协议的方式将王女士认定为实际控制人，存在违反本条的风险，证券监管部门可能认为公司实际控制人认定不准确	进一步确定，王女士必须在投资合伙担任执行事务合伙人

注：对于不希望与王女士一致行动的间接股东，可以通过新设持股平台方式，并承接投资合伙所持运营实体股权，实现与投资合伙所持股权的分离。

① 资料来源于《首发业务若干问题解答》。

股权过于分散

某机器人制造企业的股权分散问题

曾经有一家机器人制造企业，其股权结构如图 2－10 所示。

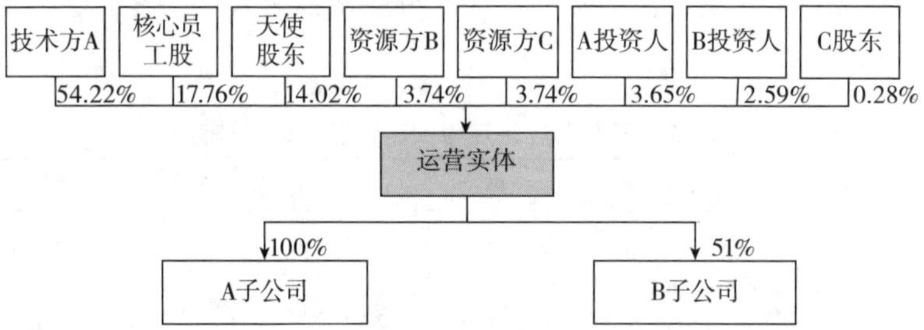

图 2－10　某机器人制造企业的股权结构

注：技术方 A 名下的 54.22% 股权并非归其所有，而是用于激励对公司具有重大影响的员工、资源方和技术方，相当于代持。

该公司的核心员工负责公司日常经营，但实际控制人不清晰。该公司在融资时，投资人提出了如下问题：公司的实际控制人是谁？股权分散，每个股东在公司运营中起到什么样的作用？很多投资者认为，分散的股权结构不利于公司上市后进行市值管理。因此笔者对该公司提出如下建议：一是明确公司的实际控制人；二是明确公司管理团队和技术团队的持股比例；三是解除代持安排，让股权结构清晰。

综上所述，由于公司设立的背景不同，其股权结构设置也不同。初创公司由于缺乏资金，只能通过分享股权方式来解决问题，很容易造成股权分散，在设计股权结构时可以通过以下 3 点避免前述问题：首先，公司要有明确的实际控制人，股权结构清晰；其次，对于不适合持股的股东，比如人员所在单位禁止其对外投资、持股导致存在利益输送嫌疑等，建议公司以发放薪酬的方式解决，不宜让其直接持股；最后，再考虑分红及减持的税务筹划问题。

善用股权激励

股权激励虽然是对员工的一种激励，但实质上是对员工的一种补偿。特别是对于初创型企业来说，公司虽然无法为员工提供高薪酬，但又想激发员工工作的积极性，培养员工的主人翁意识，实现所有者与管理者相同的利益格局。只有公司股权具有足够的即期价值和远期价值，股权激励才具有激励作用。即期价值就是股票的变现能力，与现金奖励具有等价效果；远期价值，就是对于员工而言，股权在未来某个时间的变现能力以及持续获得分红的能力。

公司在实施股权激励时应注意以下 5 点。第一，股权激励实施前提：避免实际控制人的一厢情愿，需要广泛征求员工参与股权激励的意愿。第二，股权激励实施场景：在公司业务发展等基本面不清晰的时候，公司股权并不具备即期价值，股权激励可能达不到预期效果。第三，股权激励具体方案：股权激励需要结合公司发展阶段及人才需求等情况综合确定，不能实施全员激励，公司需要设定明确的考核指标，以提升激励效果。第四，股权激励的保障措施：股权激励的法律文件需要仔细设计，避免出现法律风险。第五，上市特殊情况：需要考虑上市审核要求及股份支付处理对公司业绩产生的影响。

选择合适的股权激励类型

股权激励是一种长期激励方式。股权激励的方式有很多，如上市公司经常采用的限制性股票、股票期权、股票增值权、虚拟股票等方式，非上市公司除了采用前述股权激励方式外，还可以采用利润分享计划、长期福利计划、事业合伙人制度等。

公司根据自身发展阶段，可以选择适用一种或多种股权激励类型。股权激励的主要类型如表2－6所示。

表2－6　股权激励的主要类型

类型	定义	优势	劣势	适用情况
股票期权	公司授予激励对象在未来一定期限内以预先确定的条件购买公司一定数量股份的权利	公司无须立即给予激励对象股权，可以设置行权条件	若将增资作为激励股权的来源，原股东股权被稀释，员工行权后，没有其他限制	适用于高成长性企业
限制性股票	激励对象按照股权激励计划规定的条件，获得表决权、处分权等股东权利受到限制的公司股票	员工短时间成为股东，有利于留住员工	若将增资作为激励股权的来源，原股东股权被稀释，缺乏推动股价上涨的激励机制	适用于业绩稳定、处于成熟期、分红较多的公司
股票增值权	公司授予激励对象的一种权利，如果公司股份价格上升，激励对象可通过行权获得相应数量的股价升值收益	原股东股权不被稀释，激励对象无须支付现金，没有外部股权登记要求，操作简便	员工没有获得真正意义上的股票，对公司现金流要求较高	适用于现金流充裕、高成长性企业
虚拟股票	公司模拟股票发行的方式，将公司的净资产分割成若干相同价值的股份，结合企业经营目标对其定价，是一种形式上的虚拟； 授予虚拟股票激励对象享受一定数量的分红权和股价升值收益，但没有所有权和表决权，不能转让和出售，在离开企业时相关权益自动失效	原股东股权不被稀释，没有外部股权登记要求，操作简便	员工主要关注分红等短期利益，对公司现金流要求较高	适用于业绩稳定、处于成熟期、现金流充裕的企业

股权激励实施流程

一般而言，股权激励操作流程包括以下 4 个方面。

摸底调查

公司聘请独立第三方机构，与初步拟定的股权激励对象进行访谈或让其填写调查问卷，充分了解员工对股权激励的了解程度以及基本诉求，征求关于股权激励的价格、额度及约束条件等股权激励要素的建议，了解参与股权激励的资金来源，掌握公司的基本情况、股权结构、公司未来发展战略、财务情况等。

方案设计

首先，第三方机构基于前期摸底调查，对股权激励的必要性及可操作性进行初步判断，以及将实施股权激励存在的问题与公司实际控制人进行讨论；其次，确定需要进行股权激励的人员名单，公司在第三方机构的协助下制定股权激励方案（草案），并征询公司主要股东及管理层的意见。

具体实施

在股权激励方案确定后，公司召开董事会及股东（大）会审议通过股权激励方案。随后公司组织全部激励对象召开宣讲会，主要讲述股权激励执行的过程、股权激励方案的主要内容以及涉及签署的法律文件。公司宣讲会是该阶段必不可少的一个流程，其重要意义在于让激励对象了解股权激励方案的具体内容。激励对象可以通过宣讲会充分了解股权激励方案，如果有疑问将及时与公司进行沟通。具体执行工作包括股权激励平台的设立、激励对象出资、相关协议的签署、市场监督管理部门变更登记事宜等。

动态优化

股权激励要想取得好的效果，必须有一个动态优化的过程，对于股权激励计划存在的问题，要及时进行修改和补充，及时办理激励对象加入及退出事宜。公司根据每年绩效考核结果对股权激励方案进行动态调控，并在原有方案的基础上，同步考虑下一期的股权激励计划。

股权激励设计要点

股权激励是一把双刃剑，其中的利弊需要进行权衡。股权激励的可操作性主要从以下 8 个方面进行关注：第一，是否符合股权激励的三大原则；第二，股权激励对象的确定方法；第三，股权激励的价格；第四，股权激励的股权来源及购股资金来源；第五，股权激励额度的确定；第六，股权激励的约束条件；第七，股权激励的时限；第八，股权激励的调整与终止。

股权激励原则

股权激励的目的在于激励员工，将员工的价值最大化，实现员工与股东之间利益的一致性。股权激励应符合以下原则。

合法性原则

股权激励方案选定的激励种类、股份来源、数量、价格等详细内容需要符合法律法规及其他规范性文件的规定。不管是拟上市公司还是上市公司，都要遵守法律法规，若股权激励方案违反法律法规，将导致方案无效，或者造成股权纠纷。

逻辑闭环原则

股权激励方案的制定需要结合公司及激励对象的具体情况，不能照抄照搬。除了考虑股权激励的激励效果外，还需要建立约束机制。比如设定一定的行权条件、股权解锁条件、负面情况退出条件，确保激励和约束、进入和退出符合逻辑闭环。在法律文件上，公司要提前准备将来最坏情况发生时的法律条款，确保不因个别股东情况而影响股权激励整体效果。

适当性原则

股权激励计划需要结合人力资源绩效考核制度，根据公司所处的发展阶段及岗位特殊性，设定不同的业绩目标；根据员工重要性，选择激励对象以及拟授权股权数量；根据公司所处的融资阶段、净资产及利润等情况，设定股权激励价格。

股权激励对象

工资薪酬往往仅存在短期激励效果；股权激励则更侧重于中长期的激励，但数量相对有限。公司在激励对象的选择上应根据未来发展的重要程度来确定。

激励对象主要为核心经营管理团队（包括董事长、总经理、副总经理、董事会秘书、财务总监等）、核心技术人员（工作内容与技术研发相关的员工，如研发总监、高级工程师、技术负责人等）、销售团队（工作内容与营销相关的员工，如市场总监、核心项目管理人员）及其他核心人员（其他拥有关键技术、控制关键资源、掌握核心业务和能力的人员）。企业可以利用人才模型，按照人员的岗位价值、素质能力和历史贡献 3 个维度对核心人员进行评价。岗位价值、素质能力、历史贡献的权重建议分别为 40%、40%、20%，如表 2－7 所示。

表 2－7　核心人员评定指标及权重

维度	指标	权重（%）	含义
岗位价值	宏观战略	10	岗位关于公司战略层面布局的能力需求
	管理职责	10	岗位关于公司管理及监督层面的能力需求
	工作复杂性	10	岗位涉及问题的复杂性
	工作创新性	10	岗位解决问题所需要的创造力
素质能力	专业知识能力	15	员工的专业能力
	领导管理能力	15	员工的领导管理能力
	沟通管理能力	10	员工的交流和沟通能力

续表

维度	指标	权重（%）	含义
历史贡献	销售业绩贡献	7	员工以往对公司业绩的贡献
	技术进步贡献	7	员工以往对技术进步的贡献
	管理改进贡献	6	员工以往对管理方面的贡献

股权激励的价格

员工过往及未来对公司的贡献可以折算为相应对价。公司授予员工的股权价格，相当于市场化投资价格与贡献折算价格的差额。只有基于这样的逻辑，股权激励价格的确定才具有客观的衡量标准或者计算方法，即参与股权激励的全部人员所获得的股份总数 N 所支付的价格 C 应等于公司实施股权激励所有股权的公允价值 V 扣减全部人员贡献折算价格 D。因此，股权激励的价格 $P=C/N$，$C= V-D$。员工贡献对应价值可以采用的估值方法如表 2－8 所示。

表 2－8　员工贡献对应价值采用的估值方法

估值方法	具体内容
收益法	员工在服务期为公司创造的利润折现为授予股权时的价值，扣除已经支付的现金等薪酬而得出的价值
市场法	通过市场了解员工的薪酬福利，扣除已经支付的现金等薪酬而得出的价值
可比公司法	通过同行业公司授予股权时所确定的费用水平，来确定公司股权激励进行股份支付的费用水平

公司根据上述员工价值的估值方法，再结合公司市场化的股权价值，反向确定股权激励价格。同时，上述估值方法具有较强的逻辑性，操作起来相对复杂，在实际操作中可以采用以下相对简单的方法确定股权激励价格：注册资本估值法、净资产估值法、融资估值法、可比公司估值法等。公司可以先通过这些估值方法确定公司估值，再给予适当折扣（如 50%～80%）。如果上市公司实施股权激励，其股权激励价格要符合上市规则的要求。

股权激励的股权来源及购股资金来源

股权激励的股权来源于存量股权和增量股权。存量股权是公司原股东持有的股权，通过原股东直接转让予激励对象或公司回购股权后授予激励对象。存量股权无须稀释其他股东股权，一般适用于实际控制人所持公司股权比例较高，且其他股东不愿意稀释股权比例的情况。增量股权则是激励对象通过增资方式实施股权激励。增量股权更为常见，平等稀释所有现有股东的股权比例。

股权激励的资金来源包括自有资金、银行贷款、股东借款及公司借款等。如果股权激励价格较高，激励对象没有资金，则可能存在股权激励资金来源的问题。根据《上市公司章程指引》等规定，（拟）上市公司不得为购买公司股份的人员提供任何形式的资助。员工在自有资金不足的情况下，一般采用由实际控制人提供借款或者由实际控制人提供担保的方式，获得银行贷款，解决资金来源问题。在股权激励方案确定过程中，公司应重点关注员工的资金来源问题，防止员工因没有足够的资金购买公司股权而放弃股权激励，以致达不到股权激励的目的。

股权激励额度

考虑因素

股权激励总额度需要根据法律规定、股东意愿、公司规模、发展阶段、股权激励人数、资本运作规划、控制权、同行业公司股权激励等维度综合确定。具体而言：法律法规对上市公司或国有企业股权激励的额度有明确的规定，如科创板及创业板上市公司股权激励额度不得超过股本总额的20%；股权激励会稀释原股东的股权比例，因此需要通过股东（大）会审议，征求股东意愿；公司规模及发展阶段较为成熟的，股权价值更高，相比市场价值的股权激励，所需的激励额度更少；资本运作规划，如股权融资、上市、并购重组都可能稀释公司股权；在大量的股权激励且没有表决权结构设置的情况下，公司大股东可能丧失控制权，因此，实施股权激励需要保证公司控制权的稳定性；参考同行业公司实施股权激励的额度，避免降低公司对优秀员工的吸引力。

个人股权激励额度需要根据法律规定、公平原则、薪酬水平、同行业公司股权激励，以及激励对象的不可替代性、职位、业绩表现、工作年限等综合因素确定。具体而言：法律法规对上市公司或国有企业的个人股权激励额度具有明确的规定，如要求上市公司，非经股东大会特别决议批准，任何一名激励对象通过全部在有效期内的股权激励计划获授的公司股票，累计不得超过公司股本总额的1%①；除了按照公平原则选择股权激励对象外，还应按照公平原则分配激励额度；激励对象的薪金情况与其在公司内部的重要程度呈正相关，其应获得的激励额度一般与其薪金水平保持一致；激励对象的不可替代性越强，公司对其依赖程度越高，则公司应赋予其越多的股权激励份额；激励对象的职位越高，其应获得的股权激励份额越多；激励对象的工作业绩及工作重要性越高，则公司应授予其更多的股权激励额度；员工工作年限及学历程度也是影响股权激励额度的重要因素；只有达到激励对象的预期，才能有激励效果，股权激励额度需要在行业内具有竞争力，因此需要参考同行业竞争对手的股权激励授予数量，防止人才流失。

个人股权激励额度的确定

股权激励总额确定后，个人股权激励额度主要通过以下3种方法确定。

第一，直接确定法。公司在综合考虑上文所述因素（尤其是职位、业绩表现及同行业公司的情况）后，由公司实际控制人直接确定每个股权激励对象的额度。因为这种方法操作相对简单，所以被大多数非上市公司采用。

第二，期望收入法。该方法根据激励对象期待的收入，预测股权激励行权或套现时所获得的收益，进而测算激励对象应被授予的股权数量。计

---

① 资料来源于《上市公司股权激励管理办法》(2018年修正)第十四条。

算公式如下：

个人股权激励数量 = 股权激励收益期望值 ÷ 预期每股收益 = 个人年薪 × 倍数 ÷ 预期每股收益

股权激励收益期望值既可以与个人年薪挂钩，也可以不挂钩。具体而言，公司总经理预期在 5 年后获得 500 万元的收益，预计每股收益为 100 元，那么就应向其授予 5 万股，即 500 万元 ÷100 元 =5 万股。

第三，分配系数法。该方法根据激励对象的价值及贡献，建立相应评价模型，具体根据每个股权激励对象在评价模型中获得的分配系数占全部分配系数的比例进行股权分配。计算公式如下①：

个人激励额度 = 激励总量 × 激励对象个人分配系数 ÷ 公司总分配系数

公司总分配系数 = ∑个人分配系数

个人分配系数 = 人才价值系数 ×20% + 薪酬系数 ×40% + 考核系数 × 20% + 司龄系数 ×20%

个人分配系数为激励对象的评价得分，公司可以通过人才价值、薪酬、考核结果、工作年限 4 个维度搭建评价模型，同时赋予每个维度不同的权重。企业可以根据自身情况确定人才价值的评价系数，按照激励对象的学历、工作能力、工作重要性等维度进行评分，根据评分结果赋予其人才价值系数，如表 2 –9 所示。

表 2 –9　人才价值评价标准

分值	等级	系数
≥95	优	3
85 ~94	良	2. 5
75 ~84	中	2
≤74	差	1

薪酬系数反映激励对象在授予年度的实际工资水平，可将工资最低的

① 陈冲，赵俊强，等．创业团队动态股权激励机制：理论与实践［M］．北京：人民出版社，2020.

激励对象的薪酬系数设为1，其余激励对象的薪酬除以该激励对象的薪酬即可得到各自的薪酬系数。

考核系数可以根据激励对象的年度考核等级确定，如表2－10所示。

表2－10　激励对象的年度考核系数

	A	B	C	D	E
考核系数	1.2	1.1	1.0	0.9	0.8

司龄系数反映激励对象在公司的工作年限，以授予日为基准，参与计划的激励对象入职年数每增加1年，司龄系数增加0.05，以此类推，具体如表2－11所示。

表2－11　激励对象的年度考核系数

	1～2年	2～3年	3～4年	4～5年	……
司龄系数	1	1.05	1.1	1.15	……

股权激励的约束条件

股权激励的约束条件至关重要，关系到股权激励的效果。约束条件包括以下4个方面。

绩效考核标准

绩效考核标准包括对公司整体情况的考核，以及对激励对象个人的考核。在业绩指标设定方面，需要参考公司及部门过往业绩，同时参考公司其他目标，一般要比已实现的业绩指标高。

服务期

设定服务期主要是防止员工在获得股权激励之后离开公司，无法达到股权激励的效果。因此，公司一般会要求激励对象为公司服务若干年，其间不得离职、不得兼职。如果员工提前离职，则公司有权收回已授予但尚未行权的股权，部分公司甚至要求按照原价回购激励对象已获得的公司股权，并要求员工返还这期间的收益。

锁定期

设定锁定期主要是防止员工在某个时点出售公司股权，从而无法达到股权激励的效果。特别是对于非上市公司而言，一般会在要求服务期的同时要求锁定期，即在若干年内，激励对象不得转让被授予的公司股权。

竞业禁止安排

公司要求激励对象及其近亲属不得开展与公司相同或类似的业务，不得在公司的客户或供应商处享有任何权益。如果存在竞业情况，激励对象需要如实向公司披露，由公司决定是否将其作为股权激励对象。

公司在设置股权激励条件时，务必把握适当原则，原则上只要员工努力就能满足激励条件，如果约束条件过于严苛，则员工可能没有完成激励目标的动力，从而无法达到股权激励效果。

股权激励的时限

如上文所述，股权激励属于长期激励。上市公司股权激励时间不得短于1年，从授予日开始计算不得超过10年；对于非上市公司股权激励，法律并没有明确的规定，企业可以根据自身情况确定，一般为3~10年。

股权激励的调整及终止

公司需要根据内外部环境的变化及时调整股权方案，如因重组上市调整股权激励的主体，修改股权激励业绩考核指标，以及其他需要调整及终止的情形。员工如果离职、去世以及违反法律法规、公司章程及其他公司制度等，需要提前终止该员工的股权激励，并安排补偿，防止出现纠纷或潜在纠纷。

IPO 企业股权激励

员工持股不会导致股东人数超过 200 人

《上海证券交易所科创板股票发行上市审核问答》（以下简称“《科创

板上市审核问答》”）问题11规定，科创板拟上市公司实施员工持股计划，符合“闭环原则”或者已经在基金业协会依法依规备案的，按照一名股东计算人数。“闭环原则”需要符合两个条件：员工持股计划不在公司IPO时减持股份，且承诺遵守上市之日起36个月的锁定期；上市前及上市后的锁定期内，员工所持公司权益只能在员工内部转让，不能转让给员工以外的第三方。

《科创板发行上市审核动态》［2021年第1期（总第1期）］规定，考虑到《科创板上市审核问答》问题11关于“闭环原则”的规定与新《中华人民共和国证券法》（以下简称“《证券法》”）上述规定存在不一致，不应再适用。新《证券法》实施后，关于发行人在首发申报前实施员工持股计划的相关要求、计算股东人数的原则、信息披露要求和中介机构核查要求等，科创板适用新《证券法》及《首发业务若干问题解答》（2020年修订）问题24等相关规定。

《证券法》于2019年12月28日通过修订，将依法实施的员工持股计划导致向特定对象发行证券超过200人的情况排除在公开发行股份的情形之外。中国证监会于2020年6月修改《首发业务若干问题解答》，问题24规定了员工持股计划计算股东人数的原则：依法以公司制企业、合伙制企业、资产管理计划等持股平台实施的员工持股计划，在计算公司股东人数时，按一名股东计算；参与员工持股计划时为公司员工，离职后按照员工持股计划章程或协议约定等仍持有员工持股计划权益的人员，可不视为外部人员；新《证券法》施行之前（即2020年3月1日之前）设立的员工持股计划，参与人包括少量外部人员的，可不做清理，在计算公司股东人数时，公司员工部分按照一名股东计算，外部人员按实际人数穿透计算。因此，在员工持股计划人员都是公司员工的情况下，不存在被认定为股东人数超过200人的情况。

允许以期权激励申报上市

《科创板上市审核问答》问题12规定，允许拟IPO企业带着尚未实施完毕的期权激励计划申报。激励对象可以包括上市公司的董事、高级管理人员、核心技术人员或者核心业务人员，以及公司认为应当激励的对公司经营业绩和未来发展有直接影响的其他员工，独立董事和监事除外。同时，因为涉及上市后的行权，稀释其他股东所持有的股权，所以在期权比例及锁定期方面的要求更为严格。

中国证监会《首发业务若干问题解答》（2020年修订）问题25规定了公司首发申报前制定上市后实施的期权激励计划应当符合的要求：激励对象应当符合相关上市板块的规定；激励计划的必备内容与基本要求，激励工具的定义与权利限制，行权安排，回购或终止行权，实施程序等内容，应参考《上市公司股权激励管理办法》的相关规定予以执行；期权的行权价格由股东自行商定确定，但原则上不应低于最近一年经审计的净资产或评估值；公司全部在有效期内的期权激励计划所对应股票数量占上市前总股本的比例原则上不得超过15%，且不得设置预留权益；在审期间，公司不应新增期权激励计划，相关激励对象不得行权，最近一期末资产负债表日后行权的，申报前须增加一期审计；在制定期权激励计划时应充分考虑实际控制人稳定，避免上市后期权行权导致实际控制人发生变化；激励对象在公司上市后行权认购的股票，应承诺自行权日起3年内不减持，同时承诺上述期限届满后比照董事、监事及高级管理人员的相关减持规定执行。

以资产管理计划作为员工持股平台

《科创板上市审核问答》问题11规定，发行人实施员工持股计划，可以通过公司、合伙企业、资产管理计划等持股平台间接持股，并建立健全持股在平台内部的流转、退出机制，以及股权管理机制。

中国证监会《首发业务若干问题解答》（2020年修订），问题24规定，公司实施员工持股计划，可以通过公司制企业、合伙制企业、资产管理计划等持股平台间接持股，并建立健全持股在平台内部的流转、退出机制，以及所持公司股权的管理机制。参与持股计划的员工因离职、退休、死亡等离开公司的，其间接所持股份权益应当按照员工持股计划章程或协议约定的方式处置。

股份支付问题

股份支付是指企业为获取职工和其他方提供的服务而授予其权益工具或者承担以权益工具为基础确定的负债交易，分为以权益结算的股份支付和以现金结算的股份支付。[①] 公司采取员工持股等股权激励方式的，属于以权益结算的股份支付。股份支付处理主要包括两种方式：第一种方式是一次性操作，对于授予后可立即行权的股权激励，按照授予日的公允价值一次性计入相关成本或费用；第二种方式是分期操作，对于授予后且具有服务期条件的，在服务期内分期摊销计入相关成本或费用。

中国证监会《首发业务若干问题解答》（2020年修订）问题26规定，确认股份支付费用时，对增资或受让的股份立即授予或转让完成且没有明确约定服务期等限制条件的，原则上应当一次性计入发生当期，并作为偶发事项计入非经常性损益。对设定服务期的股份支付，股份支付费用应采用恰当的方法在服务期内进行分摊，并计入经常性损益，发行人及中介机构应结合股权激励方案及相关决议、入股协议、服务合同等有关服务期的条款约定，充分论证服务期认定的依据及合理性。

2021年5月18日，财政部发布的《股份支付准则应用案例》指出，如果股权激励计划及合伙协议未对员工的具体服务期限做出专门约定，但明确约定如果自授予日至公司成功完成首次公开募股时员工主动离职，员

---

① 郑沙．上市公司限制性股票股权激励的会计处理探析[J]．中国产经，2021(8)：28－30.

工不得继续持有持股平台份额，实际控制人将用自有资金按照员工认购价回购员工持有的持股平台份额，回购股份是否再次授予其他员工由实际控制人自行决定。该项约定表明，激励员工须完成规定的服务期限方可从股权激励计划中获益，属于可行权条件中的服务期限条件，而公司成功完成首次公开募股属于可行权条件中业绩条件的非市场条件。公司应当合理估计未来成功完成首次公开募股的可能性及完成时点，将授予日至该时点的期间作为等待期，并在等待期内每个资产负债表日对预计可行权数量进行估计，确认相应的股权激励费用。

《股份支付准则应用案例》明确了在没有约定服务期限但约定激励对象上市前离职按原认购价格回购激励股份的情形下，应当合理估计等待期，股份支付需要在等待期内分期摊销。《股份支付准则应用案例》发布后，基于审慎原则，部分 IPO 在审企业以会计差错更正的方式，将股份支付由在授予日一次性确认修订为在等待期内分期摊销。

IPO 企业股权激励其他问题

对于 IPO 企业而言，除了上文所述的股权激励要点外，对于利润比较单薄的企业而言，股份支付可能导致企业净利润过低，从而不符合 IPO 的发行条件。比如《上海证券交易所科创板股票上市规则（2020 年 12 月修订)》第 2. 1. 2 条规定，发行人申请在科创板上市，市值及财务指标应当至少符合下列标准中的一项：预计市值不低于人民币 10 亿元，最近两年净利润均为正且累计净利润不低于人民币 5,000 万元；或者预计市值不低于人民币 10 亿元，最近一年净利润为正且营业收入不低于人民币 1 亿元……同时，在 IPO 审核中，对股份支付进行差错更正，可能导致 IPO 企业利润大幅下降，对企业造成不利影响。因此，IPO 企业设置股权激励协议条款时，具体关注点如下。

设置服务期条款

服务期，即激励对象被授予股份时所承诺为 IPO 公司服务的期限，激励对象在服务期届满才能获得被授予股份完整的权利；若在服务期届满前离职，可能不能按照市场公允价值退出并获得收益。服务期是股权激励中最常见的限制条件。如果企业在股权激励方案中约定服务期，则股份支付费用应按照服务期约定进行分摊处理，并作为偶发事项计入非经常性损益①，进而对公司以后年度净利润等财务数据产生持续影响。

设置业绩考核条件

企业设置业绩考核条件更有利于以量化的方式实现激励目的及效果。《企业会计准则第11号——股份支付》规定，在满足业绩条件的情况下才可以行权、换取激励对象服务的股份支付，需要在等待期内分配股份支付费用。

约定限售期或以IPO成功为解锁条件

比如公司约定IPO完成前主动离职的员工，不能继续持有公司股份，并按低于市场价格退出。根据《股份支付准则应用案例》的规定，公司需要预估上市完成时间，将授予日至预计IPO完成时点的期间作为等待期，并要求在等待期内按期分摊股份支付费用。

设计激励对象退出条款

在授予激励对象股权后，IPO企业在对应资产负债表日将进行股份支付处理。若因激励对象离职退出，由回购主体回购股权的，是否会构成新的股份支付，并进一步影响IPO企业的净利润？根据《股份支付准则应用案例——实际控制人受让股份是否构成新的股份支付》，实际控制人作为回购主体，受让激励对象股份后，不享有受让股份对应的投票权和股利分配等受益权，且其必须在约定的时间以其原受让价格将所受让股份再次分配给其他激励对象，表明实际控制人仅是代持，不符合股份支付的定义，

① 非经常性损益是指与公司正常经营业务无直接关系，以及虽与正常经营业务相关，但由于其性质特殊和偶发性，影响报表使用人对公司经营业绩和盈利能力做出正常判断的各项交易和事项产生的损益。

不构成新的股份支付。

关于IPO企业在股权激励方案中是否设置服务期、业绩考核指标、限售期或以IPO成功为解锁条件、退出条款等限制性条款，需要结合其IPO申报时间安排以及报告期预计财务数据等具体情况进行判断。IPO企业应根据限制性条款的设定与否、分摊期限长短等情况进行模拟测算，避免在报告期内计入股份支付费用的金额过高，导致IPO企业财务指标不符合相应上市条款，从而影响IPO企业上市进度。

股权激励案例

股权激励是一门艺术和学问，应综合考虑企业运营情况、中长期规划以及法律、财务、税务等事宜。在必要的情况下，特别是IPO企业，笔者建议聘请专业的保荐人、律师及会计师进行全方位把关。

复合型股权激励案例

华为股权激励计划

华为股权激励计划被视为股权激励方案的典范，现将华为股权激励计划的主要内容总结如下。

华为成立于2003年3月14日，在设立之初就实施了全员持股计划。[①]老板任正非仅持有1.07%的股权，其余均由华为技术有限公司工会委员会（以下简称“华为工会”）持有，公司通过华为工会实施员工持股计划。华为员工持股计划参与人数超过10万人，参与人均为公司员工，任一持股员工的出资额均不超出公司总股本的5%。

① 资料来源于《华为投资控股有限公司2021年度第一期超短期融资券说明书》。

1. 华为股权激励的演变历程①

华为股权激励经历了以下3个阶段，如图2－11所示。

图2－11 华为股权激励的演变历程

华为早期：采用限制性股权进行激励。股权融资解决资金困难，同时激发员工活力。

华为中期：采用虚拟股票进行激励。由于限制性股权数量有限，为了持续激励员工，华为采用虚拟股票的方式，员工亦能获得丰厚收益，公司得以发展。

华为近期：采用虚拟股＋TUP进行激励。华为资金充裕，推出TUP计划，给员工分利，为未来发展留下空间。

TUP（Time Unit Plan），直译为“时间单位计划”，也可以称为“奖励期权计划”。TUP属于中长期激励方式，本质上是现金奖励的递延分配，是基于员工历史及未来的贡献而确定的，不需要支付对价。具体而言，企业预先授予激励对象获得利润收益的权利，并在未来N年内按照兑现条件依约定兑现。TUP类似于股票增值权，但没有股权或股票的属性，因此不受《公司法》《证券法》等法律法规的限制，操作上相对灵活。

华为实施TUP有以下两个原因：一是限制性股权在实施上主要针对中国籍员工，对于外籍员工可能导致企业性质的变化，从而可能违反外商投资行业政策，而TUP可以很好地解决外籍员工股权激励问题；二是任正非所说的“拉车的人在不拉车的时候的分配问题”，原来的股权激励获得者已经不再是“拉车人”，如何激励“拉车人”是华为采用TUP的原因。随

① 资料来源于https://www.sohu.com/a/211290122_100048333。

着时间的变迁，华为对“拉车人”的激励会慢慢超过原来的激励对象，从而解决“一劳永逸、少劳多获”的问题。

2. 华为 TUP 采用“递延 + 递增”方式

假如华为2021年授予TUP资格，获配10,000个单位，虚拟面值为1元。行权方式如表2－12所示。

表2－12　2021—2025年华为TUP行权方式

年份	分红权安排	股权增值安排
2021	没有分红权	前4年不享有股权增值收益。2025年，如果面值升值到5元，额外获得股票增值收益10,000×（5－1）。同时，对这10,000个TUP单位进行权益清零
2022	获取10,000×1/3分红权	
2023	获取10,000×2/3分红权	
2024	获取10,000×100%分红权	
2025	获取10,000×100%分红权	

华为将TUP面值与限制性股权的股价相关联。比如授予资格时限制性股权单价是1元，5年后虚拟股增值到5元，则TUP对等的权益增值到4元。按年获得阶段性分红权属于“递延”部分，权益增值属于“递增”部分。

这个制度能够解决员工频繁变动问题，减少企业在员工投入方面的损失。同时，在获得TUP一两年后，员工会觉得提前离职不划算，因此一般会坚持干满5年。工作5年之后，员工和华为都可以进一步进行双向选择，对于工作积极主动、能力较强的员工，华为可以授予其限制性股权，给予其更长期的激励。

TUP有很多优点，但缺点也很明显。比如5年一个周期与长远发展目标可能存在差异，不适用于核心管理层。因此，除TUP外，华为还实行限制性股权制度，以解决中长期与长期、多数与少数的问题。

3. 薪酬所得与投资收益为3∶1

华为员工收益包括工资、奖金、TUP、限制性股权分红。其中，前3项为薪酬所得，最后一项是投资收益。TUP和限制性股权分红是此消彼长的关系，TUP增加，则限制性股权分红减少。华为提出薪酬所得与投资收益的比例为3:1，主要在现时员工获得TUP与以往员工获得投资收益之间进行平衡。限制性股权每年的收益将逐步减少20%～25%。

失败的股权激励案例分析

随着企业的发展，原来的股权激励计划可能已经成为企业发展的障碍。因此，企业在制定股权激励方案时必须要有严密的制度设计以及动态调整机制。本书讲述了股权激励的八大关注要点，企业如果不执行到位，则面临股权激励失败的风险。

某教育公司股权激励失败

2003年11月，俞某下海创建了一家教育培训公司，该公司绝大多数员工都是俞某的近亲属。随着该公司扩展到在全国34个城市建立分校，俞某意识到需要建立现代化公司治理结构，并找到了原来的两位同班同学。经过协商，3人达成共识，股权比例分别是34%、33%、33%。此次股权分配并没有严格按照股东贡献及重要程度等进行差异化股权分配，而是采取均分方式，这为未来股东之间的矛盾激化埋下种子。

2012年，俞某对公司拟进行股份制改革，将股权分配给13名创始股东，在授予股权的过程中，所有人都不愿意出钱，因此，授予股权对价均为零对价。股权划分完成后，公司的目标是成为上市公司，因此需要将利润用于公司发展。而这一目标导致股东拿到手的收入变少，因此股东们产生了强烈的不满情绪，并要求实际控制人回购。由于股权激励计划授予时未约定好明确的服务期及退出机制等操作细则，俞某只能高价回购创始股东所持的公司股权。由于股权分配及公司经营决策等方面的问题，股东之间的矛盾越来越深，最终分道扬镳。

从上述案例可以看出，该教育公司在股权激励和股权分配方面主要存在以下问题。

第一，不符合“逻辑闭环原则”。该教育公司成立之初，合伙人之间没有就股权分配、利润分配、员工股权激励分配、公司控制权、服务期及资本运作规划等内容进行明确约定，不符合“逻辑闭环原则”，导致合伙人在股权分配、利润分配等方面产生纠纷或存在潜在纠纷。出现员工离职等情况时，因公司没有约定严格的退出机制，故发生矛盾时只能通过协商方式解决，导致实际控制人承担较高回购成本。

第二，股权激励价格不合理。对于创业公司而言，如何确定股权激励授予对价是一个难题。如果股权激励价格较高，员工薪酬不高，则员工没有参与股权激励的动力；如果股权激励价格太低，这对员工的激励效果不好。上述教育公司以零对价给予员工股权，员工不会因为公司经营情况变坏而感受到损失本金的压力，从而不利于提高被激励员工的工作积极性。

第三，股权激励额度缺乏量化机制。对于初创型公司，公司希望通过股权激励留住员工，公司相对于优秀员工属于弱势的一方。公司面对众多员工，如果没有明确的量化机制，员工容易对股权分配的公允性产生怀疑，并进一步加深公司与员工之间的矛盾。上述教育公司在两次分配股权时，均没有考虑员工对公司的贡献度，也没有设定相应考核指标，从而导致被激励对象对股权激励分配的不满。正如孔子在《论语·季氏》所述，“不患寡而患不均”。

股份支付案例分析

如上所述，在公司进行股权激励时，公司需要结合股权激励方案是否设置了服务期条款或者上市前离职限制等条款，按照《股份支付准则应用案例》规定进行与股份支付相关的会计处理。

厦门科拓股权支付案例

科创板拟上市公司厦门科拓通讯技术股份有限公司[①]（以下简称“厦

① 引自《科拓股份：发行人及保荐机构关于第二轮审核问询函的回复意见》。

门科拓”）在进行员工股权激励时，持股平台合伙企业对离职员工股份处置及转让价格的相关约定如下：

第4款 除非本协议对转让价格另有规定，合伙人转让其在合伙企业中的财产份额时，由转让双方协商定价，或按照法律、法规或相关监管机构的规定处理。

第12款 有限合伙人因工作原因导致丧失劳动能力自厦门科拓离职的，经普通合伙人同意，可以不受本条第13款要求转让财产份额的限制，继续保留有限合伙人身份，但仍需遵守本协议其他条款的规定。

第13款 在厦门科拓上市之前，若与公司存在劳动关系的有限合伙人与公司解除或终止劳动关系，则执行事务合伙人有权向该合伙人发出通知，指定其财产份额的受让方，该有限合伙人必须在收到通知后15日内配合办理全部必要手续，将其在合伙企业中的财产份额转让给公司股东孙龙喜先生或执行事务合伙人或者其指定的合伙人，其财产份额的转让价格按本条第4款确定。

由于上述股权激励方案未规定服务期限或以非市场业绩等作为可行权条件，以及不存在以首次公开募股成功作为隐含等待期，厦门科拓员工持股平台每次财产份额变动均参考最近一期PE投资估值，一次性确认股份支付费用。

综上所述，优秀的股权激励方案能提高员工积极性，而合格的股权激励方案则是以不会导致股权纠纷为底线。因此，公司在设计股权激励方案时，首先，要制订保护性条款，如股权激励的调整、终止条款、约束机制及股权结构；其次，要考虑提高员工积极性的经济利益条款，如股权激励的额度、价格、服务期等；最后，综合判断股份支付会计处理对公司上市的影响，并进一步调整服务期、等待期等条款。

合理的税务筹划

税务筹划，指为纳税人、扣缴义务人的经营和投资活动提供符合税法及相关规定的纳税计划、纳税方案，以达到不缴税、少缴税或缓缴税的目的，是资本运作过程中必不可少的步骤。

应纳税额 = 税基 × 税率，税基是指计算应纳税额的基数。比如，流转税的课税基础是流转额，所得税的课税基础是所得额，房产税的课税基础是房产余值等。因此，税务筹划主要通过调整税基、税率来实现，并辅以税收返还、递延纳税等方式。

降低税基的方法

在中小企业的税务筹划中，通过降低税基的方法实现避税的情况比较常见。比如：通过交易方式的选择，合理调整收入确认时间；在会计准则允许的范围内，通过缩短固定资产折旧年限，将后期成本往前移；在税法允许的范围内列支相关费用，通过向股东借款的方式获得运营资金，利息费用可在企业所得税前全额扣除。总之，企业通过依法减少收入、增加成本费用等方式减少利润，从而减少企业应纳税所得额。

同时，《财政部税务总局关于进一步完善研发费用税前加计扣除政策的公告》（财政部 税务总局公告 2021 年第 13 号）规定，制造业企业开展研发活动实际发生的研发费用，未形成无形资产计入当期损益的，在按规定据实扣除的基础上，自2021年1月1日起，再按照实际发生额的100%在税前加计扣除；形成无形资产的，自2021年1月1日起，按照无形资产成本的200%在税前摊销。

除上述研发费用加计扣除的税收优惠政策外，一般情况下，资本运作过程中，由于利润太低对企业融资及IPO都会产生不利影响，公司一般不会选择降低利润进行税务筹划。如果IPO企业向证券监管部门申报的财务数据在报告期存在调低利润的情况，公司需要根据会计准则要求对以往年度的利润进行调整，并向税务局补缴企业所得税、缴纳滞纳金，同时存在被税务主管部门处罚的风险。因此，若公司存在IPO计划，不建议通过调低净利润的方式进行税务筹划，否则就算不被税务主管部门处罚，缴纳的滞纳金数额亦是一笔不小的损失。

降低税率的方法

企业主要通过合理利用税收优惠政策来降低税率。拟上市企业享受的主要税收优惠政策如表2-13所示。

表2-13　拟上市企业享受的主要税收优惠政策

税收优惠名称	政策具体内容
高新技术企业所得税优惠①	企业获得高新技术企业资格后，自高新技术企业证书注明的发证时间所在年度起可申报享受企业所得税15%优惠税率的税收优惠
西部大开发企业所得税优惠②	自2021年1月1日至2030年12月31日，对设在西部地区的鼓励类产业企业减按15.00%的税率征收企业所得税
双软企业所得税优惠③	国家鼓励的重点集成电路设计企业和软件企业，自获利年度起，第一年至第五年免征企业所得税，后续年度减按10%的税率征收企业所得税

① 资料来源于《高新技术企业认定管理办法》(2016年修订)第十条。
② 资料来源于《关于延续西部大开发企业所得税政策的公告》第一条。
③ 资料来源于《新时期促进集成电路产业和软件产业高质量发展的若干政策》第一条。

续表

税收优惠名称	政策具体内容
软件产品增值税优惠①	增值税一般纳税人销售其自行开发生产的软件产品，按17%税率征收增值税后，对其增值税实际税负超过3%的部分实行即征即退政策
境外所得税政策②	比如中国香港法人首次200万港元的利得税税率为8.25%，其后的利润按16.50%的税率征税。同时，以离岸方式进行运营、所有业务均不在中国香港的企业，则无须缴纳利得税

其他辅助方式

税收返还

地方政府为开拓税源，吸引优质企业落户，纷纷出台税收优惠政策，主要包括税收减免或返还、落户奖励、高管奖励、租金补贴及人才引进等。由于增值税及企业所得税的金额较高，税收返还一般为增值税及企业所得税的税收返还。

比如山东省某经济开发区的税收返还政策规定，增值税地方一级留存50%，企业所得税地方一级留存40%。若按照地方一级留存的80%进行返还，增值税返还比例为40%，企业所得税返还比例为32%。具体来说，假设某科技公司位于该经济开发区，2021年其缴纳的增值税为5,000万元，企业所得税为200万元，按照上述税收返还政策，增值税返还金额为5,000×50%×80%=2,000万元，企业所得税返还金额为200×40%×80%=64万元。

需要特别注意的是，财政部、税务总局于2021年12月21日发布的《关于违规返还税收收入等方面问题的整改情况》指出，适时开展清理规范税收等优惠政策相关工作，严禁地方违规制定税收返还等优惠政策。因

① 资料来源于《关于软件产品增值税政策的通知》第一条。

② 资料来源于中国香港特别行政区《2018年税务(修订)(第3号)条例》。

此，未经国务院批准的优惠政策存在较大的不稳定性。

递延纳税

递延纳税是指纳税人根据税法规定将应纳税款推迟一定期限进行缴纳。递延纳税制度主要考虑纳税义务人在行为发生之时存在纳税困难或者立即纳税对纳税人不公平等。

非货币性资产投资

个人以非货币性资产进行投资，应在发生前述应税行为的次月 15 日内向主管税务机关申报纳税。纳税人一次性缴税有困难的，可合理确定分期缴纳计划并报主管税务机关备案后，自发生上述应税行为之日起不超过 5 个公历年度内（含）分期缴纳个人所得税。个人以非货币性资产投资交易过程中取得现金补价的，现金部分应优先用于缴税；现金不足以缴纳的部分，可分期缴纳。[①]

资本公积等转增股本

自 2016 年 1 月 1 日起，全国范围内的中小高新技术企业（非上市及未在全国中小企业股份转让系统挂牌）以未分配利润、盈余公积、资本公积向个人股东转增股本时，个人股东一次缴纳个人所得税确有困难的，可根据实际情况自行制定分期缴税计划，在不超过 5 个公历年度内（含）分期缴纳，并将有关资料报主管税务机关备案。[②]

股权激励

非上市公司授予公司员工的股票期权、股权期权、限制性股票和股权奖励，符合规定条件的，经向主管税务机关备案，可实行递延纳税政策，即员工在取得股权激励时可暂不纳税，递延至转让该股权时纳税；股权转

① 资料来源于《关于个人非货币性资产投资有关个人所得税政策的通知》第三条。

② 资料来源于《关于将国家自主创新示范区有关税收试点政策推广到全国范围实施的通知》第三条。

让时，按照股权转让收入减除股权取得成本以及合理税费后的差额，适用“财产转让所得”项目，按照20%的税率计算缴纳个人所得税。①

除上述税收筹划方法外，在资本运作过程中，股权转让及上市后股份减持涉及的税收筹划方法详见本章第三节所述内容。

最后强调一下，企业所有的税务筹划，必须符合税法等相关法律的规定。纳税义务人实施其他不具有合理商业目的的安排而获取不当税收利益的行为，税务机关有权按照合理方法进行纳税调整。

---

① 资料来源于《关于完善股权激励和技术入股有关所得税政策的通知》第一条。

Chapter

03

解决资金难题，巧用私募融资

· 选择投资者要慎重
· 成为投资者青睐的公司
· 商业计划书是敲门砖
· 如何获得合理的投资条款
· 投资者的套路话术

选择投资者要慎重

企业要想在激烈的行业竞争中存活下来，离不开雄厚的资金支持。资金从哪儿来？这是创业者面临的首要问题。

对于“融资”的理解，除了能获得大额的资金支持公司运营外，另外一个核心诉求就是获得投资者背后的资源。在保证公司实际控制人控制权不变的情况下，公司的股权融资轮次及融资金额都是相对有限的，因此除了获得业务发展所需的资金外，更重要的是获得业务发展所必需的资源。

投资者在完成投资后就成为公司法律意义上的股东，除非投资者自愿退出，公司在存续期间不可能将投资者驱逐出公司。日常生活中，我们如果选错了配偶，还可以离婚，但选错了投资者，可能连“离婚”的机会都没有。因此，我们要慎重选择投资者。

企业选择投资者应主要关注以下几个因素。

投资者对行业的理解深度

公司在每个时间段对投资者的要求是不一样的，早期企业可能需要对行业理解更深的投资者，如战略投资者。

老赵是通识教育公司的创始人，尽管具有较高的知名度，创业团队也有非常强的执行力，但通识教育区别于义务教育阶段的培训，课程开发投入较大但业务进展并不顺利。老赵多次找到一线的投资者，如 IDC、红杉资本等，但均未得到投资。但老赵朋友军总向公司投资 1,000 万元，并约定 5 年不上市就回购的对赌条款。由于业务始终无法起量，公司无法维持经营，也没有办法获得新资金，老赵不得已选择将公司进行破产清算。

老赵的失败与投资者军总对教育行业完全不了解有较大的关系。投资者如果对行业的理解较为深刻，可以告诉老赵通识教育行业的创业难度较大。老赵可能提前放弃该公司或者进行业务转型，这样就不至于在企业破产清算后仍对投资者负有支付回购款 1,000 万元的债务。

是否可以更好地成就公司

背靠大树，山鸡也能变凤凰。投资者如果专注于某个行业，那么在该行业的上下游都可能布局，就可以为企业找到更优质的客户及供应商，以更低的成本进行采购及提高销售量。比如，腾讯或者阿里巴巴投资的标的公司往往能更快地成长，因为它们可能就是标的公司的重要客户，只要投资完成，就有可能给标的公司带来较多的订单或导入其他资源。另外，部分投资者是国家或地方的产业基金，投资完成后，标的公司近水楼台，能享受国家或地方的优惠政策。产业投资者除了给企业带来资金外，还可以提供更多的市场订单。专业投资者的投后管理一般涵盖为被投资企业开拓市场，以及协助企业更好地融资等。

墨迹风云IPO被否

墨迹风云的主营业务是基于移动互联网平台的气象信息服务和广告信息服务，通过“墨迹天气 App”为用户提供免费的天气预报、时景社区、生活资讯等服务，以向用户展示或推荐品牌广告和效果广告的方式为各类商业广告客户提供基于移动互联网平台的广告营销服务，并向用户销售与气象信息服务相关的智能硬件等产品。[1] 墨迹风云创始股东金犁曾经在中关村寻找风险投资机构，但每次的介绍基本上不超过两分钟，被认为只是一个应用工具，根本不可能有盈利点，而且天气类软件一无数据门槛，二无技术门槛。[2]

2013年7月，墨迹风云引进了阿里巴巴（中国）网络技术有限公司（以下简称“阿里网络”）、腾讯等投资者，随后阿里网络将所持股权转让给杭州阿里创业投资有限公司（以下简称“阿里创投”）。上市申报前，阿里创投持有墨迹风云15.504%股权，为第二大股东；腾讯亦通过北京创新工场投资中心（有限合伙）（以下简称“北京创新”）间接持有墨迹风云股权，北京创新持有墨迹风云4.946%股权，为第五大股东。

为了成功上市，墨迹风云通过多种“或明或暗”的方式将业绩做起来。墨迹风云的上市报告期内，腾讯在2015年、2016年及2017年1—9月为墨迹风云第一大客户，营业收入占比超过20%；阿里巴巴连续4年为其前五大客户，特别是2014年营业收入占比为45.57%，是其第一大客户。

墨迹风云通过引入阿里巴巴、腾讯等股东实现了收入及利润的快速增长，单从选择投资者角度而言，墨迹风云的融资布局可谓是业界天花板。但其独立性及持续盈利能力遭到中国证监会的质疑，从而导致公司IPO失败，可谓“成也萧何败也萧何”。因此，拟上市公司在引入投资者将业务做大做强的同时，还应增强公司独立性、提高持续盈利能力，尽可能开拓非关联方客户业务，而不仅仅是依靠关联交易或其他利益输送的方式获得营业收入或利润。

投资者的态度

由于资金具有时间成本，投资者对投资期限及投资收益都有严格要

---

① 资料来源于《北京墨迹风云科技股份有限公司创业板首次公开发行股票招股说明书》。

② 引自 https://www.sohu.com/a/199818062_648808。

求。受宏观经济环境、行业情况、公司自身发展等因素的影响，投资者约定的业绩对赌及上市对赌等内容，绝大部分不可能完成。投资者对公司及创始股东是否有很好的容错机制，公司需要提前关注。在公司及创始股东出现差错的时候，投资者若不能及时给予豁免，则公司及创始股东面临违约的风险，进而对公司下一轮融资及业务发展都会产生重大不利影响。因此，投资者的态度对公司及创始股东来说至关重要。

老李是一家大数据公司 CEO。该公司主要负责政府类项目，虽然利润较高，但每年都需要持续投入，导致公司现金流净额为负数，需要依靠股权融资等多种方式引入资金。大数据公司在融资初期都比较艰难，只要有投资者愿意投资，公司就愿意接受。因此，该公司引进了很多投资者。其中，有一家国有银行的直投公司投资者，公司为了提高估值，向其承诺了未来 3 年根本无法完成的业绩。在投资完成第一年的审计财务数据出来后，该直投公司以公司没有完成业绩对赌为由，要求实际控制人老李进行现金或股权补偿，老李只能四处借钱来完成现金补偿。同时，直投公司的内控非常严格，认为大数据公司是不值得投资的公司，因此想要退出公司。公司在后续融资过程中需要直投公司表决或者签署相关股东协议或投资协议时，直投公司提出了很多苛刻的条件，导致公司错过了较多的融资机会。

投资者参与经营的深度

为了保证资金安全，投资者在投资完成后会对公司进行投后管理。投后管理一般分为主动管理和被动管理，除非公司出现违反投资协议等重大事项，否则投资者不会进行主动管理。被动管理则是投资者根据公司提案按时参加董事会或股东（大）会，对公司的重大事项进行投票表决。但对于极少数投资者而言，其主动管理的意识比较强，可能会帮助公司寻找客户、投资者，对公司经营管理及资本运作提出较多意见，并要求公司听从其建议。此种情况下，投资者对公司经营决策的参与程度较深，在公司出现危机时，存在抢夺公司控制权的风险。

雷士照明控制权之争①

1998年，吴长江和其同学杜刚等人一起创业成立雷士照明有限公司（以下简称“雷士照明”）。随着企业的不断壮大，雷士照明创始人之间的经营理念产生分歧。经过一系列内部斗争，2005年，吴长江与杜刚等人达成协议，吴长江向杜刚等人支付1.6亿元，杜刚等人退出雷士照明。为了支付前述价款，吴长江找到了软银赛富的阎焱，软银赛富按照雷士照明4亿元的估值投资2,200万美元，并持有雷士照明35.71%股权。同时，雷士照明的董事会由软银赛富委派3人，吴长江委派2人。在这种股东会及董事会结构下，雷士照明已不再是吴长江的。

为了优化股权结构，2008年雷士照明决定引入高盛集团，高盛集团投资3,655万美元，软银赛富跟投1,000万美元。至此，软银赛富持有雷士照明30.73%股权，超过了吴长江持有的29.33%股权，成为雷士照明的第一大股东。雷士照明2010年在中国香港上市，2011年引入施耐德。吴长江的股权进一步被稀释，并于2012年被赶出雷士照明。

2013年6月，吴长江找到了德豪润达的老板王冬雪入股，并说服施耐德支持自己。同时，吴长江集结了雷士照明的供应商和经销商，在这样的联手打击下，阎焱被赶出雷士照明，吴长江正式回归雷士照明。但刚赶走狼，又遇到虎。在德豪润达老板王冬雪的主导下，其通过二级市场增持雷士照明的股票，从而成为雷士照明的第一大股东，并要求雷士照明与德豪润达进行整合。随后，吴长江再次被赶出雷士照明。同时，吴长江被指控挪用公司资金。2016年，吴长江因挪用公司资金罪、职务侵占罪被判处有期徒刑14年。至此，吴长江彻底失去了雷士照明。

① 资料来源于 https://finance.ifeng.com/c/86LH85W5ovm。

吴长江在历次引入投资者的过程中，均没有发现投资者对其控制权的贪婪，最后为他人作嫁衣，自己身陷囹圄。

投资者的品牌效应

俗话说，打狗需要看主人，无论是后续引进投资者还是与客户合作，大家一般会关注投资者的背景。因此，公司如果引入较为知名的投资者为其背书，则对其持续发展是较为有利的。2021 年 10 月，清科“2021 中国股权投资年度排名”发布，其中，2021 年中国私募股权投资机构 20 强如表 3－1 所示。

表 3－1　2021 年中国私募股权投资机构 20 强

排名	机构简称	排名	机构简称
1	高瓴投资	11	复星投资
2	腾讯投资	12	金石投资
3	中金资本	13	淡马锡
4	CPE 源峰	14	建信（北京）投资
5	招银国际资本	15	平安资本
6	正心谷资本	16	方源资本
7	招商资本	17	博裕资本
8	华平投资	18	前海方舟
9	鼎晖投资	19	KKR
10	国新基金	20	基石资本

每个领域都有“骗子”，投资领域亦是如此，没有品牌的投资机构在拿到目标公司投资额度之后，可能还会去市场上募集资金，从而赚取管理费或者差价。这样对于目标公司来说，无疑变成别人手里的商品，在市场上公开叫卖，拉低了档次。因此，公司在进行私募股权融资时，尽量找具备品牌效应的知名投资机构，起到为公司背书的作用。

成为投资者青睐的公司

投资者投资公司的根本目的是什么？肯定不只是想和创业者成为朋友。其根本目的是通过投资的方式实现盈利，实现盈利的核心方式则是在项目成功上市或被并购时以高于投资成本的价格退出，投资项目最差的退出方式是以公司及其实际控制人回购的方式退出。基于投资者的投资目的及盈利逻辑，投资者比较青睐的公司具有以下特点。

广阔的市场空间

公司所处行业的市场容量越大，其成长的天花板就越高，结合公司目前市场容量占比，就可以看出企业距离行业天花板的高度。同时，投资者除了关注公司占有的市场容量外，还比较关注行业内已经被占据的容量，抢占竞争对手市场份额也是公司的业务增长点。因此，公司具有更广阔的市场空间，意味着拥有更多的发展机会，更容易成为高市值的公司，给投资者带来更多的遐想。

科创板上市公司安达智能、赛微微电对比

2022 年 4 月，在科创板上市的广东安达智能装备股份有限公司（以下简称“安达智能”，股票代码：688125）及广东赛微微电子股份有限公司

（以下简称“赛微微电”，股票代码：688325）的发行市盈率分别为39.59倍及183.74倍，两者差距很大。

其中，主要原因是两家公司所处行业的市场规模存在显著差异。比如，安达智能属于电子专用设备行业，2019年中国电子专用设备行业市场规模为372.40亿元；赛微微电属于电源管理芯片行业，2019年我国电源管理芯片行业市场规模约为720亿元，且未来随着中国国产电源管理芯片在新领域的应用拓展以及进口替代，预计该行业市场规模将以较快的速度增长。

值得注意的是，行业市场规模虽会导致不同行业的公司估值出现差异，但公司估值与所在行业的市场分布情况、公司市场占有率预测等因素息息相关，不能简单理解为行业市场空间大则公司估值一定更高。

成长性较好

目前市场上的投资大多数采用市盈率（PE）或者市销率（PS）进行估值。成长性较好的公司能够实现利润或收入的高速增长，在相同PE或者PS的前提下，公司估值将同步增长。利润增长主要有两种模式，即控制成本和收入增长。一方面，控制成本存在瓶颈。比如员工薪酬降低10%可能比较容易，但想要把员工薪酬降低50%则非常困难，同时还可能会面临员工离职等风险。另一方面，收入的增长在某种程度上来说是无限的，只要公司能开拓新产品及市场，就能顺利实现收入的增长。因此投资者更关注收入的增长。

嘉环科技实现复合增长，PE投资者上市即盈利

2019年12月，安徽信安基石产业升级基金合伙企业（有限合伙）等投资者按照每股9.17元的价格向嘉环科技股份有限公司（以下简称“嘉环科技”，股票代码：603206）投资10,000万元，投后估值达21亿元，市盈率为

23.5倍。2019—2021年，公司营业收入年均复合增长率为25.27%，净利润年均复合增长率为32.96%。

2022年4月，嘉环科技在上交所IPO，发行价格为14.53元每股，发行市盈率为22.99倍。尽管嘉环科技的IPO发行市盈率低于投资者投资的市盈率，但发行价格较投资者投资时增长了58.45%，意味着投资者实现58.45%的账面收益。出现此种情况的原因就是嘉环科技在上市前3年实现了利润及收入的复合增长。①

良好的盈利模式

盈利模式是指对企业经营要素进行价值识别和管理，在经营要素中找到盈利机会，即探求企业利润来源、生产过程以及产出方式的系统方法。在日常经营中，实现盈利是公司生存并谋求进一步发展的基础。若没有良好的盈利模式，公司业绩增长及盈利目标将难以实现，生产经营亦可能随时面临停滞的风险。

太平洋联盟因无法自行盈利濒临破产

高尔夫球场会员通过缴纳会员费2万~2.38万美元（约13万~16万元）成为太平洋联盟会员，即可享受在太平洋联盟项下任一球场每场球60美元（约400元）的优惠。国内球场非会员打一场球在90~300美元（约600~2,000元），部分优质球场的价格在300美元（约2,000元）以上，与60美元（约400元）的差额部分由太平洋联盟补贴。

根据太平洋联盟的披露，联盟会籍卡销售净现金流为8亿元，大股东投入18.2亿元，通过鼎辉投资融资4亿元以及小股东、员工投资0.85亿元，但太平洋联盟在境内外购买球场以及球场网络建设合计投入32.22亿

① 资料来源于《嘉环科技首次公开发行股票招股说明书》。

元。同时，粗略按2万名会员人均每年打50场球，每场球补贴300元计算，1年需要补贴3亿元。上述盈利模式导致太平洋联盟始终不能自行创造利润，尽管通过股东及销售会籍卡收到大量资金，但无法持续弥补会员打球补贴的亏损，由此导致太平洋联盟走向破产边缘。①

优秀的创始人及团队

投资可以说是投资创始人或创始团队。创始人需要具有超强的技术或业务能力，绝大多数情况下，创始人及团队比项目内容显得更重要。同时，优秀的创始团队可以弥补创始人的不足，有助于提高创业成功的概率。阿里巴巴成立时拥有18位创始人，如果没有他们，马云可能无法打造现在的商业帝国——阿里巴巴。因此，投资者较为关注创始团队的背景、管理经验、社会资源、核心技术等，以此判断创始团队能否将公司做大做强。

具有技术或服务优势

公司要有技术和服务优势、核心技术或其他核心竞争力（经常被称为企业的“护城河”），这样才拥有一定的产品定价权和生产成本优势。如果公司的产品受到消费者喜爱，则消费者愿意以更高的价格在同类产品中购买该产品，基于此，公司具有一定的定价权；技术或服务优势可以降低生产成本，在同类产品中，公司可以以更低的售价吸引客户。无论是定价权还是成本优势，都有助于公司提高市场占有率、增加销售额，以实现收入及利润的增长。

毛利率是公司核心竞争力的直接体现，是评价公司盈利能力的核心指标。影响毛利率的关键因素是产品售价和产品成本，产品售价取决于市场

---

① 资料来源于 https://www.sohu.com/a/373702514_282441。

定价权和销售策略，产品成本主要取决于原材料价格和生产技术水平等。因此，投资者非常关注公司的毛利率指标。

比如，京东建立了自己的物流体系，能更快速地将网购产品送到客户手中，这才是其能匹敌阿里巴巴集团旗下淘宝网的秘诀。腾讯从事支付业务，且能与蚂蚁集团旗下支付宝一较高下，则基于其独有的社交软件优势。在信息时代，每个值得被投资的项目在技术或服务上都应具有一定优势，否则很难在市场上占有一席之地。

商业计划书是敲门砖

曾经有一家江苏公司引入投资者股权融资项目，当时投资方及其聘请的律师、会计师已经在江苏公司现场调查两个星期，但交易双方对标的公司的估值始终没有达成共识。公司属于传统行业，每年净利润在 1,000 万元左右。标的公司老板对公司的估值预期约为 40 亿元，而参照当时同行业上市公司 PE 公司估值约 1 亿元。双方关于估值存在巨大的分歧。

出现上述问题的原因是交易双方事先未对交易核心内容达成初步共识。股权融资交易的核心内容一般体现在商业计划书中，好的商业计划书既是融资的敲门砖，也是提高交易效率的必备文件。

什么是商业计划书

商业计划书一般会简要介绍公司的业务、人员及股权结构、估值等情况，有助于投资者快速了解公司的亮点，并初步判断该企业是否有投资的可能性。投资人对公司的首要印象是从商业计划书开始的，其内容应真实、准确，不应存在夸大的情况。投资者在投资前一般会对公司进行尽职调查，虚假的商业计划书可能会误导部分投资者，但并不会促使投资交易成功。因此，只有真实、准确的商业计划书才能快速、有效地吸引投资者。

投资人每天可能收到 50 份以上的商业计划书，其中可能只有 5 ~ 8 份会引起投资者的关注，其阅读时间平均不超过5分钟。因此，商业计划书一般采用PPT形式，不要超过20页，且将核心内容交代清楚。

一般而言，创业者要自行撰写商业计划书，这样可以梳理创业逻辑，提前考虑投资者关注的问题，从而实现业务上的自我突破，这是财务顾问所不能代替的。创业者在准备商业计划书时，不要因为担心创业想法被人知晓而拒绝将核心关键内容写入商业计划书，这会导致投资人无法快速从商业计划书找到公司亮点。若创业者认为创业想法泄露将影响公司持续盈利能力，则公司的壁垒或护城河可能会遭到投资者质疑。商业计划书的核心内容如表3－2所示。

表3－2　商业计划书的核心内容

框架	主要内容
公司介绍	简要介绍公司的名称及主营业务，有助于投资者辨别公司是否属于其拟投资的行业，排除一些具有行业及地域投资限制的投资者
投资亮点	投资亮点包括但不限于行业优势、技术优势、团队优势及股东背景。该内容在整个商业计划书梳理完毕之后进行总结，有助于吸引投资者眼球
行业痛点	该部分主要阐述行业存在的问题。只有公司的产品或服务能解决市场问题，才能被市场需要
解决方案	公司如何解决行业痛点、提供怎样的解决方案，方案能否得到市场验证、能否快速复制是该部分的核心内容，具体涉及产品或服务、核心竞争力、行业领先优势等
市场分析	主要分析市场容量及发展趋势、市场竞争格局、公司的市场占有能力、公司产品或服务的指标分析、竞争对手的情况、公司面临的市场风险
营销策略	该部分内容是如何将产品推向市场、完成从0到1及扩展的重要步骤，主要讲述可行的营销策略或者推广方案
核心团队	主要介绍创始人及其他核心人员的背景、经验及能力，团队的分工及职能，由此说明公司具备项目成功所需的基本配置
财务预测	盈利预测需要基于企业经营的真实情况，若公司为了获得高估值进行激进的盈利预测，投资人将该盈利预测结果作为对赌业绩，这可能导致公司及其实际控制人承担回购及补偿等责任
融资计划	介绍公司融资金额及主要用途，并在此基础上说明资金投入后的收益情况、本轮估值及拟释放的股权比例；根据公司所处发展阶段，可以适当加入上市或被并购的时间计划，并测算投资收益

如何写好商业计划书

客观真实

商业计划书的内容应该客观真实，不能一味地套用模板。一般而言，正规的投资机构，在前期完成初步沟通后，都会聘请专业的律师及会计师履行尽职调查程序。在尽职调查期间，公司需要提供客观的资料或者证据。如果商业计划书中存在与客观证据不一致的情况，投资者可能会认为公司存在诚信问题，从而不愿意投资该公司，进而容易造成各方时间及资源的浪费。

突出重点，以数据说话

商业计划书需要涵盖上文提及的核心内容。公司如果经营数据较好，可以直接列明数据或者以图表方式呈现公司注册用户数量、活跃用户数量、收入利润情况、在手订单金额等，这有助于吸引投资者，甚至扭转投资者与公司之间的地位。

商业计划书案例

撰写商业计划书至关重要，具体如何将各部分内容表述出来，如何排版才符合市场常规做法，不至于第一眼就被投资者略过，可以参考以下案例。

融资上亿元的商业计划书

某国内顶级芯片设备公司制作的商业计划书（部分）如下：

1. 投资亮点

开篇明确公司业务定位为芯片良率提升技术解决方案供应商，并从4个方面阐述公司的亮点：一是公司拥有的核心技术及产品；二是公司所在行业具有巨大的市场规模且处于蓝海状态，意味着公司具有高成长性，未来估值没有上限；三是公司人员都来自相关核心机构，能保证技术的可靠性；四是公司承担了科技部重大专项等任务，证明公司处于行业的龙头地位（见图3-1）。

图3-1 公司投资亮点

2. 团队背景

该公司创始人及技术团队均有丰富的工作经历，且文化水平较高，增加了项目成功的概率（见图3-2）。

核心技术团队

核心技术团队平均拥有20年以上国际一流高科技企业产品研发和市场经验，是国内唯一汇聚×××、×××、×××等公司优秀工程师的团队，铸就行业内最具竞争力和潜力的公司！

专家×人　　员工中70%为硕士、博士及以上学历，研发人员占比超过70%

姓名	简介
A博士	公司董事长兼总经理，××××大学计算机专业毕业，教授，博士生导师，曾任×××大学教授，国家军工×××、国防×××技术专家；曾获得科技部一等奖1项、二等奖2项，合作出版专著5部，发表论文50多篇。在整合各大高校、航空航天科研院所人才和技术方面有着极强的能力，深刻理解国家战略，并拥有广泛的人脉和市场资源
B博士	××××大学博士，25年缺陷检测算法软件开发经验，曾工作于××××、西门子等，获得2项美国发明专利
C博士	××××大学微电子学博士，25年以上电子束成像技术研发经验，曾工作于××××16年，任研究科学家和全球技术支持总监，02专项首席科学家，获得13项发明专利、发表23篇学术论文
D博士	××××大学博士，25年缺陷检测软件开发经验，曾工作于××××、西门子等，获得2项美国发明专利
E博士	××××博士，16年光刻机和计算光刻技术研发经验，曾就职于上海×××和×××，开发××××获得×××最佳贡献奖，专项×××项目课题组长，获得4项发明专利、发表30余篇学术论文
F先生	××××学院硕士，曾就职于××××副总经理，有多年半导体设备公司经营经验
G博士	××××物理电子学博士，××××大学博士后，拥有10年微纳加工及设备研发经验，获得9项发明专利、发表20篇学术论文
H先生	××××大学硕士，曾就职××××、××××市场总监，有广泛的半导体客户资源，带领××××产品实现三级跳

图3-2 公司团队背景

3. 核心技术专利

公司将核心技术专利通过图表方式直接摆出来，用事实说话（见图3-3）。

核心技术专利

知识产权

公司目前申请发明专利7×项，软件著作权1×项，注册商标1×项

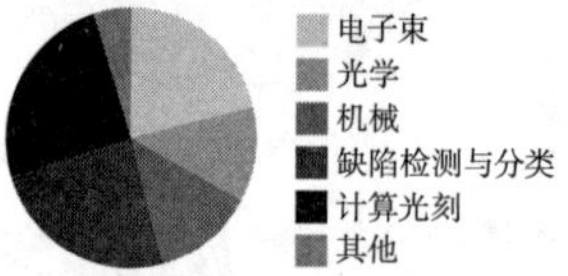

HP×® SE×® D××® Pi××® LS-×××® C××®

发明专利

序号	专利名称
1	×××× Imaging Using ×××× Beams
2	一种××××设计和制造的×××及方法
3	Method and System for ×××× Circuits
4	电子×××检查·×××测长装置
5	Method and System for ×××Inspection
6	×××装置和处理硅片的方法

软件著作权

序号	证书编号	软著名称
1	×××××	×××最优设计和检测数据平台
2	×××××	×××缺陷检测插件
3	×××××	×××区域检测插件
4	×××××	基于×××最优化软件
5	×××××	半导体×××评估软件
6	×××××	掩模版×××图像提取软件
7	×××××	××××仿真分析与评估软件

图3-3 公司核心技术专利

4. 公司产品及业务模式

明确行业痛点，即芯片设计及大规模量产存在的问题，并用图表形式说明公司的产品解决方案以及技术优势。部分内容如图3-4所示。

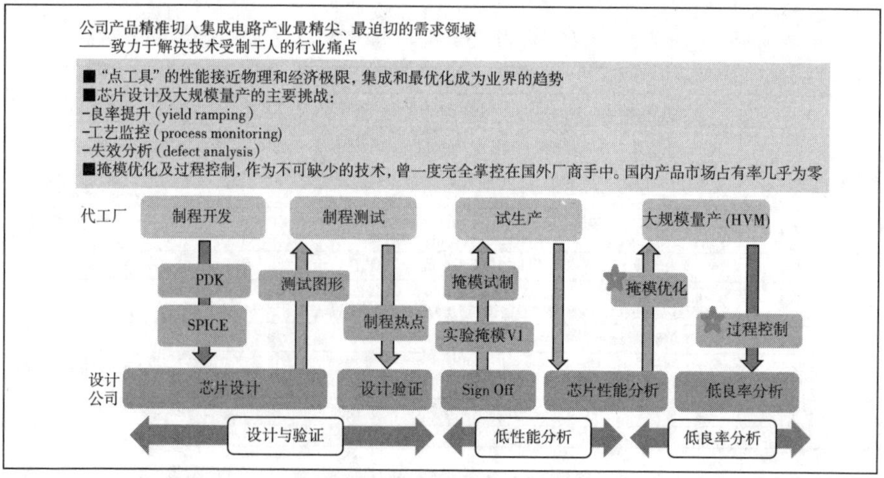

图3-4 公司产品及业务模式

5. 行业情况及规模

主要介绍全球及国内集成电路行业的情况，包括市场规模及需求变动情况，然后针对公司产品（过程工艺控制设备、电子束检测、掩模和光刻机优化软件）的市场进行详细介绍，重点突出公司的成长性及业绩保障。具体内容略。

6. 资本运作计划

明确公司融资金额及资金用途，为投资者退出规划方向（见图3－5）。

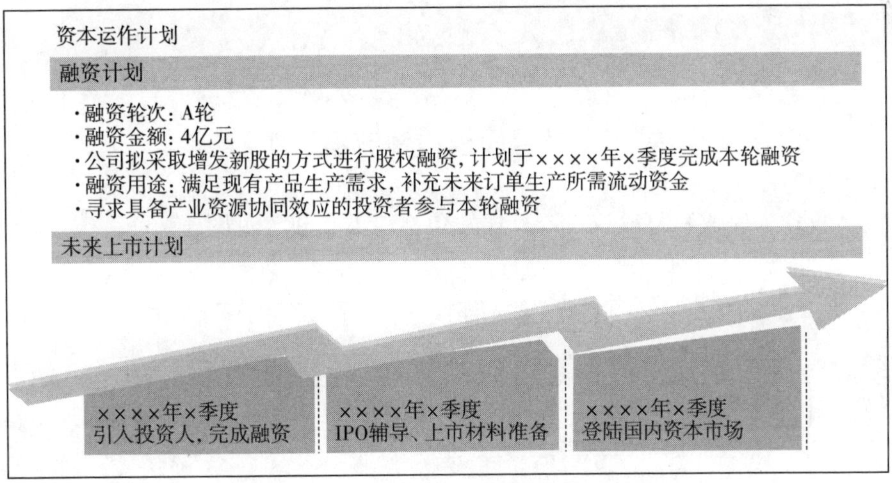

图3－5　公司资本运作计划

该商业计划书突出了公司所在行业的市场规模、公司产品、团队和核心技术，以及成长性。该公司已经顺利完成上亿元融资，经验值得借鉴。

诚如本节题目所述，商业计划书只是敲门砖，是创始人将自己公司的核心竞争力展现给投资者欣赏的一个过程，至于能否获得投资者的认可并付诸投资实践，最终起到关键作用的是公司的成长性和估值。由于投资者存在对项目理解和投资领域的差异，在私募融资时，公司必须做好被投资者拒绝的准备。再差的企业都能拿到融资，再优质的企业也会被投资者拒绝，不要因为被某位投资者拒绝而灰心！

如何获得合理的投资条款

私募股权投资流程

投资人完成私募股权投资，通常包括以下步骤（见图3－6）。

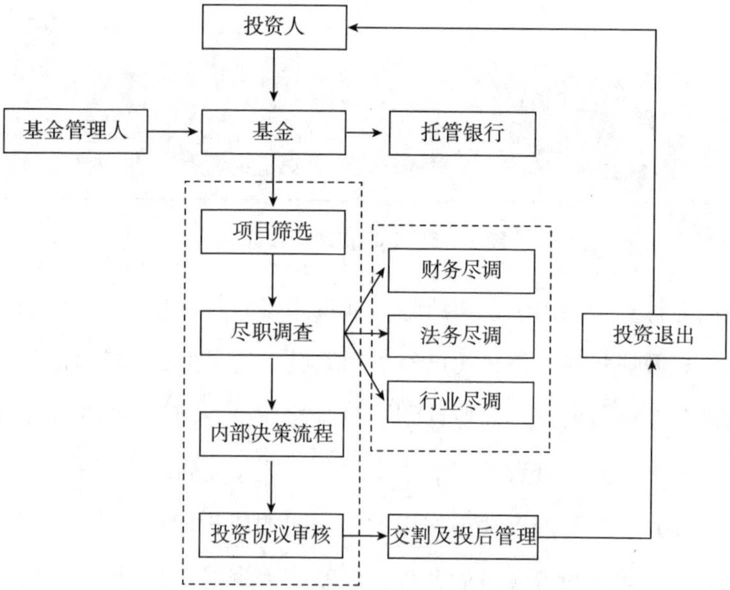

图3－6　投资人完成私募股权投资的步骤

项目筛选

投资者通过各种渠道和方式寻找项目信息，在对备选项目运作情况、投资回报方案、管理层团队基本构成、团队成员过往业绩等方面进行综合考量后，初步筛选出备选投资标的。

在股权投资项目中，投资方初步确定拟投资项目后，希望将估值及其他投资条款进行锁定，一般会与标的公司及其控股股东或实际控制人签署《投资意向书》（Term Sheet of Equity Investment）。该步骤一般是专业投资机构必备的，部分小投资者可能没有这一步骤。

尽职调查

在对标的公司进行投资之前，投资者会对标的公司进行充分的尽职调查。通常尽职调查的内容包括业务、财务、法律合规等方面。

业务尽调的目的是发现标的公司内在价值，通过梳理标的公司业务开展的各个环节，与其供应商、客户进行访谈确认，判断标的公司的经营状况、战略规划、发展前景；财务尽调的目的是掌握标的公司经营状况的真实性、运营成本的合理性、理清标的公司的资金流向，判断其是否存在经营风险；法律合规尽调的目的是掌握标的公司在设立及日常运营过程中是否存在违反法律法规的情形，是否存在经营风险，是否存在导致投资者无法获得预期收益或给投资者带来巨大债务危机的风险。这 3 个方面的尽调并不是孤立的，而是相互联系、相互佐证的，是一项系统工程。

内部决策流程

投资者的内部决策流程可能千差万别，但无一例外的是，投资者在尽职调查完成后，不会直接做出投资与否的决定，而需要履行其内部决策程序，即在综合评估标的公司预期收益与风险的基础上，形成投资决策。

投资协议审核

由于投资项目类型及投资方式的不同，交易结构及对应的交易协议也不相同。投资协议一般包括估值条款、对赌条款、反稀释条款、回购条款、领售条款、优先清算条款、委派董事条款、一票否决权条款、知情权和检查权条款等。经过多轮谈判及修改后，投资协议定稿并由协议各方签署。

办理交割及投后管理

办理交割包括支付投资款、在市场监督管理部门办理变更登记手续，以及投资者与标的公司的交接流程等。交割流程办理完毕并不意味着投资的结束，而是进入更为重要的投后管理阶段，标的公司需保持合规经营，并持续关注是否发生违反投资协议约定的情形。

投资退出

如果标的公司未能在公开市场上市，投资者一般采用股权转让或回购方式退出；若标的公司已在公开市场上市，则锁定期满后，投资者可以在二级市场减持股票；此外，若标的公司发生经营风险，投资者可能通过破产清算方式退出，这是最迫不得已的退出方式。

私募股权融资的谈判技巧

知己知彼，有备而来

融资谈判是实力的角逐、心理的较量、技巧的运用。公司要想在复杂的局势中左右谈判的发展，必须做好充分的准备工作，包括熟悉政策法规，了解投资环境，研究项目状况，分析投资者团队人员构成、投资偏好及业绩背景，同时也需要具备基本的谈判策略。公司在准备阶段收集、掌握的资料和信息越多，越容易实现谈判利益。概括起来，融资谈判准备的内容主要包括以下两个方面。

一方面，己方信息。公司对自身状况的客观评估，是其做出正确决策的首要前提。己方信息包括企业性质、经营状况、财务状况、己方在行业或同类企业中的特殊优势、决策程序等。

另一方面，对方信息。对谈判方信息的收集和分析是信息收集准备工作中最为关键的一环，也是最有价值和最难做到的环节。不同的投资人会有不同的风格，公司不仅需要了解投资者追求的核心利益和看重的核心品质，还要充分了解投资者团队的人员组成，尤其是对方团队人员的权限，应尽可能避免或减少与没有决策权的人进行谈判，否则只会浪费彼此的时间。

互利共赢，共同发展

交易的本质是交换，因此融资交易最根本的目标是实现双方利益。正因为交易具有互利性质，所以在谈判时，公司应探明双方是否具有互利性机会，以便找到更多的解决争议或分歧的机会。

互利性机会存在两种情况：一是某一方案既可以满足双方的利益，又能解决双方问题；二是根据不同争议点的重要程度及双方考虑因素，一方在某一争议点退让并获得其他争议点的满足，从而使双方都达到满意的效果。在现实中往往是第二种情况居多。

如何探寻既能满足投资者及公司根本利益，又能解决双方争议焦点的办法呢？通过与项目相关的各方行业专家（会计师、融资顾问、行业领域的专业人士等）进行交流沟通，寻找更多解决问题的潜在方法和思路，避免落入先入为主的圈套。

坚持底线，打破僵局

谈判双方经过多轮的努力仍达不成一致意见，致使谈判进入僵局，可能会出现一方因急于达成最后的协议而放弃坚持一些关键性的条款或者谈判破裂，因此可以通过使用一些谈判技巧打破谈判僵局。

回归交易原始出发点

在谈判过程中，谈判僵局一般是由交易双方盲目坚持自己的主观立场、不肯让步导致的。首先，交易双方应回归投资交易的本质，即企业融资是为了发展，投资者投资是为了赚取超额收益；其次，双方根据客观情况判断是否需要坚持自己的立场来“赢”得谈判。所以交易双方遇到谈判僵局时，需要回归原始出发点考虑问题，从而打破僵局。

采取横向式谈判

谈判出现僵局时，交易双方可以先撇开争议较大的问题，解决其他争议较小的问题。若最后谈判仍然存在困难，由于大家都为本次交易付出了很多精力，为了之前的努力不白费，双方存在妥协的可能，从而弥合分歧，使谈判出现转机。

某投资者参与过一次投资谈判，标的公司是餐饮界的龙头企业。谈判刚开始的时候，实际控制人将公司估值定得非常高，与投资者僵持不下，因此双方先就其他条款进行了为期 7 天的多轮谈判。为了避免前面的谈判成果作废，投资者和实际控制人最终确定了一个相对合理的交易估值，最终成功达成投资交易。

有效退让

谈判陷入僵局时，最好耐心等待对方主动让步，若对方不肯让步，那就只能自己退让。因为某个投资条款使谈判破裂，是不明智的举动。有效的让步可以为自己在其他方面争取更好的条件埋下伏笔。

私募股权融资的条款

公司在获得投资人满意的尽职调查后，将进入股权投资的实施阶段，即投资者与公司及其股东签订正式的投资协议。投资协议的名称既可以是《投资协议》，也可以是《增资协议》及《股东协议》。虽然协议名称存在差异，但协议具体条款大同小异。投资协议主要包括估值条款、反稀释条款、对赌条款、委派董事条款、知情权和检查权条款、回购条款、先决条件条款、承诺与保证条款等。

美国知名风险投资人布拉德·菲尔德（Brad Feld）、杰森·门德尔松（Jason Mendelson）曾合著《风险投资交易：条款清单全揭秘》。他们认为，经济因素和控制因素是风险投资主要关注的两件事，因此投资协议条款主要分为经济性条款和控制性条款。比如估值、反稀释、对赌等与投资收益相关的条款为经济性条款，委派董事、知情权和检查权等与公司控制权相关的条款为控制性条款。经济性条款是投资者的核心诉求，控制性条款则是为保障经济性条款顺利执行的辅助性条款。

投资协议的条款是投资者与公司及其实际控制人博弈的结果，因此投资协议不仅是一份合同，更预示了投资者与公司及其实际控制人未来的关系。笔者将投资条款分别介绍如下。

经济性条款

估值条款

示范条款：各方确认，目标公司本次增资的投前估值为人民币捌亿元（RMB 800,000,000），本次增资完成后，目标公司的投后估值为人民币捌亿伍仟万元（RMB 850,000,000）。

估值即目标公司的整体价格，投前估值为“目标公司股份数×每股价格”，这就决定了投资者获得股份所对应的单价。对于估值，我们需要注意区分投前估值和投后估值，投后估值=投前估值+本轮投资金额。

投资者如果投资2,000万元，投后估值为1亿元，那么投资完成后占公司20%股权；投资者如果投资4,000万元，投后估值为1亿元，那么投资完成后占公司40%股权。由于该轮融资金额可能存在差异，公司需要与投资者明确的是投前估值，而不是投后估值，因为投后估值确定后，投资者投资金额越高，则投前估值越低，目标公司每股价格也越低。因此，我们应该关注投前估值或者每股价格。

对赌条款

示范条款：实际控制人向A轮投资人承诺，目标公司2020年、2021年、2022年（“业绩承诺年度”）对应的净利润（“承诺净利润”）应分别不低于人民币2,500万元、8,750万元、11,375万元。

就目标公司在每一业绩承诺年度实现的净利润（“实际净利润”）而言，如果2020年目标公司实际净利润未能达到当年承诺净利润的100%，或2021年、2022年实际净利润分别未能达到当年承诺净利润的80%，则针对每一业绩承诺年度，各A轮投资人均有权自行选择由任何一个或多个业绩承诺人连带地对其进行现金或股权补偿。补偿方式包括但不限于以下内容：一是实际控制人以其合法拥有的现金对该A轮投资人进行补偿；二是实际控制人按照人民币1元的价格或其他法律允许的最低价格向该A轮投资人转让其届时直接或间接持有的目标公司股权；三是业绩承诺人应促使目标公司向全体股东分红，并将业绩承诺人可分得的分红款以现金方式直接支付给该A轮投资人，直至其已获得足额补偿。

对赌条款即估值调整机制，是指投资方与融资方在达成投资协议时，为解决交易双方对目标公司未来发展的不确定性、信息不对称以及代理成本而设计的包含了股权补偿、现金补偿等对未来目标公司的估值进行调整的条款。[①] 一般而言，对赌对象主要是标的公司未来业绩或上市时间，即所谓的“赌业绩”或“赌上市”。

反稀释条款

示范条款：在本次增资交割日后的任何日期，如果目标公司进行任何增资或向任何人发行可转换债券或其他可转换为目标公司注册资本的证券（低价发行）时的发行价格（新低价格）低于投资人为获得目标公司的股

① 引自 https://www.chinacourt.org/law/detail/2019/11/id/149992.shtml。

权所支付的每 1 元注册资本价格（投资人每单位价格），则相应投资人有权要求目标公司将其对应的投资人每单位认购价格调整为新低价格，并相应调整其所持目标公司股权，以使该投资人所持目标公司股权达到以其支付的投资款按照低价发行价格计算可以认购的目标公司股权。

为实现反稀释调整，各投资人有权自行选择要求实际控制人通过以下一项或多项方式进行补偿，以使前述补偿完成后，该投资人就其持有的目标公司股权所实际支付的每单位价格不高于新低价格：一是实际控制人以人民币 1 元或法律允许的最低价格向该投资人转让一定数量的股权；二是实际控制人以现金形式补偿该投资人，并同意该投资人将补偿金额用于对目标公司的增资。

反稀释条款又称价格保护机制，如果后续公司出现折价融资，投资者可以通过反稀释条款获得公司更多的股权或者现金补偿，防止自身利益受到损害。反稀释条款包括完全棘轮和加权平均两种方式。完全棘轮条款只关注新增出资额的价格，使用该条款时，原投资者过去投入的资金所换取的股权全部按新的最低价格重新计算，增加的部分由创始股东无偿或者以象征性价格向原投资者转让。加权平均条款则将新增出资额的数量作为反稀释时重要的考虑因素，既考虑新增出资额的价格，也考虑融资额度。所谓“加权”，是指反稀释时考虑新增出资额数量的权重，计算公式为：

$$A = B \times (C + D) \div (C + E)$$

其中，A 表示原投资者获得反稀释补偿后的每股新价格；B 表示原投资者实际的每股价格；C 表示新发行前公司的总股数；D 表示如果没有降价融资，新发行总价款应当购买的股权数量；E 表示当前发生降价融资，新发行总价款实际购买的股权数量。

加权平均条款较完全棘轮条款更为宽松，相当于引入了融资额度所占的权重，投资者与创始股东共同承担了折价融资的后果。

回购条款

示范条款：如发生以下任何一项回购事件的，相应投资人（合称“回购权人”）有权要求实际控制人回购其持有的全部或部分目标公司股权。

（1）目标公司未能于2022年12月31日或投资人另行同意的更晚期限前实现合格上市，或目标公司未能于2022年6月30日前向交易所或证券监督管理机构提交合格上市申请，实际控制人或目标公司明确表示或以其行为表示目标公司将不会或不能在2022年12月31日之前实现合格上市。

（2）目标公司未能达到2020年度承诺净利润（即未能达到人民币2,500万元），或未能达到2021年度承诺净利润的80%（即未能达到人民币7,000万元），或未能达到2022年度承诺净利润的80%（即未能达到人民币9,100万元）。

（3）目标公司的经营业绩不满足上市条件，或历史沿革、业务经营存在不规范情形，对目标公司完成合格上市构成实质性影响的；适用的法律法规发生变化致使集团公司主营业务经营发生严重困难，或因经营不善，造成集团公司重大损失或被监管部门认定受到重大处罚，并且对目标公司合格上市造成实质性影响的。

（4）实际控制人或目标公司在协议中所作承诺与保证不真实、不完整或不准确，或有重大遗漏或误导性陈述，对公司产生重大不利影响。

（5）目标公司任何其他股东要求行使回购权的。

回购条款中，首先要注意的是触发回购的情形。上述示范条款仅为范例，并非固定条款，存在较大的谈判空间。其次，回购条款还需要注意回购价款的计算方式。常见计算公式：股权回售价款 = 投资者出资款 × $(1+R\%\times N)$ + 投资者在其持有公司股权期间对公司每一会计年度的净利润所享有的份额之和 − 投资者在其持有公司股权期间已获得的股利。其中，N 表示自投资者向公司缴付出资款之日起至创始股东向投资者支付上述股权回售价款之日止的天数除以365，$R\%$为各方约定的收益率，一般为6%～12%。

领售条款

示范条款：在合格IPO之前，如果2/3以上投资人同意出售或清算公司，其他股东应该同意此交易，并以同样的价格和条件出售他们的股份。

领售权，又称强制出售权，即投资者可以要求创始股东以同样的价格和条件，向第三方转让所持目标公司的股权。该条款主要用于解决IPO前或IPO失败之后，第三方意向收购而创始股东不愿出售的困境。由于收购交易一般由投资者发起，转让价格和条件一般以投资者赚取一定的收益为导向。但创始股东和管理层股东对公司的感情更深，对公司未来的发展有更长远的规划，一般不会选择出售公司控制权。如果不约定领售条款，一旦未来有收购方愿意收购公司的控制权，而创始股东和管理团队不同意时，收购交易就很难完成，投资者也很难实现退出。

优先清算条款

示范条款：在目标公司清算、解散或终止，或发生任何视同清算事件时，目标公司根据中国法律规定以公司资产支付清算费用、职工工资、社会保险费用和法定补偿金、缴纳所欠税款、清偿公司债务后（如适用）的剩余财产（可分配清算财产）应按照以下方式进行分配：

投资者有权优先于目标公司其他股东从可分配清算财产中获得清算金额（按以下孰高者计算）：投资者就其届时持有的目标公司股权支付的投资款总额加上按照10%每年（单利）计算的利息，加上该股权届时已累积的红利或已宣布但尚未分配的红利（以下简称“优先清算额”）；或投资者按照届时持股比例可获得的清算财产。如果目标公司可分配清算财产不足以向投资者支付优先清算额的，则可分配清算财产应在投资者之间按照届时其持有的目标公司股权的相对比例进行分配。

控制性条款

委派董事条款

示范条款：目标公司设立董事会，董事会人数为6名。其中，实际控制人有权委派3名董事，投资人A有权委派2名董事，投资人B有权委派1名董事。董事长由实际控制人委派的董事担任。投资人C有权委派1名董事会观察员。

投资人投资公司时，特别是在投资人所占股权比例较大的情况下，一般会要求目标公司给予董事会席位。委派董事条款除了要约定董事会人数、成员构成及董事任期外，还需要就董事会召开程序、职责范围、议事规则及表决方式进行详细约定，以提高该条款的可执行性。

一票否决权条款

示范条款：目标公司股东会和董事会的议事规则根据公司章程确定。但是，无论公司章程及本协议是否存在相反约定，集团公司以下第（1）至（3）事项须征得全体董事同意，其余事项应征得包括投资人委派董事在内的2/3以上董事同意（为明确起见，若以下任何内容根据《公司法》属于股东会审议表决的事项的，则未经董事会审议并批准，不得将该等事项提交股东会进行审议）。

（1）增加或者减少注册资本。

（2）合并、分立、解散、清算或者变更公司形式。

（3）修改章程。

（4）审议批准年度财务预算方案、决算方案。

（5）审议批准公司的利润分配方案和弥补亏损方案。

（6）对发行公司债券作出决议。

（7）公司主营业务的重大调整以及公司开展主营业务之外的新业务。

（8）制定和变更公司的上市计划。

(9) 公司会计制度和会计政策的重大改变。

(10) 制定或修订目标公司任何员工激励计划、变动幅度超过30%的高管薪酬计划。

(11) 聘任或解聘公司总经理、副总经理、董事会秘书或财务总监等公司高级管理人员。

(12) 除经董事会审议通过的年度预算方案外，发生单笔或连续12个月内累计超过人民币500万元的资产的购买、出售、抵押、出租或者其他处置，以及在资产上设置权利负担；单笔或连续12个月内累计超过人民币500万元的关联交易；单笔或连续12个月内超过人民币200万元的股权投资和处置。

(13) 专利、著作权、商标等知识产权的购买、出售、抵押、出租或者其他处置，以及在公司的专利、著作权、商标等知识产权上设置权利负担。

(14) 单独或者12个月内累计超过人民币1,000万元以上的借款或者发行债券；向商业银行机构以外的自然人或机构超过正常银行贷款利率的借款；以任何形式对集团公司以外的第三方提供担保或贷款。

(15) 目标公司提起或和解金额超过人民币500万元的任何法律诉讼和仲裁。

(16) 经2/3以上董事认为可能对目标公司生产经营、业绩、资产等产生重大影响的其他事宜。

一票否决权主要是为了防止大股东滥用控股股东地位，损害公司及投资者的利益。该条款可以设置在董事会或股东会层面，包括公司未来发展过程中的重大事项。在资本强势的项目中，一票否决权的条款设置较为常见，但也隐藏了巨大的风险。当年共享单车企业 ofo 拟与摩拜单车合并，以停止补贴大战，由于阿里巴巴行使一票否决权，摩拜单车最终被美团收购，ofo 错失了与摩拜单车合并的机会。马化腾在评论 ofo 面临的艰难现状时曾说，ofo溃败的真正原因在于一票否决权。

知情权和检查权条款

示范条款：只要投资人在目标公司仍持有股权，实际控制人及目标公司应向投资人履行以下信息披露义务。

（1）在每个会计年度结束后的120个自然日内，向投资人提交其认可的中国会计师事务所根据中国会计准则出具的集团公司年度合并审计报告和财务报表（包括资产负债表、利润表及现金流量表及其附注）。

（2）在每个会计年度结束后的30个自然日内，向投资人提交上一年度集团公司未经审计的根据中国会计准则编制的年度合并财务报表。

（3）在每个会计季度结束后的30个自然日内，向投资人提交上一季度集团公司未经审计的根据中国会计准则编制的季度合并财务报表。

（4）在每个会计年度结束前的45个自然日之前，向投资人提交下一年度的集团公司年度合并预算。

（5）投资人合理范围内要求的其他集团公司的信息和文件。

目标公司应就可能对集团公司造成重大义务或产生重大不利影响的事项及时通知投资人。投资人有权在不影响集团公司正常运营的情况下，经提前通知目标公司后，在合适时间就集团公司的运营情况进行了解及询问，以及检查集团公司的报表、账簿、场地和设施。目标公司应根据投资人的要求安排管理层团队在特定的时间进行接待、回答询问并提供合理配合。

上述条款均为私募股权融资中的常见条款，目标公司及实际控制人可以结合公司基本情况、财务数据、资金需求以及投资者对公司的兴趣等情况，争取对自身更有利的投资条款。在大多数情况下，公司获得更有利的投资条款得益于实际控制人的耐心与信心。

私募对赌条款的有效性

2019 年 11 月，最高人民法院发布《全国法院民商事审判工作会议纪要》，对“对赌协议”的效力及履行进行了详细阐述，对于投资方与目标公司的股东或者实际控制人订立的“对赌协议”，如无其他无效事由，认定有效并支持实际履行；对于投资方与目标公司订立的“对赌协议”是否有效以及能否实际履行，存在争议。对此，应当把握如下处理规则：

第一，投资方主张目标公司回购股权的，人民法院应当审查是否符合《公司法》第三十五条关于“股东不得抽逃出资”或者第一百四十二条关于股份回购的强制性规定，判决是否支持其诉讼请求。经审查，目标公司未完成减资程序的，人民法院应当驳回其诉讼请求。

第二，投资方请求目标公司承担金钱补偿义务的，人民法院应当依据《公司法》第三十五条关于“股东不得抽逃出资”和第一百六十六条关于利润分配的强制性规定进行审查。经审查，目标公司没有利润或者虽有利润但不足以补偿投资方的，人民法院依案件具体情况驳回或者部分支持其诉讼请求。若今后目标公司有利润时，投资方还可以依据该事实另行提起诉讼。

关于私募对赌条款的有效性，2020 年“银海通案”① 非常具有代表性，此处不再赘述，感兴趣的读者可详细阅读相关判决及裁定书。

---

① 详见《北京银海通投资中心、新疆西龙土工新材料股份有限公司股权转让纠纷再审审查与审判监督民事裁定书》〔(2020)最高法民申 2957 号〕。

投资者的套路话术

根据日常投融资业务情况，笔者总结了投资者经常用语，以便创业者在融资时参考使用。

委婉拒绝用语

我还有个会

投资者的日程通常被各种会议安排得很满，因此，会议安排成为其搪塞创业者的一个借口。正当你演示商业计划书时，对面的风险投资者（Venture Capital，VC）几乎没有提出问题，并且在适当的时候打断你说："我还有下一个会议，后续再找机会沟通。"然后只留下投资经理、分析员等小角色在听商业计划书。

若是值得投资的项目，投资者无论如何也不会提前离开，除非真的有其他更重要的会议。如果资深投资人提前离场，可能该项目对投资者的吸引力不强。如果在融资过程中，投资者不断提问，了解的时间超过2小时，且还觉得意犹未尽，甚至到吃饭的时间就叫外卖边吃边聊，你就距离融资成功不远了。

类似的话术还包括："我出去打个重要的电话""好……嗯……不错……行……再见"。其实，可能的潜台词是："什么烂项目嘛，浪费我时间!”

公司内部没有通过

投资者每年会看大量的项目，但能投资的项目特别少，如果投资者直接拒绝创业者，那么投资者和创业者就没有进一步联系的可能。如果投资者拒绝的话术与公司内部决策或者上层合伙人不太看好项目有关，这样会减少创业者对投资者的怨恨，会让创业者觉得投资者认可公司，只是投资者内部其他人不认可。

类似的话术还包括“这个项目处于早期，不符合我们对投资阶段的要求”“我们单一项目起投资金都是1亿元以上，项目太小，目前没办法投”。其实，可能的潜台词是：“这是个烂项目，肯定不会投资的”。

如果有人领投，我们跟投

对于好项目，投资者一般都是自私的，恨不得将所有投资额度都吃下来。因此，如果投资者说“如果有人领投，我们跟投”，这说明其对某个项目判断不清楚，或者压根不看好。如果红杉资本、鼎晖投资、IDG、中金资本等头部投资机构看好的项目，一般投资者可能连投资额度都很难拿到，肯定抢着投资；投资者如果看好公司，就算其他投资者不参与投资，也会说“如果你们还没有人领投，我们愿意”，这样的投资者才是真正认可公司价值的人。

类似的话术还包括“我们单笔投资额度受限，需要与其他投资者联合投资”“公司需要头部投资者做支撑，我们先帮公司找到这些投资者，然后一起投资”。其实，可能的潜台词是：“你这个烂项目，能找到VC投资，那是活见鬼了”。

交易谈判用语

我们能够给企业带来资源

投资者一般都是投行、财富管理等领域的人才，因此会告诉企业其曾经投资了多少成功的项目，拥有多少有背景的合伙人和金主，特别是其在资本运作层面的专业性。因此，除投资外，投资者还会告诉创业者其能给企业带来的增值服务。

专业投资机构主要采用分散投资的方式，以减少投资风险。一个专业的投资者至少会投资10个项目，并且会寻找新项目，所以其能够为标的公司提供的增值服务相对有限。因此，投资者一般是简单帮助公司对接其他投资项目的公司，看是否存在潜在的合作机会。曾经有个投资者，在与创始人见面的时候号称和证券监督管理部门非常熟悉，可以帮忙打听一些监督管理尺度的问题。后来在IPO申报过程中创始人找到他，他顺利地把事情“甩锅”给券商：“你们花钱请了券商，这点事情都沟通不了么，我们也不是特别方便直接去沟通”。

类似的话术还包括“我们跟头部券商及投资机构都比较熟悉，后续融资和上市，我们都可以很容易帮你搞定”“我们具有很多行业经验、上下游资源，能帮企业提升战略价值”。其实，可能的潜台词是：“我没有什么资源，赶快估值低一些让我投资吧，上市后捞一笔走人”。

这个条款是标准条款

创业者拿到投资者发送的投资意向书时，完全没有接触过的创业者也许会无从下手。有的创业者可能因为公司缺乏资金，看到投资意向书没有法律约束，很快就签署了投资意向书。等到投资尽调完成，投资者与公司签订正式投资协议时，会说投资协议都是按照投资意向书的内容起草的，已经通过投资决策委员会审议，而且这些都是标准条款或者常规条款，不能修改。创业者看着对赌条款、领售权条款等不知所措，心想总不能失信于人，咬着牙签署了投资协议。后续因为投资协议约定的条款太严格，创业者与投资者可能会产生分歧，甚至出现法律纠纷。

的确，投资意向书或者投资协议的条款都是标准条款，但这都是投资者请律师专门设计出来用于保护投资者的“标准”条款。因此，创业者需要聘请自己的律师，请他们帮忙解读投资协议的内容及背后风险，并结合公司盈利能力、资金需求、战略规划等情况，区分什么条款可以接受，什么条款坚决不能接受。经过多轮的谈判，创业者就会发现：原来，所有投资意向书中的条款都是可以谈的。

类似的话术还包括“这些投资条款都是行业惯例，我们都是这么签的”“我们这轮估值比上一轮高，所以投资条款肯定不能比上一轮差”“这些条款是公司内控要求，修改之后没法通过内部审核或者内部审核很麻烦”。其实，可能的潜台词是：“这些条款都是保护我们自己利益的，而且你烦不烦，赶快签字，我还要去搞下一个项目”。

现在估值太高对公司没有好处

公司估值是一件非常讲究艺术的事情，特别是对于初创、没有利润或没有收入的企业来讲，投资者虽然有一套理论的估值方法，如市场法等，但对大多数公司的估值都是“拍脑袋”决定的。由于立场不同，投资者与创业者关于估值的看法可能相差较大。

曾经有一家渔业公司进行股权融资，投资者是一家上市公司，并派人去公司进行尽职调查。双方经过沟通，并未对本次交易的公司估值达成初步意向。标的公司老板预计公司投前估值不少于20亿元。具体原因是公司拥有当地最大的养鱼基地，有很多丰富的种鱼（用于繁殖鱼苗），包括娃娃鱼、中华鲟等，较多鱼类都是国家级保护动物，因此公司估值应该很高。但根据上市收购要求及标的公司盈利情况，按照20倍PE进行估值，标的公司估值约2亿元。随后，标的公司老板与上市公司沟通投资估值问题，由于双方期待的估值相差太大，根本无法达成一致，双方及时终止了尽调工作。

一方面，在相同的投资金额下，如果公司估值越高，投资者未来退出所获得的投资回报就越低；另一方面，公司融资可用于稀释的股权比例是有限的，如果前期公司估值较低，那么实际控制人股权稀释比例过大，很可能会失去对公司的控制权。因此，大多数情况下，公司在融资时估值高一些更好。

类似的话术还包括“公司估值过高不利于后续融资”“我们投资项目的 PE 一般不超过 12 倍”。其实，可能的潜台词是“公司估值太高了，我们怎么赚一百倍呀”。

交割后用语

投资协议签署完成后，投资者和创业者可能会庆祝一下，同时会告诉创业者“以后咱们就是一家人了”。但真的是一家人吗？当然不是。投资者投资的逻辑其实还是低买高卖，因为投资金额都是有存续期的，长则 10 年，短则 3 年，基金到期后能延期两年，需要尽快完成清算并将投资本金及收益支付给背后的投资人。因此，投资者希望以最快的方式做高估值，尽快通过上市或被并购等方式实现退出。投资者和创业者说“咱们是一家人”的意思是日常事项及重大事项都要及时汇报，不要做假账，更不要隐瞒投资者。

类似的话术还包括“咱们现在是一条船上的”“后续有啥困难，我们会提供帮助的”。其实，可能的潜台词是：“只要公司按照我说的来发展，大家都好，否则别怪我翻脸不认人”。

Chapter

04

跨越百亿市值，如何境内上市

· 境内上市好处多
· 不在纸面上的上市标准
· 监管机构审核『题库』
· 失败案例是最好的教材
· 从容应对，胜券在握

境内上市好处多

根据沪、深证券交易所披露的数据，截至 2021 年 12 月末，不含北京证券交易所（以下简称“北交所”）的数据，中国 A 股上市公司共有4,600 家，其中主板有 3,133 家，占比为 68.11%；创业板有 1,090 家，占比为 23.70%；科创板有 377 家，占比为 8.20%。这些公司中市值超过 100 亿元的有 1,256 家。根据以往的上市情况来看，2020—2021 年，上市公司数量及募集资金均处于历史高位。其中，2021 年新增上市公司 524 家，募集资金总额为 5,427 亿元，按照 IPO 发行价计算，市值超过 100 亿元的上市公司有 13 家，募集资金总额超过 100 亿元的上市公司有 3 家。1990—2021 年上市公司数量变化如图 4 - 1 所示。

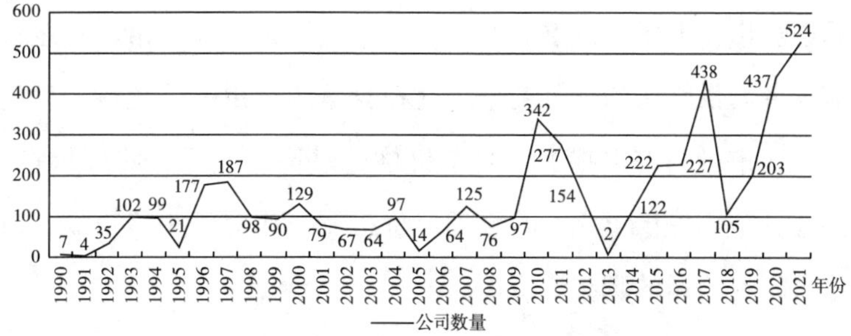

图 4 - 1　1990—2021 年上市公司数量变化

资料来源：Wind 数据库。

如前文所述，新三板的崛起唤醒了很多企业家的资本意识。无论是天使轮还是A轮投资的企业，尽管上市可能是10年后的事情，但在绝大多数的商业计划书中，都以上市为终极目标。上市具有哪些好处呢？

上市的五大好处

将企业打造成一个具有融资功能的平台

首先，如果公司公开发行股票募集资金，股份发行比例为10%～25%，那么募集资金金额少则几亿元，多则上百亿元；其次，公司上市后可以采用的融资方式则更多，如增发股份、可转换公司债券、优先股、公司债券等，进而募集业务发展所需资金；再次，一般而言，上市公司的信用评级比相同规模非上市公司更高，上市公司能以更优惠的利率或更简单的增信措施获得银行贷款；最后，股票具有货币属性，上市公司可以自身股票作为对价支付方式，收购其看中的标的资产或业务，有利于其通过并购方式快速扩张。

有助于体现公司真实价值

公司在上市前，私募领域所在的一级市场相对封闭，而且主要是机构投资者，因此公司的估值相对较低；上市之后，无论是机构投资者还是散户，都可以通过公开信息了解上市公司。股票价格代表的是上市公司的价值，是证券市场上股票供求双方共同作用的结果。证券市场的运行形成了股票需求者与供给者的竞争关系。这种竞争的结果是：越能产生高投资回报的资本，市场的需求越大，股票价格就越高；反之，股票价格就越低。因此，证券市场提供了资本的合理定价机制。相对于一级市场，二级市场的价格更接近公司的真实价值。

给予股东股份变现的机会

公司上市之后，在遵循相关减持规定的前提下，公司股票可以在二级市场自由流通，公司原来的股东可以将所持股份在二级市场上卖出，以获得相应的资金，用于其他投资或改善生活。二级市场买方较多，交易量大，因此相对于一级市场更容易进行减持。对于上市前的私募投资者而言，其所持股票在二级市场上减持退出是最好的选择。如果企业能够顺利上市，根据投资阶段的不同，投资者赚取的收益少则几倍，多则上百倍。正因为如此，公司在上市前融资时都会给投资者画一个上市的大饼。

解决企业存在的问题

由于目前政府支持公司上市，公司在上市前如果存在土地及房产权属瑕疵、股权不清晰等问题，都可以上市的名义请求政府协调解决，对以往不合规的问题争取从宽处理。企业在上市规范的过程中需要建立现代化经营制度，打破家族式经营，就是前文所述的生金蛋的“鹅”的喂养过程。

荣誉、身份、地位及财富的象征

由于目前上市公司占比较低，上市意味着中国证监会及证券交易所对公司经营情况的侧面认可，因此，成为上市公司本身就是一份荣誉。上市后，公司实际控制人的身价也可能超过百亿元，因此，上市对于实际控制人来说也是身份、地位及财富的象征。

境内上市的三大好处

估值相对更高

境内证券市场主要以散户投资者为主，而境外证券市场主要以专业机构投资者为主。因此，在境内上市发行时，投资者认购境内上市公司股份的积极性更高；由于境内投资者对境内公司的产品及服务更了解，公司股价更能反映公司真实情况，有助于提高公司股票的流动性。

成本更低

由于境内上市审核较严格，上市公司供给量偏少，目前境内上市尚未出现因公众投资者不认购拟上市公司股份而导致发行失败的情况。目前境内承销商的数量较多，且工作重点集中在应对 IPO 审核，因此收费金额相对较低。2021 年，IPO 上市承销商平均收费占 IPO 融资金额的 5.2%。

相反，境外上市的重点在于成功找到投资者并将股票发行出去，而上市审核相对容易。境外具有发行优势的承销商，主要集中在摩根士丹利、花旗等几家国际大投行，因此承销费相对较高。此外，境外上市需要聘请境内外 4 家律师事务所，具体包括公司境内律师事务所、公司国际律师事务所、保荐人境内律师事务所及保荐人国际律师事务所，且国际律师事务所收费较高，平均上千万港元。同时，境外上市一般聘请安永、德勤、普华永道、毕马威四大会计师事务所进行审计，审计费用也相对较高。

公司股东更容易进行变现

在境内上市，公司股票的流动性更强，公司股东更容易在二级市场减持套现。境外证券市场投资者以机构为主，对市值较低的上市公司关注较少。虽然公司已经上市，但大部分股东无法减持套现，类似于目前新三板挂牌企业。2021 年，境内上市公司的换手率为 1245%，中国香港上市公司的股票换手率为 48.32%。

不在纸面上的上市标准

境内 IPO 审核制度

为了理解境内 IPO 审核的上市标准，我们先回顾一下境内股票发行审核制度的发展历程，如表 4－1 所示。

表 4－1 境内股票发行审核制度发展历程

阶段	时间	审核制度
第一阶段	1990 年至 2001 年 2 月	严格执行审批制，实行额度管理或者总量控制，主要为国有企业服务
第二阶段	2001 年 2 月至 2004 年 2 月	实行核准制下的“通道制”
第三阶段	2004 年 2 月至 2013 年 11 月	实行核准制下的“保荐制”，2004 年深交所推出中小板，2009 年深交所推出创业板，民营上市公司增多
第四阶段	2013 年 11 月至今	核准制向注册制过渡，2019 年上交所推出科创板；进行注册制试点，2020 年深交所创业板推行注册制，预计 2022 年全面实行注册制

审批制、核准制和注册制是目前股票发行的 3 种方式。其中，1999 年以前中国主要实行审批制，属于计划经济项下政府主导的模式；核准制则是在保留政府行政审批权力的基础上，进一步加入市场经济的上市审核模式。目前英国、德国等国家，中国香港等地区实施核准制。注册制是完全

市场化的审核模式，投资者根据发行人披露的信息自行判断发行人的投资价值。目前美国、日本等国家，中国台湾地区实施注册制。由此可见，中国境内上市审核由原来政府主导的审批制，演变到现在的注册制，变得越来越市场化。

境内 IPO 审核理念

虽然境内 IPO 的审核制已演变为现在的注册制，但在中国特色的注册制项下，并没有实现完全市场化。因此，中国的注册制是带有实质审核性质的注册制。根据《证券法》及中国证监会传达的审核理念及设定的目标，境内注册制审核具有以下特点。

全面推行注册制，以信息披露为核心

2019 年修订后的《证券法》已明确公开发行证券适用注册制，不再规定用核准制。目前除主板由中国证监会审核外，科创板、创业板及北交所均实施注册制。预计主板在 2022 年底之前也会完成注册制改革，IPO 审核趋向于完全市场化。为了保证注册制的良好实施，境内 IPO 将以信息披露为核心，审核层面将被弱化，IPO 的难度在于发行阶段是否有投资者认购。

推行注册制后，境内没有出现 IPO 暂停的情况，未来 IPO 发行将常态化、市场化。比如 2013 年 IPO 暂停时，拟上市公司的审核周期在 3 年左右，目前的审核周期在 1 年左右。IPO 发行的常态化增加了拟上市公司对上市的预期。注册制的全面推行能提高资本市场的运行效率，缓解 IPO“堰塞湖”的情况；增加市场供给，有助于改善市场的定价机制，引导市场资金进行“价值投资”。

审核公开透明，明确监管边界

以往 IPO 审核具有较多窗口指导意见，存在利益输送风险。目前主板、科创板及创业板就 IPO 主要问题刊发了对应的审核问答，明确上市重

大问题的关注要点。科创板及创业板 IPO 也建立了及时的信息披露制度，拟上市公司的审核进度、反馈回复意见及财务数据更新等内容都会在沪、深证券交易所及时披露。

《证券法》第二十一条规定，证券交易所等可以审核公开发行证券申请，判断发行人是否符合发行条件、信息披露要求，督促发行人完善信息披露内容。具体而言，科创板及创业板都是证券交易所先对拟上市公司申请材料进行审核，《证券法》规定了明确的审核时间和回复时间要求；证券交易所上市审核委员会审核通过后，就提交中国证监会注册。除极少数 IPO 企业因特殊情况未通过中国证监会注册外，通过证券交易所审核的企业均能顺利完成注册以及后续的上市发行。

强化公司及中介机构责任

注册制改革后，证券监管部门对 IPO 的审核难度降低，对信息披露的要求有所提高。简而言之，IPO 主要依靠发行人及中介机构的信息披露来实现，证券监管部门应尽量减少对 IPO 的干预，在 IPO 审核过程中，促使和引导公司披露投资者做出投资决策所需的内容即可。

基于上述逻辑，证券监管部门强化了公司及中介机构的责任。比如，2019 年修订的《证券法》相比之前的《证券法》有如下变化：对于欺诈发行的罚款从原来最高处以募集资金的 5% 提高至募集资金的 1 倍，对直接负责的主管人员和其他直接责任人员的罚款从最高 30 万元提升至 1,000 万元；对于信息披露违法情形，对信息披露义务人的罚款从原来最高的 60 万元提升到 1,000 万元，直接负责的主管人员和其他直接责任人员的罚款从最高 30 万元提升到 500 万元；对于证券服务机构信息披露违法的罚款从原来最高处罚业务收入的 5 倍提高到业务收入的 10 倍。[①]

① 引自《中华人民共和国证券法》(2014 年修订）第一百八十九、一百九十三、二百二十三条，《中华人民共和国证券法》(2019 年修订）第一百八十一、一百九十七、二百一十三条。

境内 IPO 板块

目前，我国境内有上交所、深交所、北交所以及区域性股权交易市场，上市板块分为主板、科创板、创业板、北交所、新三板以及区域性股权交易市场，这些形成了我国境内多层次资本市场体系，具体如图 4－2 所示。

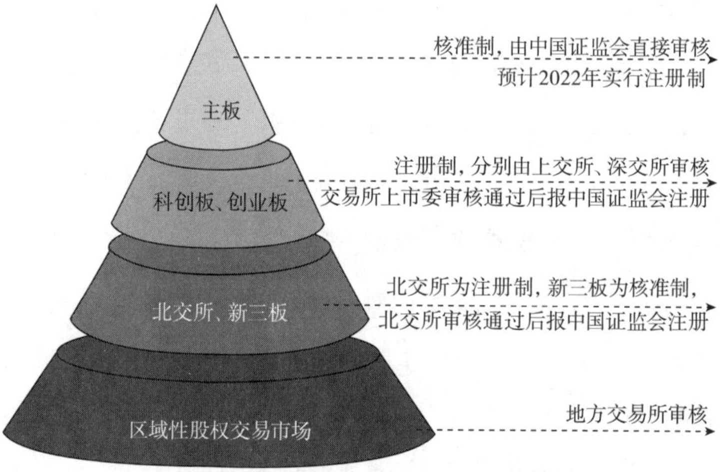

图 4－2　中国境内多层次资本市场体系

资料来源：笔者整理。

主板市场

主板市场是一个国家或地区证券发行、交易的主要市场。一般而言，主板市场对上市企业的规模、市值、利润等方面具有较高要求，上市企业主要为某行业的龙头企业，规模相对较大，盈利能力强，属于已步入成熟期的蓝筹公司。

上交所成立于 1990 年 11 月 26 日，深交所成立于 1990 年 12 月 1 日，两大证券交易所都有主板市场。2004 年 5 月，深交所在主板市场内设立中小企业板块市场（以下简称“中小板市场”），后与主板市场合并，因此目前主板市场涵盖了原来的中小板市场。主板市场是证券交易所的重要组成部分，主板市场指数能反映国家经济发展情况，有“宏观经济晴雨表”之称。

创业板市场

相比主板市场，创业板的定位侧重于为具有高成长性的中小企业和高科技企业提供融资服务。创业板市场以高科技产业为目标导向，上市企业规模相对主板而言更小，具有较高的成长性，虽然具备相应的市场拓展能力，但存在一定的经营风险。

2009 年 10 月 23 日，创业板市场在深交所正式启动；2020 年 4 月 27 日，中央全面深化改革委员会第十三次会议审议通过了《创业板改革并试点注册制总体实施方案》；2020 年 6 月 12 日，证监会发布了《创业板首次公开发行股票注册管理办法（试行）》。自此，创业板实施注册制。

科创板市场

科创板是独立于现有主板的新设板块，该板块实行注册制试点。科创板市场主要服务于符合国家战略、突破关键核心技术、市场认可度高的科技创新企业，更加注重企业科技创新能力，允许符合科创板定位、尚未盈利或存在累计未弥补亏损的企业上市。

2019 年 1 月 23 日，中央全面深化改革委员会第六次会议通过《在上海证券交易所设立科创板并试点注册制总体实施方案》；2019 年 1 月 28 日，中国证监会正式发布《关于在上海证券交易所设立科创板并试点注册制的实施意见》；2019 年 6 月 13 日，科创板正式开板。

新三板及北交所

新三板是经国务院批准，依据《证券法》设立的继上交所、深交所之后第三家全国性证券交易场所。[①] 2013 年 12 月 14 日，国务院发布《关于

---

① 引自 http://www.neeq.com.cn/about_neeq/overview.html。

全国中小企业股份转让系统有关问题的决定》，明确新三板的市场性质为全国性公开证券市场，主要为创新型、创业型、成长型中小企业的发展提供服务，符合条件的股份公司均可通过主办券商申请挂牌，公开转让股份，进行股权融资、债权融资、资产重组等。2019 年修订的《证券法》进一步明确了新三板作为“国务院批准的其他全国性证券交易场所”的法律地位。

2021 年 9 月 2 日，习近平总书记在 2021 年中国国际服务贸易交易会全球服务贸易峰会上的致辞中宣布，“继续支持中小企业创新发展，深化新三板改革，设立北京证券交易所，打造服务创新型中小企业主阵地”。[①] 北交所于 2021 年 9 月 3 日注册成立，是经国务院批准设立的我国第一家公司制证券交易所，受中国证监会监督管理，经营范围是依法为证券集中交易提供场所和设施、组织和监督证券交易以及证券市场管理服务等业务。

企业如何选择上市板块

虽然注册制已经全面推行，但注册制项上仍需要审核，公司需要根据自身行业、收入及盈利等情况选择相应上市板块，具体选择逻辑如下。

传统行业以主板为主

公司若处于传统行业或者处于相关上市板块的负面清单内，则需要做大规模，以主板上市作为自己的目标，比如工业富联（601138）在主板上市。

亏损企业以科创板和创业板为主

公司若属于创新类企业（芯片研发、新药研发等），没有稳定的收入和利润来源，或者处于亏损阶段，那么只能通过科创板和创业板关于亏损

① 资料来源于 http://views.ce.cn/view/ent/202109/23/t20210923_36936656.shtml。

企业上市的标准上市。同时，该类企业需要具有核心产品，掌握核心技术，有较好的发展前景，才有上市的可能性。

境内 IPO 各板块上市标准

上市申请过程中，证券监管部门主要关注公司持续盈利能力、投资价值，以及保证公司持续盈利真实、准确的相关因素。比如公司是否存在依赖客户、供应商或其他第三方，是否严格按照会计准则进行账务处理。一言以蔽之，如果企业能合法赚钱，上市则是水到渠成的事情。尽管注册制是以信息披露为主、完全市场化的发行审核制度，但我们发现，2019—2021 年，共计 1,316 家企业通过上市审核，扣除 4 家核准制下财务数据严重滞后的企业，各板块上市公司财务指标已经远超法律规定的上市标准。

主板

2019—2021 年，主板 IPO 审核通过企业的归母净利润中位数约为 1.5 亿元，被否企业的归母净利润中位数约为 7,000 万元，如图 4－3 所示。

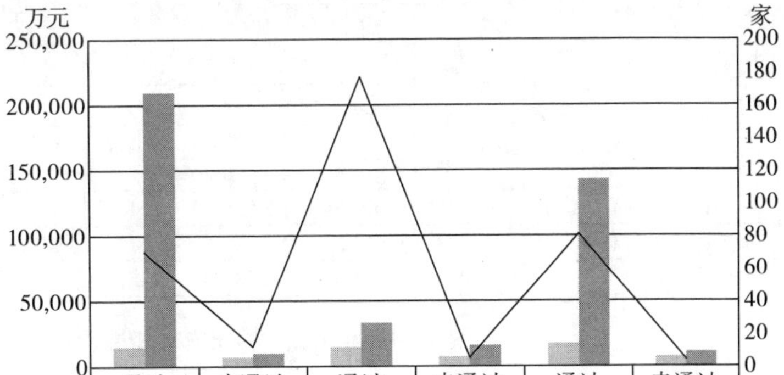

	通过（2021年度）	未通过（2021年度）	通过（2020年度）	未通过（2020年度）	通过（2019年度）	未通过（2019年度）
归母净利润中位值	14,779	7,106	14,714	7,364	17,312	7,139
归母净利润平均值	209,526	9,949	33,163	15,884	142,795	11,108
—— 审核企业数量	70	12	177	5	81	4

图 4－3　主板 IPO 审核情况

资料来源：Wind 数据库。

注：归母净利润为上会前年度的归母净利润。

同时，在主板通过审核的企业，没有净利润在5,000万元以下的企业。这些企业中，利润呈递增趋势的企业占比约60%，利润递减的企业数量非常少。法律①规定的主板上市利润指标为“最近3个会计年度净利润均为正数且累计超过人民币3,000万元”，但实际上主板上市前一年度，89%的企业的净利润超过8,000万元，约为法律规定上市前3年累计净利润的2.67倍。

科创板

2019—2021年，科创板IPO审核通过企业的归母净利润中位数约为7,000万元，被否企业的归母净利润中位数约为4,000万元（见图4－4）。相对来说，科创板对公司盈利规模的包容性较强，但对科创属性要求较高。

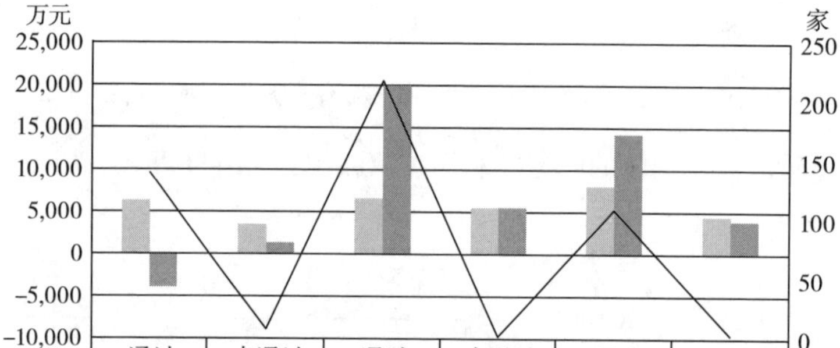

	通过	未通过	通过	未通过	通过	未通过
	2021年度		2020年度		2019年度	
归母净利润中位值	6,300	3,459	6,581	5,516	8,024	4,449
归母净利润平均值	–3,934	482	19,979	5,516	14,262	3,929
—— 审核企业数量	140	8	218	2	109	3

图4－4　科创板IPO审核情况

资料来源：Wind数据库。

注：归母净利润为上会前年度的归母净利润。

同时，在科创板通过审核的企业，净利润在5,000万元以下的占比

① 提示说明的是，关于上市财务指标的具体规定包括中国证监会发布的《首次公开发行股票并上市管理办法》（属于部门规章）以及证券交易所发布的上市规则（属于行业规范），均简称为“法律”。

28%，净利润在8,000万元以上的占比39.61%。这些企业中，利润呈递增趋势的企业占比约60%，利润呈递减趋势的企业占比6%。法律规定的科创板上市利润指标为“预计市值不低于人民币10亿元，最近两年净利润均为正且累计净利润不低于人民币5,000万元”，但实际上72%的企业在科创板上市前一年度净利润超过5,000万元。

创业板

2019—2021年，创业板IPO审核通过企业的归母净利润中位数约为8,000万元，被否企业的净利润中位数约为6,700万元（见图4-5）。

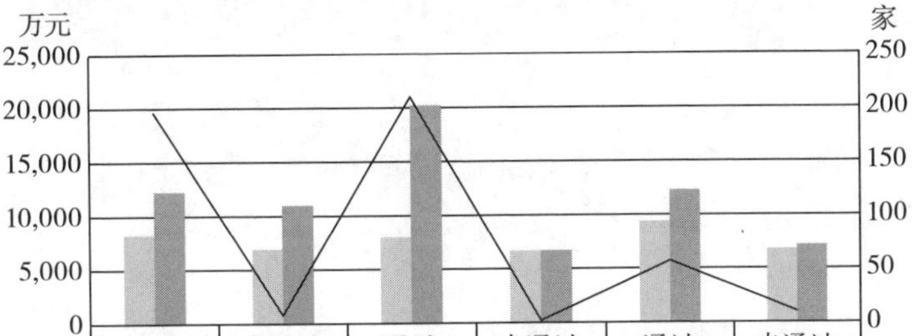

	2021年度 通过	2021年度 未通过	2020年度 通过	2020年度 未通过	2019年度 通过	2019年度 未通过
归母净利润中位值	8,311	6,891	7,970	6,694	9,432	6,797
归母净利润平均值	12,266	10,990	20,214	6,694	12,294	7,155
审核企业数量	196	8	210	2	57	10

图4-5 创业板IPO审核情况

资料来源：Wind数据库。

注：归母净利润为上会前年度的归母净利润。

同时，在创业板通过审核的企业，净利润在5,000万元以下的企业占比4%，51.55%的企业净利润在8,000万元以上。这些企业中，利润呈递增趋势的企业占比70%左右，利润递减并通过审核的企业数量非常少。法律规定的创业板上市利润指标为“最近两年净利润均为正，且累计净利润不低于5,000万元”，但实际上96%的企业在创业板上市前一年度净利润超过5,000万元。

科创板及创业板存在除利润指标以外的其他上市标准，企业只要满足其他上市标准，也可以申请在科创板及创业板上市。除较多拟上市医药公司存在亏损情况外，因亏损或微利企业本身盈利能力尚未得到验证，如果贸然让该类企业上市，可能给投资者带来损失，所以亏损或微利企业通过上市审核的可能性较低。同时，由于上市审核周期在 1 年左右，申请上市的企业一般都会被要求补充更新财务数据，因此申请上市的企业至少要有 2 ~3 年令人比较满意的财务数据，这样通过上市审核的可能性更高。

监管机构审核“题库”

上市审核程序

以科创板为例，科创板注册制实行中国证监会与上交所分工协作的审核安排。[①] 其中，科创板 IPO 审核的主要职责由上交所负责。上交所设立上市审核中心、公司监管部等部门。科创板上市审核中心负责科创板股票发行上市审核工作，拟订审核标准、审核程序等。

上交所设立科技创新咨询委员会，主要为科创板提供专业咨询和政策建议；咨询委员会委员编制为 40 ~ 60 名，全部都是兼职，来自创业行业的专家、企业及投资者。上交所设立科创板上市委员会，负责对审核部门出具的审核报告提出审议意见；上市委员会委员编制为 30 ~ 40 名，主要由上交所以外的专家和上交所相关专业人员组成；上市委员会主要以工作会议的形式行使职权，通过合议方式进行审查，集体共同决策，形成最终意见。

上交所完成上市审核后，审核通过的，由中国证监会履行注册程序。在注册程序中，中国证监会可以要求上交所补充问询或退回补充审核，中

---

① 李勇．中国股票发行制度改革路径研究：以科创板注册制为中心［D］．北京：中国人民大学，2019.

国证监会对未通过审核的企业作出终止发行上市审核的决定。[①]

根据实践经验及上述审核程序，A 股科创板及创业板上市审核程序如图 4－6 所示。

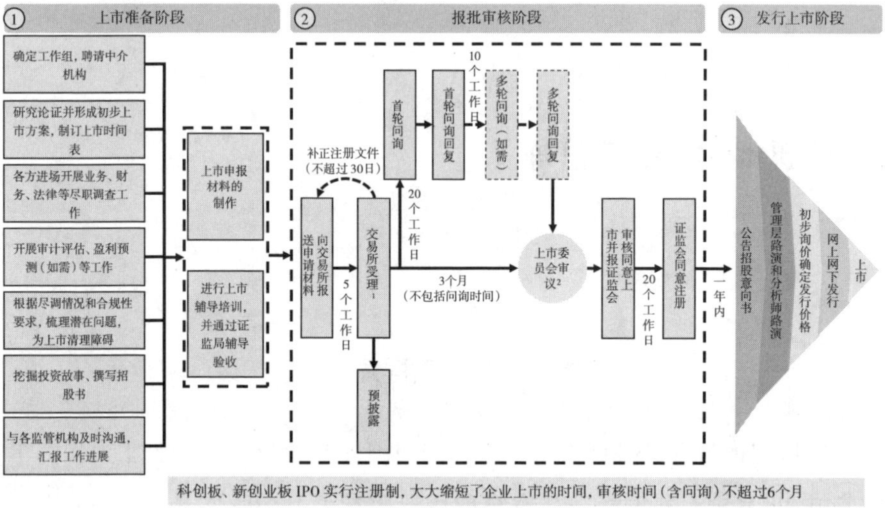

图 4－6　A 股科创板、创业板上市审核程序

资料来源：笔者整理。

注：1. 交易所受理发行上市申请文件后 10 个工作日内需以电子文档形式报送保荐工作底稿和验证版招股说明书；

2. 上市委员会审议结束后 10 个工作日内汇总补充报送与审核问询回复相关的保荐工作底稿和更新后的验证版招股说明书。

审核周期

目前，科创板及创业板审核周期均采用"3＋3"，即证券交易所审核和中国证监会注册的时间总计不超过 3 个月，发行人及其保荐人、证券服务机构回复证券交易所审核问询的时间总计不超过 3 个月。[②] 但中止审核、请示有权机关、落实上市委员会意见、暂缓审议、处理会后事项、实施现

---

① 引自《上海证券交易所科创板股票发行上市审核规则（2020 年修订）》第四条。

② 引自《上海证券交易所科创板股票发行上市审核规则（2020 年修订）》第四十八条，《深圳证券交易所创业板股票发行上市审核规则》第四十八条。

场检查、要求进行专项核查，并要求发行人补充、修改申请文件等情形所耗时间，不算在“3+3”的时限内。

2021年，主板的上市时间平均为17个月，科创板的上市时间为11个月，创业板的上市时间为12个月。科创板及创业板审核周期均超过6个月，主要是因为中止审核等事项所需时间未算在证券交易所审核及发行人等回复的时间内。但整体来说，目前的上市周期是发行人和各中介机构比较容易接受的。随着注册制的推进，上市周期明显缩短，具有更强的预期。

境内上市的流水核查

为避免企业财务造假，目前境内上市需要履行流水核查程序。提前了解流水核查程序，有助于避免公司出现对上市造成实质性影响的事情，比如公司老板在体外给员工发放工资，可能影响公司报告期内财务数据的真实性，导致该年度不能作为报告期，出现上市申报延期的情况。

流水核查范围

根据监管要求①，资金流水核查范围除发行人银行账户资金流水以外，结合发行人实际情况，还可能包括控股股东、实际控制人、发行人主要关联方、董事、监事、高管、关键岗位人员等开立或控制的银行账户资金流水，以及与上述银行账户发生异常往来的发行人关联方及员工开立或控制的银行账户资金流水。

根据实践操作案例，具体核查的人员范围包括：报告期内公司的董事、高管和监事；报告期内董事、高管的配偶、成年子女；报告期内财务主要管理人员以及其他对公司业务开展影响较大的人员，如销售总监、采购总监、研发总监、出纳等。核查范围注意事项：股东委派董事不参与公

---

① 引自《首发业务若干问题解答（2020年6月修订）》问题54。

司经营，可不提供个人流水对账单；以上核查人员包含报告期内在公司离职的人员。

流水核查区间

流水核查区间均为报告期。

个人流水对账单要求

（1）需要每页加盖银行公章，对于部分银行打印时含电子章的可以不用额外盖章。

（2）打印的对账单信息要齐全，可以在打印时向工作人员明确要求，信息必须包含交易日期、交易金额、交易对象、交易摘要等，尽量包含交易对方账号。

（3）提供个人所有银行卡，不仅包括和公司有交易的工资卡等，其余账户也应提供，包括信用卡（可以让信用卡中心邮寄）、已注销卡。

（4）银行卡对账单需要前往对应银行拉取。如果有网银，可以在拉取纸质版对账单时获取一份电子版交易明细。

个人流水核查要点

重点核查报告期内发生的以下事项：

（1）发行人资金管理相关内部控制制度是否存在较大缺陷；

（2）是否存在银行账户不受发行人控制或未在发行人财务核算中全面反映的情况，是否存在发行人银行开户数量等与业务需要不符的情况；

（3）发行人大额资金往来是否存在重大异常，是否与公司经营活动、资产购置、对外投资等不相匹配；

（4）发行人与控股股东、实际控制人、董事、监事、高管、关键岗位人员等是否存在异常大额资金往来；

（5）发行人是否存在大额或频繁取现的情形，是否无合理解释；发行人同一账户或不同账户之间，是否存在金额、日期相近的异常大额资金进出的情形，是否无合理解释；

（6）发行人是否存在大额购买无实物形态资产或服务（如商标、专利技术、咨询服务等）的情形，如存在，相关交易的商业合理性是否存在疑问；

（7）发行人实际控制人个人账户大额资金往来较多且无合理解释，或者频繁出现大额存现、取现情形；

（8）控股股东、实际控制人、董事、监事、高管、关键岗位人员是否从发行人处获得大额现金分红款、薪酬或资产转让款，是否转让发行人股权获得大额股权转让款，主要资金流向或用途是否存在重大异常；

（9）控股股东、实际控制人、董事、监事、高管、关键岗位人员与发行人关联方、客户、供应商是否存在异常大额资金往来；

（10）是否存在关联方代发行人收取客户款项或支付供应商款项的情形。

通过上述核查，确认发行人内部控制制度是否健全有效，是否存在体外资金循环形成销售回款、承担成本费用的情形。

监管机构审核的“题库”

如果将上市比作一次考试，那么上市就是高考；私募融资就相当于中考。要想通过考试，最重要的就是查看往年的真题，公司只有按照未来上市审核的要求准备私募融资及股权激励等事项，才能少走弯路。在一切法律及财务事项都规范完毕的情况下，只要业绩足够好，上市不过是水到渠成的事情。

因此，根据近年来中国证监会及证券交易所在上市问询及审核过程出具的反馈意见，笔者整理了证券监管部门审核的“题库”。具体详见附录《A 股 IPO 常见审核要点》，该部分内容虽然繁杂，却是比正文更重要的干货。

失败案例是最好的教材

上市失败的主要问题

在拟上市公司 IPO 被否的案例中，审核关注的主要问题包括持续盈利能力、独立性、规范运行、会计核算、信息披露及其他（如历史沿革、股权纠纷等），这些问题在 2019—2021 年上市审核过程中问询意见占比如图 4-7 所示。

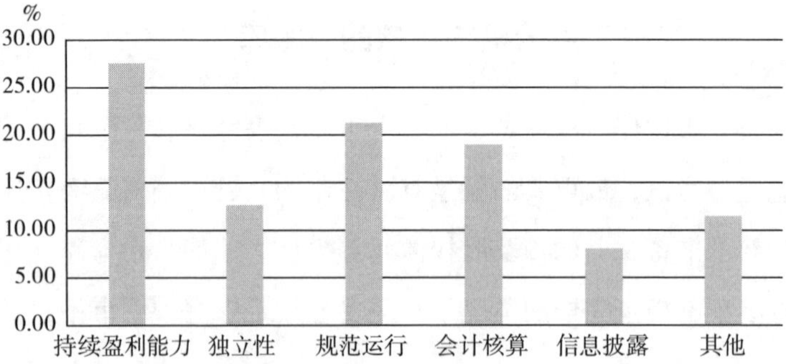

图 4-7　上市审核问询意见占比

资料来源：笔者根据公开资料整理。

持续盈利能力问题

2019 年以来，持续盈利能力问题是公司 IPO 被否的重要原因。中国证监会《首发业务若干问题解答（2020 年 6 月修订）》问题 40 规定，影响持续盈利能力的情形包括：行业政策变化、周期性衰退及产能过剩、行业竞争激烈、上下游供求关系变化、业务转型导致营业收入财务指标变化、重要客户本身发生变化、产品及技术原因导致市场占有率下降、财务指标恶化、专利等主要资产或技术出现重大纠纷等。涉及持续盈利能力问题的发审委或上市委问询意见数量为 48 次，占总问询意见数量的 27.59%。

对于持续盈利能力，法律法规并没有规定具体标准，而是通过反向列举的方式提出可能影响持续盈利能力的情形，以及监管部门审核持续盈利能力关注的重点。根据监管部门的反馈意见，公司需要针对问题进行回复，积极披露相关情况给公司持续盈利能力带来的影响，以及消除影响的措施，争取让证券监管部门认可相关情形不会对公司持续盈利能力构成重大不利影响。

独立性问题

2019 年以来，独立性问题是公司 IPO 被否的另一重大问题，主要包括关联交易、同业竞争、单一客户依赖、利益输送等。其中，涉及独立性问题的发审委或上市委问询意见数量为 22 次，占发审委或上市委问询意见总数的 12.64%。

判断独立性问题的核心在于发行人是否具备独立经营能力。独立性问题主要分为两类：第一类是对内独立性不够，需要解决的是发行人与控股股东、实际控制人及关联方的关系问题；第二类是外部独立性不够，需要解决的是发行人与其商业伙伴之间的关系问题。

规范运行问题

规范运行问题主要包括内部控制、业务合规性、业务或技术纠纷、竞业诉讼、重大行政处罚或诉讼、资金占用等。其中，涉及规范运行问题的发审委或上市委问询意见数量为 37 次，占发审委或上市委问询意见总数的 21.26%。

值得注意的是，IPO 未通过案例中，公司业务合规性、业务或技术纠纷、竞业诉讼、重大行政处罚或诉讼、资金占用问题出现得较少。但并不是说这类问题导致被否的概率较小，而是这类问题基本上是法律问题。法律问题最大的特点是界定比较清晰，这类问题往往需要在 IPO 申报前被解决，否则根本无法通过保荐人、律师的内核审核，无法进行 IPO 申报；或者因存在法律问题在审核结果比较明确的情况下，出现自动撤回 IPO 申请材料的可能性也会更大。

会计核算问题

会计核算问题主要包括毛利率问题、收入确认问题、坏账准备计提问题、资产减值、大客户异常、第三方付款问题、关键人员资金流水异常、经销商核查问题。其中，涉及会计核算问题的发审委或上市委问询意见数量为 33 次，占发审委或上市委问询意见总数的 18.97%。

会计核算问题相较法律问题更为隐蔽，不易被发现。证券监管部门为防止出现财务造假的情形，对财务问题更为关注。公司为应对证券监管部门的审核，在上市申报前需要进行详细的财务梳理，在毛利率、收入确认等方面进行横向及纵向对比，提前找出差异原因，以应对证券监管部门的反馈意见。

信息披露问题

信息披露问题包括关联交易披露不完整、虚假记载、误导性陈述或者重大遗漏等。发行人作为信息披露第一责任人，应当诚实守信，依法充分披露投资者做出价值判断和投资决策所必需的信息，所披露信息必须真实、准确、完整，不得有虚假记载、误导性陈述或者重大遗漏。[①] 其中，

---

① 引自《科创板首次公开发行股票注册管理办法（试行）》（2020 年修正）第五条。

涉及信息披露问题的发审委或上市委问询意见数量为 14 次，占发审委或上市委问询意见总数的 8.05%。

信息披露涉及公司 IPO 申报的所有文件，若公司因特殊原因没有将发行审核关注的问题披露清楚，则会导致信息披露存在虚假记载、误导性陈述或者重大遗漏问题。当然，很多存在信息披露问题的企业，即使详细披露发行审核关注问题，也可能因其他问题而不能通过上市审核。

其他问题

其他问题包括历史沿革问题、股权纠纷、董事或高管发生重大变化、实际控制人变更、重大偿债风险等。其中，涉及其他问题的发审委或上市委问询意见数量为 20 次，占发审委或上市委问询意见总数的 11.49%。

一般而言，上市审核未通过的案例中均存在多种原因，尤其是持续盈利能力、独立性、规范运行、会计核算、信息披露等问题存在关联性。若公司持续盈利存在问题，为了粉饰财务数据，公司的会计核算可能存在瑕疵，进而影响信息披露的准确性。

不同板块 IPO 审核关注差异

由于主板、创业板及科创板针对的目标企业不同，审核员在审核过程中的关注点有所差异。

主板被否案例原因

申请主板上市的企业属于传统行业，比如零售及经销商企业、食品类企业、农业企业等。该类企业的财务真实性核查难度较大，因此就会集中产生诸如经销商核查的准确性问题、业务经营资质问题（如食品资质）、收入确认问题等。

主板被否案例中，问题相对集中，出现频率达 4 次以上的关注点依次为：毛利率问题、收入确认问题、业务合规性（如超产、资质问题）或合理性问题、客户集中问题、经销商的终端客户核查问题、历史股权清晰或合规问题、坏账准备计提的合理性问题、业绩可持续性问题。

创业板被否案例原因

创业板以成长性企业居多，规模不算特别大，坏账准备的计提等问题对企业利润的影响非常大，从而受到特别关注。创业板被否案例中，关注点主要在坏账准备计提、重大诉讼或行政处罚、竞业禁止、历史股权等方面。

科创板被否案例原因

科创板审核关注问题中，板块特色非常明显。业务可持续性、新药研发模式、重大偿债风险、核心产品的不确定性、核心技术问题或技术创新、科创属性、行业定位、信息披露是被否原因中占比最高的关注点。科创属性“硬科技”将会继续成为科创板 IPO 的审核重点，完善申报企业内控制度仍面临较大的挑战。信息披露是注册制的核心，发行人应自觉履行信息披露义务。

IPO 被否经典案例

上文从数据统计的角度讲述了审核过程中应关注的主要问题，笔者选出 2019—2021 年比较有代表性的上市被否案例展开分析，希望可以为拟上市公司提供借鉴。

持续盈利能力相关案例

不符合持续盈利能力要求

1. 公司基本情况

上海吉凯基因医学科技股份有限公司成立于 2002 年，致力于为中国研究型医生以及高等院校、科研院所研究者等提供科研产品和服务，赋能公司及合作方在肿瘤领域以更低成本、更高成功率开发创新药物。公司作为国内药物靶标发现的先行者，业务覆盖靶标筛选及验证、抗体药物及细胞治疗药物的临床前研究等药物开发流程中的源头创新阶段。

根据该公司招股说明书（上会稿），报告期内，公司财务报表主要财务数据如图4-8所示。

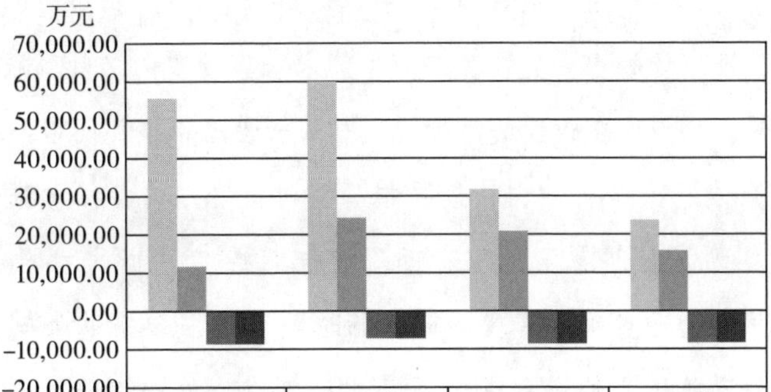

	2021年6月	2020年	2019年	2018年
资产总额（万元）	55,593.22	60,013.64	31,810.36	23,673.08
营业收入（万元）	11,633.77	24,317.06	20,790.27	15,745.49
净利润（万元）	-8,672.47	-7,245.70	-4,299.15	-4,080.55
归母净利润（万元）	-8,669.02	-7,248.58	-4,299.15	-4,080.55

图4-8　上海吉凯基因医学科技股份有限公司主要财务数据

2. IPO被否原因分析①

（1）发行人的核心技术缺乏先进性。报告期内，发行人科研服务（靶标筛选和靶标验证）的毛利率由58.58%下降至26.61%，科研服务的成本分别为2,858.04万元、3,849.80万元和4,744.66万元。从财务数据上来看，毛利率降低代表公司在市场上定价权较弱，缺乏必要的核心技术作为“护城河”。发行人目前主要在建库、测序、生信分析等环节采用外部委托服务，2020年1—6月，靶标筛选业务委托外部服务成本占对应营业成本的43.13%。公司主营业务有接近一半是委托第三方服务的，公司核心技术的先进性是一个巨大的疑问。

① 《关于终止对上海吉凯基因医学科技股份有限公司首次公开发行股票并在科创板上市审核的决定》。

（2）发行人相关业务的成长性和潜在市场空间存疑。根据发行人披露，公司报告期内营业收入的主要来源是为研究型医生以及高等院校、科研院所研究者等提供靶标筛选及验证服务，报告期内研究型医生累计形成的收入占靶标筛选及验证服务累计收入的比例超过75%。公司所处的国内靶标筛选及验证市场将持续扩大，预计2025年达到74.8亿元人民币。公司已覆盖靶标筛选及验证市场的主要类型客户，尽管未来市场空间未受到限制，但从上述数据来看，公司所在行业的市场规模和成长性给审核部门留下较大疑问。

（3）发行人报告期内持续亏损。公司报告期内持续亏损符合生物医药领域研发型企业的特征。经分析，报告期持续亏损的主要原因包括：第一，公司主营业务毛利率受到靶标筛选及验证服务采购外部委托服务、业务结构变动等因素的影响有所下降；第二，公司持续进行研发投入，研发费用持续增加；第三，公司实施股权激励，存在一定的股份支付相关费用；第四，公司靶标筛选及验证业务的客户集中度较低，需要拥有一定数量的销售人员对各地的研究型医生进行销售业务覆盖，因此销售费用总额及销售费用率较高。公司研发投入较大且存在一定的股份支付费用，符合生物医药领域研发型企业的特征，销售费用率较高符合公司的业务模式特征，公司拟为实现盈利积极采取相关措施。

综合上述三方面的因素，发行人核心技术缺乏先进性，相关业务的成长性和潜在市场空间存疑，报告期内持续亏损。因此，发行人不符合持续盈利能力的要求。

独立性相关案例

不符合独立性要求

1. 公司基本情况

江苏扬瑞新型材料股份有限公司主要从事功能性涂料的研发、生产和销售，现阶段研发、生产和销售的功能性涂料包括食品饮料金属包装涂料、油墨和3C涂料。其中食品饮料金属包装涂料为公司现阶段主要的产品；油墨产品应用于多种类型的包装外涂；3C涂料产品应用于消费电子产品。

根据该公司招股说明书（上会稿），报告期内，公司财务报表主要财务数据如图4－9所示。

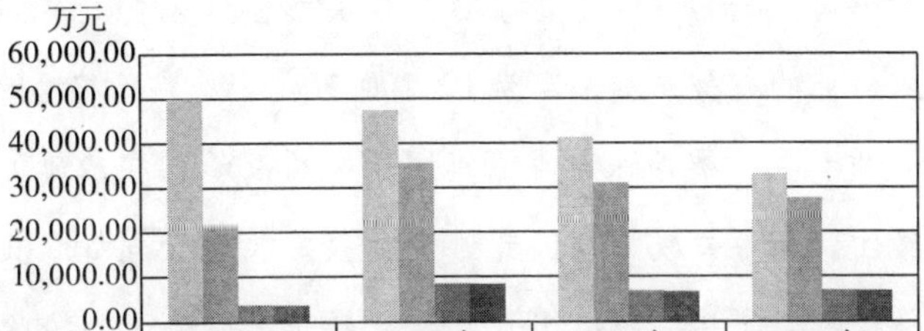

	2021年6月	2020年	2019年	2018年
资产总额（万元）	50,024.92	47,382.88	41,348.63	32,986.86
营业收入（万元）	21,394.22	35,546.53	31,066.99	27,663.77
净利润（万元）	3,605.14	8,384.35	6,710.01	6,857.48
归母净利润（万元）	3,546.94	8,288.46	6,562.60	6,733.95

图4－9　江苏扬瑞新型材料股份有限公司主要财务数据

2. IPO被否原因分析①

（1）关联销售占比超过30%。奥瑞金全资孙公司鸿晖新材持有公司4.90%的股份。该股份是鸿晖新材于2016年9月自发行人控股股东、实际控制人陈勇处受让所得，发行人向奥瑞金销售部分产品的价格及毛利率较高，实际控制人陈勇与奥瑞金高管存在大额资金往来，发行人参照关联交易要求完整披露发行人与奥瑞金的关系及交易情况。报告期内，奥瑞金为公司第一大客户，公司向其销售涂料的情况如表4－2所示。

表4－2　公司向奥瑞金销售涂料情况

项目	2020年	2019年	2018年
向奥瑞金销售涂料收入（万元）	12,690.69	12,179.88	12,863.76
占当期主营业务收入的比重（%）	35.73	39.21	46.50

① 引自《关于终止对江苏扬瑞新型材料股份有限公司首次公开发行股票并在创业板上市审核的决定》。

（2）发行人关联方博瑞特向奥瑞金出售资产的必要性以及交易价格的公允性遭到质疑，存在潜在利益输送。2019 年 12 月，博瑞特集团通过子公司鼎新国际控股有限公司与奥瑞金全资子公司奥瑞金国际控股有限公司就出售 TSMP Limited（境外经营主体中国台湾鼎新、中国台湾鼎立的上层境外持股公司）股份事项签署了《股份买卖协议》，交易对价参照评估值，本次股权转让的交易作价确定为 19,200 万元，交易价格公允。

（3）发行人主要股东与昇兴集团子公司高管存在亲属关系，发行人未将昇兴集团认定为关联方，因此遭到质疑。持有公司 5% 以上的股东郑丽珍配偶陈彬及姐夫林建伶担任公司客户昇兴集团的子公司管理层，发行人已将关联自然人任职或曾经任职的单位谨慎认定为关联方，与该单位的交易也认定为关联交易。报告期内，昇兴集团销售收入占营业收入的比例为 6.26%、11.18%、8.26% 和 10.65%，其中因郑丽珍近亲属任职而认定为关联交易的收入占比分别为 3.04%、3.57%、3.83% 和 3.06%。未来不排除因郑丽珍近亲属任职变动，或所任职单位业务量增长而导致关联交易增加的可能。

综上，发行人未按照“实质重于形式”的要求，将奥瑞金、昇兴集团认定为关联方并披露。如果将奥瑞金及昇兴集团认定为发行人的关联方，则 2020 年、2019 年及 2018 年的关联交易占比为 46.91%、47.47% 和 57.15%，占比超过 30%。同时，发行人与奥瑞金之间关于出售 TSMP Limited 交易的公允性存疑，存在利益输送可能。因此，发行人不符合独立性要求。

规范运行相关案例

不符合合规性及内控要求

1. 公司基本情况

上海康鹏科技股份有限公司是行业领先的含氟精细化学品制造商，主要从事显示材料、新能源电池材料及电子化学品、医药化学品和有机硅材料等功能性材料及其他特殊化学品的研发、生产和销售。

根据该公司招股说明书（上会稿），报告期内，公司财务报表主要财务数据如图4－10所示。

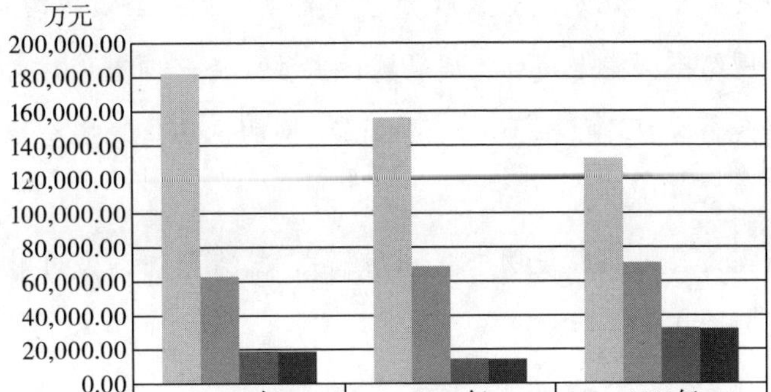

	2020年	2019年	2018年
■资产总额（万元）	182,103.79	156,061.16	132,376.18
■营业收入（万元）	62,919.62	68,726.12	70,831.90
■净利润（万元）	9,260.78	14,279.95	32,555.23
■归母净利润（万元）	9,027.67	14,136.86	32,258.04

图4－10　上海康鹏科技股份有限公司主要财务数据

2. IPO被否原因分析①

在审核期间，发行人重要子公司衢州康鹏连续发生两起安全事故导致长时间停产，子公司浙江华晶由于废气排放问题受到衢州生态环境局的罚款。报告期内发行人及其子公司存在较多行政处罚，审核期间频繁出现安全事故和环保违法事项，导致重要子公司停工停产，进而导致公司重要业务及经营业绩大幅下滑。发行人在内控方面存在缺陷，因此不符合科创板上市合规性及内控要求。

---

① 引自《关于终止上海康鹏科技股份有限公司首次公开发行股票并在科创板上市审核的决定》。

会计核算相关案例

不符合会计核算相关要求

1. 公司基本情况

恒安嘉新（北京）科技股份公司是通信网安全领域的领军企业之一，专注于网络空间安全综合治理领域，主营业务是向电信运营商、安全主管部门等政企客户提供基于互联网和通信网的网络信息安全综合解决方案及服务。

根据该公司招股说明书（注册稿），报告期内，公司财务报表主要财务数据如图 4－11 所示。

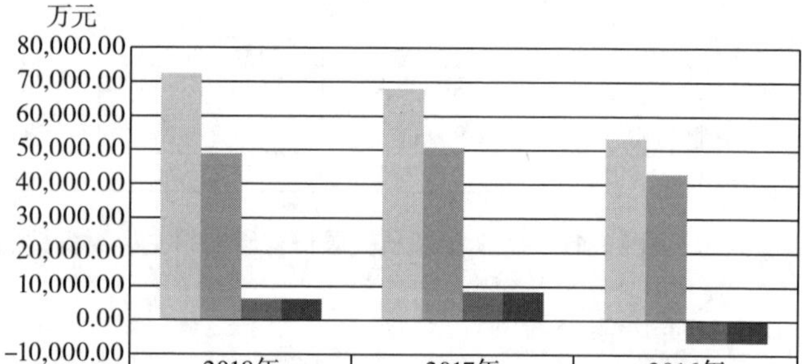

	2018年	2017年	2016年
■资产总额（万元）	72,421.12	67,950.37	53,436.00
■营业收入（万元）	48,830.25	50,634.50	43,019.19
■净利润（万元）	1,837.18	4,185.64	-2,054.47
■归母净利润（万元）	1,837.18	4,185.64	-2,054.47

图 4－11　恒安嘉新（北京）科技股份公司主要财务数据

2. IPO 被否原因分析①

发行人报告期内出现如下重大会计差错更正事项：

（1）发行人于 2018 年 12 月 28 日、12 月 29 日签署验收报告的 4 个重大合同，金额为 15,859.76 万元，2018 年底均未回款且未开具发票，公司将上述 4 个合同收入确认在 2018 年。2019 年，发行人以谨慎性为由，经

① 引自《关于不予同意恒安嘉新（北京）科技股份公司首次公开发行股票注册的决定》。

董事会及股东大会审议通过，将上述4个合同收入确认时点进行调整，相应调减2018年主营收入13,682.84万元，调减净利润7,827.17万元，扣非后归母净利润由调整前的8,732.99万元变为调整后的905.82万元，调减金额占扣非前归母净利润的89.63%。发行人将该会计差错更正认定为特殊会计处理事项的理由不充分，不符合企业会计准则的要求，存在会计基础工作薄弱和内控缺失的情形。

（2）2016年，发行人实际控制人金红将567.20万股分别以象征性1元的价格转让给刘长永等16名员工。在提交上交所科创板上市审核中心的申报材料、首轮问询回复、二轮问询回复中，发行人都认定上述股权转让系解除股权代持，因此不涉及股份支付；三轮回复中，发行人、保荐机构、申报会计师认为时间久远，能够支持股份代持的证据不够充分，基于谨慎性考虑，会计处理上调整为在授予日一次性确认股份支付5,970.52万元。发行人未按招股说明书的要求对上述前期会计差错更正事项进行披露。

公司在发行审核期间，随意进行差错更正，且差错更正的金额占比较大，差错更正后利润低于2,000万元，不符合科创板关于财务报表需要符合会计准则的要求。

信息披露相关案例

不符合信息披露要求

1. 公司基本情况

上海海和药物研究开发股份有限公司是一家专注于抗肿瘤创新药物发现、开发、生产及商业化的中国领先的自主创新生物技术公司，为全球癌症患者带来改善生活质量和挽救生命的疗法。

根据该公司招股说明书（上会稿），报告期内，公司财务报表主要财务数据如图4－12所示。

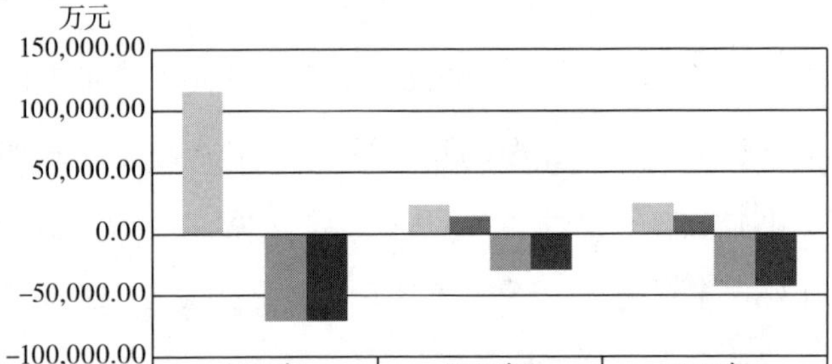

	2020年	2019年	2018年
资产总额（万元）	115,942.97	10,950.60	12,156.84
营业收入（万元）	0	1,537.91	1,875.00
净利润（万元）	-70,900.89	-30,089.15	-42,793.65
归母净利润（万元）	-70,900.89	-29,346.24	-42,756.80

图4－12　上海海和药物研究开发股份有限公司财务数据

2. IPO 被否原因分析[①]

针对 SCC244、CYH33、AL3810 和 RMX3001 产品，由于化合物早期发现工作由合作方/授权方完成，发行人将该类产品定义为合作研发或授权引进产品。但一款化合物自药物研发早期阶段到最终成为给患者带来临床效果的药物，还包括药学研究、临床前研究、转化医学研究、临床研究及后续商业开发等在内的大量科学性和创新性工作。项目启动后，发行人独立承担后续工作，合作方/授权方不再参与后续研发，发行人在推进过程中对上述产品进行了实质性改进，且该项目取得阶段性进展。

结合发行人已开展二期以上临床试验的核心产品均源自授权引进或合作研发，发行人报告期内持续委托合作方参与核心产品的外包研发服务等情况，发行人未能准确披露其对授权引进或合作开发的核心产品是否独立自主地进行过实质性改进，对合作方是否构成技术依赖，不符合科创板关于信息披露的规定。

① 引自《关于终止上海海和药物研究开发股份有限公司首次公开发行股票并在科创板上市审核的决定》。

其他被否相关案例

不符合创业板行业定位要求

1. 公司基本情况

江苏鸿基节能新技术股份有限公司致力于地基基础及既有建筑维护改造的设计和施工。地基基础包括桩基施工、基坑支护、地基处理和边坡支护等；既有建筑维护改造包括隔震加固、结构补强、整体移位、纠偏、顶升/迫降、地下空间开发利用和文物保护等。

根据该公司招股说明书（上会稿），报告期内，公司财务报表主要财务数据如图4－13所示。

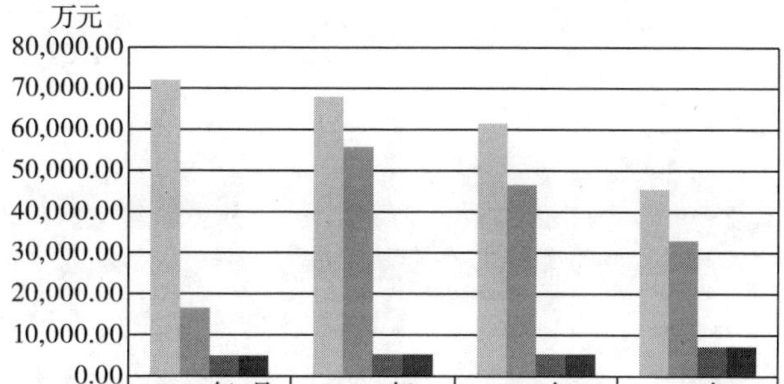

	2020年6月	2019年	2018年	2017年
资产总额（万元）	71,967.41	67,905.29	61,583.82	45,442.40
营业收入（万元）	16,533.80	55,747.35	46,536.76	32,867.19
净利润（万元）	1,180.44	5,272.17	5,373.22	3,360.23
归母净利润（万元）	1,180.44	5,272.17	5,373.22	3,360.23

图4－13 江苏鸿基节能新技术股份有限公司主要财务数据

2. IPO被否原因分析①

根据申报材料，发行人所属证监会行业为“土木工程建筑业”，该行业属于《深圳证券交易所创业板企业发行上市申报及推荐暂行规定》第四

① 引自《关于终止对江苏鸿基节能新技术股份有限公司首次公开发行股票并在创业板上市审核的决定》。

条规定的原则上不支持在创业板发行上市的行业。发行人未能充分证明掌握并熟练运用行业通用技术属于传统产业与新技术的深度融合，也未能充分证明既有建筑维护改造业务属于新业态；招股说明书披露的新技术、新业态相关业务收入占比、毛利占比分别从2017年的51.94%、60.24%下降到2020年1—6月的24.94%、29.30%。所以，发行人不符合创业板行业定位的相关规定。

从容应对，胜券在握

公司在维持良好经营业绩的同时还需要进行上市规范，遇到上市问题时，务必按照中介机构的专业意见进行整改，只有这样才能胜券在握。除持续盈利能力问题无法通过主观意愿及时整改外，同业竞争问题、历史沿革涉及集体或者国有资产问题、核心产品知识产权瑕疵是企业上市过程中最难解决的三类问题。笔者结合实际操作中的案例进行详细介绍。

同业竞争问题经典案例

青岛海泰新光科技股份有限公司（以下简称“海泰新光”）经过1年多的努力，于2020年4月向上交所申报科创板上市。在审核过程中，同业竞争问题是海泰新光上市的难点。各方中介机构一起竭尽全力地解决该问题。在该问题被处理后，海泰新光顺利通过科创板上市委审核并在中国证监会注册上市，股票代码为688677。

海泰新光顺利通过上市审核①

海泰新光是医用成像器械行业的高新技术企业。2019年，海泰新光高

① 引自《青岛海泰新光科技股份有限公司科创板首次公开发行股票招股说明书》（注册稿）。

清荧光腹腔镜的出口金额占中国内窥镜出口总金额的比例为11.34%，排名第一。

截至2020年9月30日，海泰新光总资产为36,332.55万元，较上年末增加10.16%；归属于母公司所有者权益为29,428.62万元，较上年末增加33.68%；2020年1—9月，实现营业收入19,887.54万元，较上年同期增加3.10%；归属于母公司股东的净利润为7,541.39万元，较上年同期增加29.43%；扣除非经常性损益后归属于母公司股东的净利润为6,432.02万元，较上年同期增加15.53%。

根据上述描述，海泰新光无疑是一家具有科创属性的公司，且利润比较可观。在IPO审核过程中，海泰新光遇到比较棘手的法律问题——同业竞争问题。海泰新光实际控制人郑安明于2003年在美国创立美国飞锐光谱有限公司（Foreal Spectrum, Inc.，以下简称"美国飞锐"），其主要为客户提供基于IBS镀膜技术的光学器件镀膜业务，客户主要集中在美国。美国飞锐与海泰新光在镀膜业务上具有相同或类似的情形。

海泰新光及上市中介机构在回复上交所第一轮反馈时，主要从"海泰新光与美国飞锐在主营业务、发展方向、服务定位、经营地域和镀膜工艺方面均有不同之处""IBS镀膜业务不是海泰新光的主要业务和未来发展方向，占其收入比重较小，对发行人未来发展的潜在影响较小"等角度，得出美国飞锐与海泰新光不构成重大不利影响的同业竞争的结论。但《科创板上市审核问答》规定，竞争方的同类收入或毛利占发行人该类业务收入或毛利的比例达30%以上的，如无充分相反证据，原则上应认定为构成重大不利影响。该规定仅考虑了竞争方的同类收入或毛利占发行人的情况，没有考虑该竞争业务占发行人收入及毛利的情况。因此，在回复上交所第三轮问询时，海泰新光及各方中介机构还在纠结同业竞争问题。

2020年6月12日，深交所发布《深圳证券交易所创业板股票首次公开发行上市审核问答》，其中规定，竞争方的同类收入或毛利占发行人主营业务收入或毛利的比例达30%以上的，如无充分相反证据，原则上应认定为构成重大不利影响。与《科创板上市审核问答》不同的是，计算同业竞争的分母变更为“发行人主营业务或毛利”。努力的人，运气不会太差，上交所虽然没有同步修改《科创板上市审核问答》的具体内容，但实际操作中已经参照创业板审核问答口径执行。

因此，各中介机构出具意见：“报告期内，美国飞锐镀膜业务收入占发行人主营业务收入的比例分别为20.01%、17.87%、21.79%、15.78%，美国飞锐镀膜业务毛利占发行人主营业务毛利的比例分别为22.88%、14.72%、17.88%、15.97%，未达到30%。上述指标比例未达到审核问答认定同业竞争构成‘重大不利影响’的水平。”

历史沿革涉及集体问题经典案例

在安徽省凤形耐磨材料股份有限公司（以下简称“凤形股份”）中小板上市项目中，该企业因为历史沿革问题涉及集体所有制企业，其能顺利通过各级政府直至获得安徽省人民政府的确认，都源于其与各中介机构的努力和坚持。①

凤形股份上市获省政府批复

凤形股份专注于金属铸件行业，是一家专业从事耐磨材料的研发、生产、销售和技术服务的高新技术企业，截至上市申报时已发展成为国内领先的耐磨材料生产企业。凤形股份是笔者见过的对上市最为执着的公司，也是在会审核时间最长的企业之一。

凤形股份于2012年3月30日向中国证监会进行IPO申报，经历了2013年A股IPO暂停以及当时的财务专项核查，更新了3次半年报及3次

① 引自凤形股份《首次公开发行股票招股说明书》。

年报，上市审核时间超过3年。经过多轮审核及等待，凤形股份于2015年5月21日获得中国证监会的批复并于深交所中小板成功上市，股票代码为002760。

在IPO审核过程中，凤形股份上市的难点是历史沿革问题，算是迄今为止A股上市企业中历史沿革最为复杂的IPO企业。凤形股份由集体企业改制而来，股东人数存在超过200人的情况。为解决股东人数问题，公司主要从以下3个方面进行整改：首先，在市场上寻找愿意投资凤形股份的投资机构，最终由九鼎投资等3家投资机构对部分股东所持股份进行收购，将凤形股份股东人数降低至200人以下；其次，投资机构通过公司自然人股东收购该部分股东所持公司股份，并通过当地公证处进行现场公证；再次，公司在报纸上对公司历史沿革事项进行公示，防止进一步出现股权纠纷；最后，根据公司历次股权变动时公司的净资产等财务情况及历史审批文件，详细分析集体企业股东凤形资产公司将股权量化为实际控制人是否会造成国有资产流失，由当地（县级市）政府逐级向安徽省人民政府进行汇报。凤形股份根据中介机构出具的整改方案进行整改，经过中介机构的论证以及向各级政府部门请示汇报，就凤形股份历史沿革问题，最终获得各级政府的批复确认。

核心产品知识产权瑕疵问题经典案例

吉林省西点药业科技发展股份有限公司（以下简称“西点药业”）曾于2012年12月申报创业板上市，经过3年多的审核，该公司因核心产品的专有技术未获得授权，于2016年7月被中国证监会否决。2017年2月，西点药业成功解决了该问题，并于2022年2月23日在深交所创业板成功上市，股票代码为301130。①

① 引自西点药业《首次公开发行股票并在创业板上市招股说明书》。

西点药业二次申报

西点药业是专注于化学药品原料药及制剂研发、生产、销售的科技型医药企业，是吉林省2008年首批通过高新技术企业认证的医药企业之一。该公司经过20余年差异化发展道路，形成了以抗贫血用药、治疗精神障碍用药、原料药为核心，以心脑血管疾病治疗药物和抗肿瘤治疗用药为辅助的产品体系。

西点药业曾于2012年12月向中国证监会提交了首次公开发行股票行政许可申请材料，2016年7月5日，中国证监会出具了《关于不予核准吉林省西点药业科技发展股份有限公司首次公开发行股票申请的决定》（证监许可〔2016〕1498号）。

中国证监会做出不予核准决定的原因具体如下：西点药业“可同”产品的专有技术是从北京德众万全药物技术开发有限公司购买获得，“可同”产品的专利权属于万全万特制药江苏有限公司所有，并由其无偿授权西点药业使用。西点药业一直未能与专利权人达成正式的专利实施许可合同，故存在对方单方面撤销专利使用许可的风险。因此，西点药业“可同”产品的专利权使用存在重大不利变化的风险，西点药业前次公开发行股票的申请不符合《首次公开发行股票并上市管理办法》（2015年修订）第三十条第（五）项的相关规定。

2020年7月，西点药业重新申报IPO，由原来的上交所主板变更为深交所创业板，就被否问题整改如下：

2017年2月27日，西点药业与万全万特制药江苏有限公司、江苏万全特创医药生物技术有限公司签订《专利权和商标权转让协议》，万全万特制药江苏有限公司决定将第200710064583.4号发明名称为“一种利培酮口腔崩解片及其制备方法”的专利权的所有权转让给西点药业，转让价格为300万元，江苏万全特创医药生物技术有限公司决定将第3473787号“可同”注册商标的所有权转让给西点药业，转让价格为200万元。

西点药业已按照《专利权和商标权转让协议》的约定，向转让方支付完毕上述与“可同”相关的专利权、商标权的转让款，并已办理完毕相关专利权、商标权的所有权变更登记，成为“可同”相关专利权和商标权的所有权人，自此合法、完整地拥有与“可同”相关专利权、商标权的所有权利。至此，西点药业存在重大不利变化的风险已经解决，符合《首次公开发行股票并上市管理办法》(2015 年修订）第三十条第（五）项的相关规定。

Chapter

05

聚焦境外，跨境上市也不错

· 赴港上市潮

· 灵活的上市模式和架构

· 必备的审核『干货』

· 没有什么比合理性更重要

· 港股上市，亦是长路漫漫

赴港上市潮

中国香港市场概况

中国香港市场分为主板市场和GEM板块（即“创业板”）市场。其中，主板是为具备一定市值、收入、利润规模，业务根基稳健的公司而设立的市场；GEM板块是专为中小型企业而设立的市场，符合要求的GEM上市公司也可以申请转为主板上市公司挂牌交易。

在中国香港上市的企业由香港联交所和中国香港证券及期货事务监察委员会（以下简称“香港证监会”）共同审核。其中，香港联交所涉及上市事宜的职能由上市科及上市委员会执行，包括两大类：一是制定及发布规则（包括《香港联合交易所有限公司证券上市规则》及《香港联合交易所有限公司GEM证券上市规则》，以下均简称“《香港上市规则》”），为上市申请人及上市发行人明确上市规定；二是公正无私地执行《香港上市规则》。

香港证监会在市场监管方面充当领导者的角色。香港证监会的法定责任之一是监督及监察香港联交所履行其与上市事宜有关的职能及职责。所有就上市规则所作的修订及强制执行或应用范围广泛的政策决定，均须通过香港证监会批准。香港联交所与香港证监会的职员定期开会讨论与上市有关的事宜。

根据双重存档制度，香港联交所将上市申请人递交的资料副本送交香港证监会。香港证监会如果认为披露的上市资料载有虚假或误导性的信息，则可以否决有关的上市申请。香港证监会还会定期稽核香港联交所在规管与上市有关事宜方面的表现。实际操作中，香港证监会与香港联交所会充分沟通协调，极少出现香港证监会否定香港联交所决定的情况。

内地企业赴港上市潮

1990 年，内地的证券交易市场初步形成。当时 A 股市场刚成立，上市公司及投资者较少，股票流动性较差；境内上市实行核准制，对上市指标和融资额度均有严格限制，上市指标大部分留给国有企业或集体企业，民营企业想要在境内上市难度较大。因此，在内地上市受阻的企业将目标转向中国香港市场。1993 年 6 月，《香港上市规则》准许内地注册企业赴港上市。同年 7 月 15 日，青岛啤酒股份（0168. HK）在香港联交所以 H 股方式成功上市。2000 年以后，内地大型企业相继赴港以 H 股模式上市，包括四大国有银行、中国联通、中国石油等在内，形成内地企业赴港上市潮。

2018 年，香港联交所推出上市制度改革，在《香港上市规则》中新增 3 个章节，首次允许未产生收入的生物科技公司、采用不同投票权架构的新经济公司及符合资格的海外上市公司来港第二上市，进一步推动内地企业赴港上市热潮。

根据香港联交所公开信息，截至 2021 年 12 月底，在香港主板市场及 GEM 市场中，境内企业在香港联交所上市的有 296 家 H 股公司、174 家大红筹公司、898 家小红筹公司，合计市值占整体市值的 78.9%；截至 2020 年 12 月 31 日，自《香港上市规则》2018 年修订以来，融资金额排名前 25 的新经济发行人情况如图 5－1 所示。

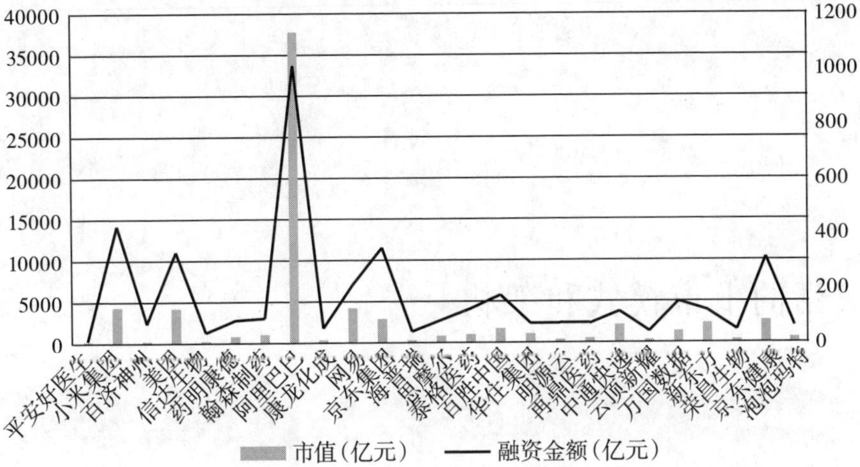

图 5－1　融资金额排名前 25 的新经济发行人 IPO 情况

资料来源：香港联交所。

灵活的上市模式和架构

对于主要业务在内地的公司，香港联交所接受灵活多样的上市架构选择，主要包括 H 股上市架构和红筹上市架构。

H 股上市

H 股上市是指在中国境内注册登记的公司在中国境外发行、在香港联交所上市并以港币认购和交易的股票的上市方式。与红筹上市不同，H 股上市公司是注册于中国境内的股份有限公司，受中国《公司法》《证券法》的监管。

1999 年，中国证监会发布的《关于企业申请境外上市有关问题的通知》曾要求境内企业在境外上市应符合净资产 4 亿元、融资额 5,000 万美元、净利润 6,000 万元的标准（以下简称“456 标准”）。为了更好地适应境内中小企业的融资需求，中国证监会于 2012 年 12 月 20 日发布的《关于股份有限公司境外发行股票和上市申报文件及审核程序的监管指引》取消了上述限制，进一步放宽了境内企业境外发行股票和上市的条件，简化了审核程序，提高了监管效率。H 股历史 IPO 情况如图 5 - 2 所示。

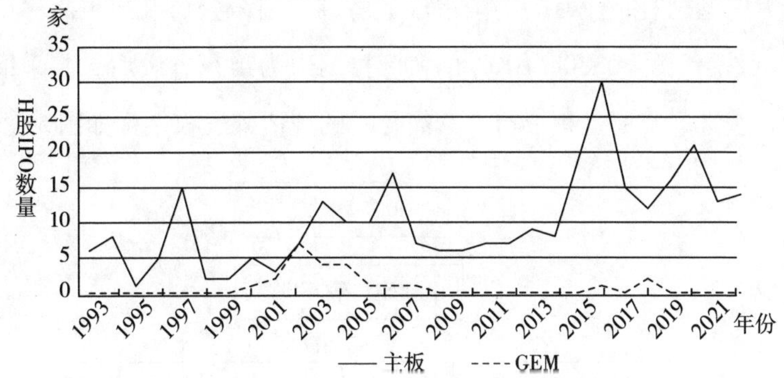

图 5－2　1993—2021 年 H 股历年 IPO 情况

资料来源：香港联交所。

红筹上市

红筹模式是指中国境内企业通过在境外设立控股公司，将其资产或权益注入境外控股公司，并以境外控股公司的名义在境外上市募集资金的方式。红筹企业是指注册地在境外、主要经营活动在境内的企业。[①] 红筹模式的上市主体在境外注册，不涉及在境内公开发行股票。根据境外公司最上层股东是境内企业还是境内自然人，红筹模式分为大红筹模式和小红筹模式。

大红筹模式适用于境内企业在境外设立控股公司和拟上市公司。大红筹模式是按照国务院于 1997 年 6 月 20 日发布实施的《关于进一步加强在境外发行股票和上市管理的通知》履行行政审批或备案程序（包括中国证监会的境外上市批准/备案，及国家发改委、商务主管部门的境外投资核准），并按照外商投资法律法规采取收购、换股或行政划转等方式，将境内企业权益注入境外资本运作实体之中，以实现境外资本运作实体在境外进行私募股权融资或公开发行上市的目的。适用该模式的主体一般是我国

① 引自《上海证券交易所科创板股票发行上市审核规则（2020 年修订）》第八十三条。

内地大中型国有企业，如中国重汽（香港）有限公司（以下简称“中国重汽”，股票代码：03808. HK）的实际控制人为山东省政府，其采取大红筹模式在香港联交所主板上市，其简化后的境内外股权架构如图5－3所示。

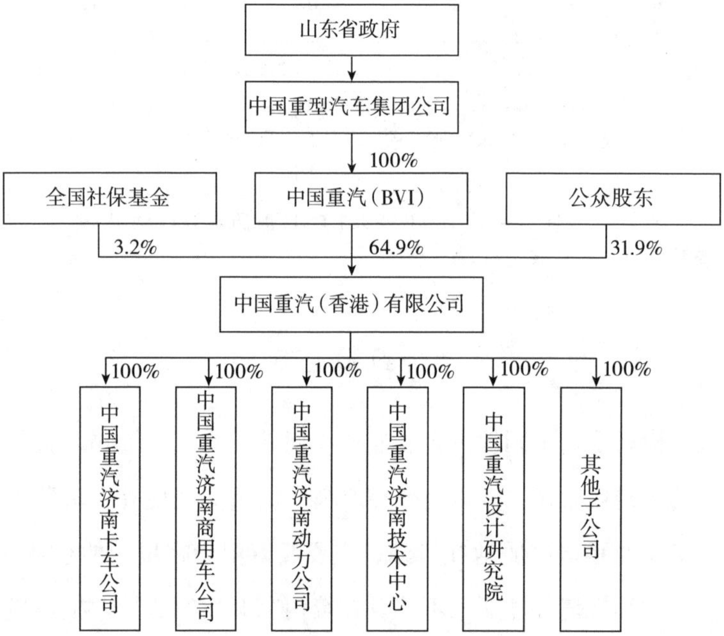

图5－3　中国重汽境内外股权架构

资料来源：中国重汽香港联交所上市招股书。①

小红筹模式适用于中国境内自然人在境外设立控股公司和拟上市公司。小红筹模式是按照外商投资相关法律法规将境内企业权益注入境外拟上市公司之中，以实现境外拟上市公司在境外进行私募股权融资或公开发行上市的目的。小红筹模式上市一般不需要中国证监会批准，也不需要国家发改委、商务主管部门的核准，但境内自然人须按照《国家外汇管理局关于境内居民通过特殊目的公司境外投融资及返程投资外汇管理有关问题的通知》等规定办理外汇登记手续。小鹏汽车有限公司（以下简称“小鹏

① 详见 https://www1.hkexnews.hk/listedco/listconews/sehk/2007/1114/03808_249600/cwp114_c.pdf。

汽车”，股票代码：09868. HK）的实际控制人为自然人何小鹏，其采取小红筹模式在香港联交所主板上市，简化后的境内外股权架构如图 5 - 4 所示。

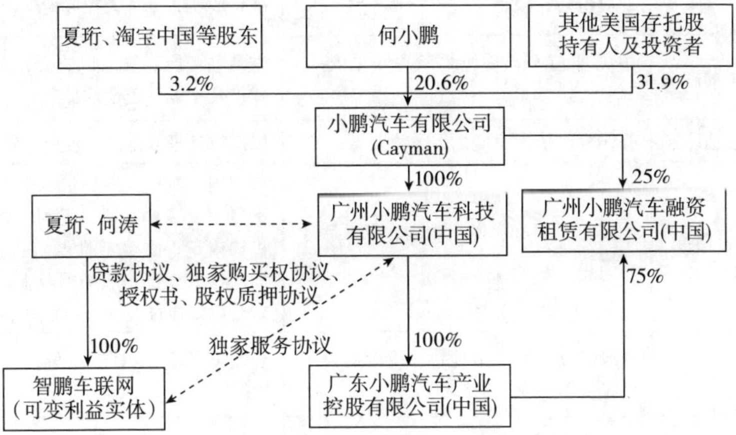

图 5 - 4　小鹏汽车境内外股权架构

资料来源：小鹏汽车香港联交所上市招股书。①

红筹模式与 H 股模式的比较

红筹模式与 H 股模式的比较如表 5 - 1 所示。

表 5 - 1　红筹模式与 H 股模式的比较

项目	H 股模式	红筹模式
定义	上市主体在境内，在境外发行股票并上市	上市主体为境外注册公司，但其业务、盈利、资产及管理层均来自境内
重组方式	由 2 位或以上发起人设立股份公司（或将现有的有限责任公司变更为股份有限公司），以该股份公司为上市主体	实际控制人成立一系列的英属维尔京群岛（BVI）、开曼群岛、百慕大境外公司，返程投资（新设或收购）境内的资产和业务

① 详见 https://www1.hkexnews.hk/listedco/listconews/sehk/2021/0625/2021062500040_c.pdf?code=09868。

续表

项目	H股模式	红筹模式
上市后股份的锁定	股份公司成立后，发起人1年内不得转让股份，并受限于《公司法》规定的股份转让限制	自由度很大，以中国香港为例，通常只锁定6个月，在接下来的6个月内减持股份，不失去控股地位即可
上市审批机关	中国证监会、香港联交所、香港证监会	香港联交所、香港证监会，大红筹模式涉及中国证监会的批准
股权激励计划	操作程序较为烦琐，难度较大	以期权计划来激励管理层，较为常见
上市后增发	须向中国证监会提交申请，审批后才可增发	可利用一般授权，每年不限次数增发不多于20%的新股，无须向内地监管机构申请，故灵活性及自由度较大；如超过20%的新股则须经上市公司股东会审议通过
上市地位	H股部分拥有上市地位，境内股份可选择是否“全流通”	公司整体拥有上市地位，即“全流通”
大股东的增持	境内股份可以通过“全流通”制度减持，暂不能增持	大股东可依法在二级市场上增减持

境内外上市方案选择

2012年12月底，《关于股份有限公司境外发行股票和上市申报文件及审核程序的监管指引》取消了“456标准”，H股上市的审核程序大幅简化。H股审核程序改革的目的之一是分流A股IPO，引导部分排队和拟排队企业以H股模式在境外上市。前述H股制度实施后，实际的分流效果并不明显，大量的民营企业仍然选择在A股上市，或者选择红筹模式在境外上市，主要原因如下。

首先是对中国香港市场市盈率较低的担忧。一方面，中国香港市场主要以机构投资者为主，投资相对理性，对于市值规模较小且非热门行业的公司，市场给出的市盈率相对较低。这种公司在IPO时还面临股票发行失败的风险。另一方面，A股市场以中小投资者为准，具有较高的整体市盈率，在企业IPO融资规模和股东账面财富方面，A股市场依然有较大的优势和吸引力。

其次是 H 股没有“全流通”[①]。根据当时的 H 股上市规定，包括境内大股东、VC 和 PE 等大部分投资者在内的其他股东所持股份为内资股，无法转换为 H 股，导致其所持股份无法在香港联交所二级市场转让。H 股上市只具有募集资金功能，几乎失去原股东减持套现的功能。因此，“全流通”问题成为股东们不支持甚至反对以 H 股模式上市的主要因素。股东们认为，在 A 股上市难度较大的情况下，更愿意选择以红筹方式实现境外上市。

2019 年 11 月 14 日，在“全流通”试点基础上，中国证监会发布《H 股公司境内未上市股份申请“全流通”业务指引》，H 股公司可在上市时或上市后申请“全流通”。自此，股东们因上市二级市场退出受限为由拒绝以 H 股模式上市的理由已经被消除。一方面，考虑到目前 A 股 IPO 审核趋严，在每年新 IPO 企业数量变动幅度不大的情况下，A 股上市成功的概率及上市时间仍存在不确定性。而香港上市审核周期则在 9～12 个月内完成，周期相比 A 股更短。另一方面，公司若因客观原因（包括公司募集资金需求、投资者退出需求、完成投资协议约定的上市时间等）急于在主流证券市场上市，可先选择以 H 股模式在香港联交所上市，等 A 股上市条件达标后再申请在 A 股上市，最终实现“A＋H”上市。

中国香港上市流程

红筹模式的境外上市流程主要是搭建境外上市架构，并通过股权或者协议（VIE）方式持有境内运营实体的权益。H 股模式虽然不涉及境外重组阶段，但需要履行中国证监会关于发行境外上市外资股的审批程序。

---

① “全流通”，是指 H 股公司的境内未上市股份（包括境外上市前境内股东持有的未上市内资股、境外上市后在境内增发的未上市内资股以及外资股东持有的未上市股份）到香港联交所上市流通。

红筹模式和 H 股模式仅在形式上存在区别，并不影响香港联交所在审核企业上市时对企业本身的关注点。鉴于未来 H 股模式将逐步增多，本节简要介绍 H 股上市的审批流程，如图 5－5 所示。

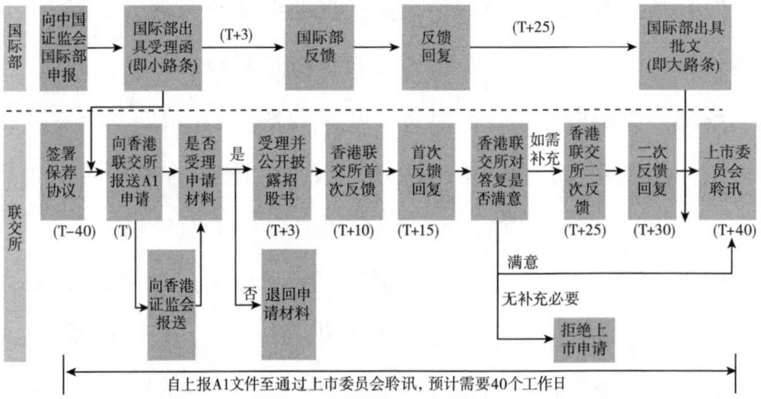

图 5－5　H 股上市审批程序

注：自 2021 年 7 月 5 日起，推行无纸化上市及认购机制，要求：新上市公司的所有上市文件必须仅以电子形式刊发；新上市股票的认购仅可通过电子渠道申请。

境外上市备案新规动态

出台背景

2021 年 12 月 24 日，中国证监会会同国务院有关部门组织起草境外上市新规（定义见前文，目前尚处于征求意见稿阶段）。境外上市新规对境外上市监管制度的改革提出了原则性的指导意见，本次改革的核心为推行全面备案制：对于 H 股模式和大红筹模式，境内核准模式将变更为备案程序；而对于小红筹模式，则将从“零报备”纳入正式的备案监管。

境外上市新规明确了境外上市的范围标准、备案要求、监管红线、“全流通”安排等。《证监会有关负责人答记者问》[①] 指出，境外上市备案

① 引自 http://www.csrc.gov.cn/csrc/c100028/c1662240/content.shtml。

管理坚持“放得开、管得住、服务好”，不对企业是否符合境外上市地发行上市条件等进行审查，也不搞变相审批，重在加强境内外监管协作，压实市场主体责任，在规范管理的同时放开搞活，使境外上市监管“放管服”改革持久落实见效。这充分体现了中国证监会贯彻“放管服”精神，服务中资企业境外上市的市场需求。

从中国证监会国际部公布的境外上市关注要点及以往的 H 股反馈意见可以看出，中国证监会对于企业境外上市主要关注企业境外上市是否满足外商投资产业政策及其他相关法律法规，境内资产的权属及变动情况是否合规，不对境外上市本身做实质性判断。中国证监会曾经于 2001—2003 年就境内企业在境外上市时要求出具境外上市无异议函，在此期间在中国香港上市的欧亚农业（控股）有限公司出现虚假信息披露丑闻，中国证监会被认定存在监管失职的行为。为了避免前述事件的发生，境外上市新规实行事后备案制度，若境外上市企业存在财务造假等违法行为，中国证监会即可避免被认定存在境外上市审核监管不力的情况。

对境内企业境外上市的影响

H 股上市模式更具优势

根据目前 H 股监管规定，除了合格境内机构投资者（QDII）外，H 股上市只能向境外投资者发行股份。境外上市新规规定，境内企业境外发行上市，可以外币或者人民币募集资金、进行分红派息，可以向特定境内投资者发行境外上市股份。同时，“全流通”由核准制变为备案制，在备案制下，持有未上市股份的股东只需履行备案程序后即可将该部分股份在境外交易场所上市流通。未来 H 股模式不再适用“路条”制度，因此，与红筹模式相比，H 股模式在搭建境外上市架构方面更为简单，且上市及“全流通”环节在中国证监会层面均适用备案制。这次改革正式落地后，将彻底消除 H 股上市模式的缺陷，相信未来在 H 股上市的企业将越来越多。

红筹模式仍将继续存在

由于大红筹模式一般适用于国有企业，以及中国证监会等部门审批的要求，最近几年采取大红筹模式上市的企业屈指可数。境外上市新规的落地是否会降低中国证监会等部门的审批难度？未来大红筹模式上市企业的数量是否会增加？这些问题有待进一步观察。

对于小红筹模式而言，境外上市新规将原来的无监管状态调整为事后备案管理，中国证监会将小红筹上市企业纳入监管。事后备案管理不同于前置审批，境外上市新规对小红筹上市企业的影响相对有限。在小红筹模式下，上市公司及股东无须遵守《公司法》《证券法》等规定的要求，控股股东减持更为方便，且资金通过相关安排可以留存境外，无须立即调回境内，或者可以在境外设立家族信托，实现家族财富安排。因此，基于小红筹模式独特的优势，红筹模式上市势必将继续存在。

值得注意的是，截至 2022 年 6 月 30 日，境外上市新规尚处于征求意见阶段，具体以最终发布的规定为准。

必备的审核“干货”

与境内上市的监管相比，监管机构目前对境内企业境外上市的监管长期处于“弱监管”状态。就监管规定而言，目前适用于境内企业境外上市的法规主要包括《国务院关于股份有限公司境外募集股份及上市的特别规定》（国务院令第160号）和《国务院关于进一步加强在境外发行股票和上市管理的通知》（国发〔1997〕21号），这两项规定分别制定于1994年、1997年，内容原则性较强。就实操而言，H股及大红筹模式上市需要经中国证监会的核准，为此，中国证监会先后于2015年、2019年发布《股份有限公司境外公开募集股份及上市（包括增发）审核关注要点》，而小红筹模式目前无须履行中国证监会申报或审核程序。

中国证监会审核关注要点

2019年7月23日，中国证监会公布了《股份有限公司境外公开募集股份及上市（包括增发）审核关注要点》（2019年更新）。根据该内容，笔者对常见的重点内容进行解读并总结如下。

发行人审核要求

外资准入方面，中国证监会审核发行人及各下属公司业务范围是否涉及国家禁止或限制外商投资的领域。境外上市将导致拟上市公司的性质变更为外资企业，公司境外发行上市后仍需要持续符合相关外资准入政策。

房地产行业方面，中国证监会审核发行人业务范围是否符合以下情形之一：主营业务为房地产业务，或房地产业务（并表内）占营业收入比重大于或等于50%，或房地产业务的收入和利润均在所有业务中最高，且均占公司总收入和总利润的30%以上（包含本数）。在符合上述情形之一的情况下，发行人是否存在违反《国务院办公厅关于继续做好房地产市场调控工作的通知》（国办发〔2013〕17号）与《国务院关于坚决遏制部分城市房价过快上涨的通知》（国发〔2010〕10号）的情形，是否存在被住房和城乡建设部门公示为“违法违规房地产开发企业和中介机构”的情形。

宏观调控及产业政策方面，中国证监会审核发行人及各下属公司是否存在违反《市场准入负面清单》的情形；是否属于产能过剩行业；是否存在违规和未取得合法手续、不符合重点产业调整和振兴规划及相关产业政策要求、未经批准或违规审批的项目等违反国发〔2013〕41号、《产业结构调整指导目录》、国办发〔2013〕67号、银发〔2009〕386号、国办发〔2016〕34号等国务院有关文件及有关部门规定的情形。

合规经营

发行人及各下属公司近一年是否存在违反《国务院关于进一步加强企业安全生产工作的通知》（国发〔2010〕23号）的情形，是否存在违反国家和地方环境保护相关要求的情形。

发行人及各下属公司近两年是否存在涉嫌违反《证券法》《证券投资基金法》《期货交易管理条例》《国务院关于股份有限公司境外募集股份及上市的特别规定》（国务院令第160号），以及《国务院关于进一步加强在境外发行股票和上市管理的通知》（国发〔1997〕21号）等证券、期货法律法规行为的情形。

发行人及各下属公司、发行人聘请的相关证券服务机构是否存在因涉嫌违法违规被行政机关立案调查，或者被司法机关侦查，尚未结案的情形；是否存在被中国证监会依法采取限制业务活动、责令停业整顿、指定其他机构托管或接管等监管措施，尚未解除的情形。

发起人认购的股份是否缴足，其用作出资的财产权转移手续是否已办理完毕；发行人是否属于国发〔2016〕33 号文规定的严重失信主体。

无论是 H 股上市还是 A 股上市，注册资本原则上应予以缴足，用于出资的实物资产应该办理产权变更登记手续；发行人及其下属公司的运营需要持续符合法律法规的规定；发行人聘请的证券服务机构应符合法律法规的要求，不得存在违法违规被行政机关立案调查等情形。

股权结构与公司治理

发行人是否在公司章程中载明了《到境外上市公司章程必备条款》要求的内容；发行人现有股东与本次发行对象（如适用）之间是否存在关联关系或一致行动关系；应披露单独或合计持有发行人 5% 及以上的主要股东、本次发行对象（如适用）的股权控制关系（包括但不限于控股股东及实际控制人）。

发行人及各下属公司是否建立健全了完备、规范的保密和档案规章制度并落实到位，是否符合《关于加强在境外发行证券与上市相关保密和档案管理工作的规定》（证监会公告〔2009〕29 号）。

股东之间是否存在关联关系，对于公司实际控制权的认定是否存在重大影响。实际控制人关系到公司发展战略的稳定性及持续盈利能力。公司治理制度是保证公司持续合规运行、保护投资者权益不受损害的基础，因此，公司在治理制度层面需要满足上市地及注册地的特定要求。

特定对象适用事项

本次首发前已持有发行人股份的股东及持有发行人股份（包括直接持股与间接持股）的董事、监事、高级管理人员做出专项承诺，自发行人股票在境外交易所上市交易之日起 1 年内不转让所持股份（适用于未在境内上市的境内公司)。

按照《非上市公众公司监管指引第 4 号——股东人数超过 200 人的未上市股份有限公司申请行政许可有关问题的审核指引》（证监会〔2013〕54 号)，计算发行人及其控股股东、实际控制人、重要控股子公司的股东人数是否超过 200 人；如超过，需要补充提供有关申请文件并履行有关程序。其中，“重要控股子公司”的核查标准为：报告期内，营业收入、净利润或者资产总额达到合并报表数额 50% 以上的控股子公司，以及其他目前或未来对集团整体经营、财务状况产生重要影响的控股子公司（适用于未在境内上市的境内公司)。

上述股东锁定期承诺主要为满足《公司法》关于“公司公开发行股份前已发行的股份，自公司股票在证券交易所上市交易之日起一年内不得转让”的规定。同时，对于股东人数超过 200 人的规定，是为了符合《证券法》不得非法公开发行的规定。

“全流通”特殊要求

H 股“全流通”事项是否履行了完备的内部决策程序，是否取得了必要的内部批准和授权，是否履行了取得行业监管部门出具的监管意见书(如适用)、国有股权设置管理及国有股份转为境外上市股份的有关批复文件（如适用）等必要的外部批准程序。

相关境内未上市股份股东持股是否涉及内部职工直接持股、股份代持或间接持股的情形；如涉及，是否符合《关于金融企业内部职工持股的通知》(财金〔2010〕97 号）等有关规定。

公司 H 股上市时或上市后申请“全流通”需要履行企业内部及中国证监会的外部审批程序，同时关注内部职工持有情况。

中国证监会审核反馈意见要点

除上述中国证监会公开的审核关注要点外，中国证监会国际部常见的反馈意见如下。

历史沿革方面

公司申请上市前12个月内产生增资及股权转让行为的，披露该股东入股的具体情况、原因、入股价格及定价依据等，该股东与其他股东等是否存在亲属关系、关联关系、委托持股、信托持股或其他利益输送安排，是否存在法律法规规定禁止持股主体直接或间接持有公司股份的情形。

若公司多次增资及产生股权转让行为，且部分相近时间内的增资和转让价格差距较大，则中介机构需要核查公司历次增资和转让的定价依据、合规性以及是否履行了必要的程序。

股东方面

股东为有限合伙企业，部分有限合伙企业已履行私募基金备案程序，私募基金及其管理人是否正常展业，本次发行后控股股东和实际控制人是否发生变化。

股东涉及国有股权管理的有关情况，相关程序是否履行完毕。

公司与各股东的对赌协议或类似安排及对本次发行的影响；对赌协议或类似安排已经终止的，说明终止的真实性、彻底性。

股权激励方面

公司本次发行上市前的期权激励计划的具体设置安排是否符合有关规定，激励计划完成后，公司及其控股股东、实际控制人、重要控股子公司股东人数是否超过200人。

公司员工持股平台的运作情况、股权激励设置安排、出资结构、各出资人在公司包括但不限于子公司的任职情况，并说明员工入股、退股、股权转让是否符合有关规定，是否存在争议或纠纷；若存在，是否对本次发行构成障碍。

业务合规方面

公司营业范围是否涉及第二类增值电信业务；公司业务范围是否涉及

国家禁止或限制外商投资的领域，本次发行上市前后是否持续符合有关外资准入政策，行业主管部门的意见（如适用）等。

公司治理及合规运作情况，包括董事、监事、高管选聘履职等情况。

公司业务有关情况，如经营依法须经批准项目的情况，是否存在未经批准经营有关项目的情形；开展跨境业务和境外业务情况，是否符合境内外有关规定；有关某行业规定对公司业务及本次发行的影响。

“全流通”方面

公司及股东是否已就本次“全流通”方案履行完备的内部决策程序，是否已对全体未上市股份股东的知情权等合法权益做出充分保障及妥善安排；本次发行及境内未上市股份“全流通”相关安排是否可能使公司控制权发生重大变化；公司外资股东就依法履行减持股份相关纳税义务做出承诺。

境外监管：香港联交所实质性审核

《香港上市规则》第2.06条规定，目前没有关于判断上市申请人及其业务是否适合上市的明确指标。上市申请人应该清楚仅符合《香港上市规则》不一定能确保其适合上市。《香港交易所指引信》（HKEX－GL68－13）规定，香港联交所在审核上市申请人是否符合上市要求时关注的要点如下。

违反诚信事件

违反诚信事件指涉及欺诈、行骗或不诚实行为（如逃税或贿赂）的不合规事件。违反诚信事件可能使上市申请人不适合上市或相关董事不适合担任上市公司董事（如适用）。香港联交所在确认违反诚信事件是否使上市申请人不适合上市时，会考虑所有相关事实及情况，包括违反诚信事件的背景和原因，对营运及财务的影响，涉案人员对上市申请人营运、内部监控及报告期经营业绩的影响力，是否采取有效的内部监控措施避免同类违反诚信事件再次发生等。

如果控股股东须对违反诚信事件承担责任，只要其有能力对上市申请人产生重大影响，那么上市申请人就会因其受控股股东影响而不适合上市。重大影响考虑的因素包括但不限于：控股股东持有上市申请人股权比例；控股股东与上市申请人其他股东、董事及高级管理层成员的关系；控股股东对上市申请人业务营运及管理的参与程度。

对于违反诚信事件对营运及财务的影响，香港联交所可能要求上市申请人证明其经调整违反诚信事件影响后的业绩纪录期的业绩仍符合《香港上市规则》规定，且若其当时已遵守相关规定或规则，亦不会对其当时和往后的业务及财务表现造成任何重大不利影响。

重大违法事件

重大违法事件指上市申请人、其董事或控股股东涉及的重大违法事件。对于任何参与事件的董事或当时在任的任何董事，可能会被质疑其是否适合担任董事一职，而问题又不能通过披露解决，则可能会影响上市申请人上市。

至于构成重大违法事件的活动产生的收入、盈利、现金流，香港联交所可能会按个别情况要求上市申请人证明其经调整重大违法事件影响后的业绩纪录期的业绩仍符合《香港上市规则》规定，且若其当时已遵守相关规定或规则，亦不会对其当时和往后的业务及财务表现造成任何重大不利影响。

业务的可持续性

影响上市申请人可持续性的因素众多，香港联交所在判断负面因素是否重大及出现概率时，会考虑每名上市申请人的事实及状况，相关负面因素包括但不限于以下几点。

财务表现下滑

即使上市申请人在提交上市申请时符合《香港上市规则》财务指标的

规定，但若其业绩纪录期内或之后的收入及利润下滑甚至出现重大亏损，香港联交所也可能会关注其业务是否可持续，考虑的因素包括：

第一，上市申请人的财务表现是否容易受非其可控制的变动所影响（比如原材料成本等营运成本微升却不能完全转嫁给客户，可能会导致净亏损），特别是那些仅符合《香港上市规则》最低利润要求、无经常性收入来源及利润较低、现金流为负且未经历完整的收款周期的上市申请人；

第二，财务表现下滑的原因以及倒退趋势预期是否继续（比如客户风格已变或公司属于夕阳行业）或是否处于行业周期；

第三，上市申请人是否已证明其能够有效降低相关风险或扭亏为盈（比如，通过分散收入来源、扩大客源或削减成本）。

对第三方存在重大依赖

若上市申请人对第三方存在重大依赖，则上市申请人与该方的关系可能会有重大不利改变或终止，进而可能威胁上市申请人的业务可持续性。重大依赖的情况包括但不限于：

（1）客户或供应商过度集中，或两者同时存在（如专属业务）；

（2）赖以推广产品的分销渠道不多，如通过电子商贸网站或社交媒体平台；

（3）在销售、分销、采购等重要职能方面依赖关联方等。

当上市申请人过于依赖第三方，香港联交所会分析及评估其与第三方的关系是否有重大不利改变或终止的可能性。香港联交所考虑的因素包括但不限于以下两点。

（1）第三方与上市申请人构成相互依赖。举例而言，若上市申请人是第三方某个高度定制产品的唯一供应商；或是第三方的唯一或主要客户，则第三方终止关系的风险较低。

（2）上市申请人与第三方的关系是否由来已久，或双方是否签订长期协议。

有些行业可能会因监管限制、准入门槛高或其他因素而出现第三方在行业占主导地位的情况。因为来自这些行业的上市申请人不太可能分散或减少其对第三方的依赖（即有关依赖是行业惯例），香港联交所会审查上市申请人与第三方的关系是否有重大不利变动或终止的负面因素。

尽管上市申请人过于依赖第三方，但上市申请人可以证明其设法有效降低与第三方的关系出现改变的风险（如销售下降、物料成本上升、生产时间增加、业务受干扰的成本等），使得任何关系的改变不会对其业务造成任何重大不利影响。举例而言，若第三方供应的原材料货源充足，或有其他足可替代的产品，上市申请人可轻易从另一供应商以相近价格采购有关原材料或以另一产品取代。

关联方提供财务资助

上市申请人可能会从关联方获得重大财务资助（如贷款、担保，以及其他形式的抵押品或抵押）。因为香港联交所难以评估公司上市后关联方是否会提供财务资助，所以如果无相反证据，香港联交所评估上市申请人的可持续性时会假设公司上市后有关财务资助将会撤销。

为证明公司业务在缺乏财务资助下仍可持续，过往部分上市申请人会选择在上市时清偿关联方的所有贷款或解除来自关联方的所有担保。需要明确的是，财务资助并非一定要清偿。香港联交所在评估上市申请人业务是否可持续时，考虑下列因素：

（1）上市申请人能否取得条款相若的独立融资（在没有财务资助的前提下）；

（2）上市申请人手头上有足够的速动资产应付其财务需要。

重大不利影响因素

若上市申请人面临若干变动以致其业务受到威胁，也会让香港联交所质疑其业务的可持续性，例如监管规定变动，上市申请人未能以现有的形式或盈利水平继续经营；随着科技的不断发展，上市申请人的业务过时。

针对这些问题，香港联交所要求上市申请人证明上述变动不会影响其业务的可持续性或者不会产生重大不利影响。

物业公司利润来源于投资性房地产

物业公司按《香港上市规则》计算盈利时，可能会将公平值收益包括在内，以符合《香港上市规则》关于最低利润的规定。若上市申请人的大部分盈利均来自投资物业产生的投资性房地产公允价值变动，香港联交所会质疑其可持续性。

合约安排

根据《香港交易所上市决策》（HKEX－LD43－3），香港联交所对VIE架构采取“严格限缩”（Narrowly Tailored）原则。上市申请人只有在业务受到外商投资法律法规限制时，才能采取合约安排（即VIE模式）。上市申请人采用合约安排时，必须持有境内运营公司最大持股比例且经过负责审批的监管部门的确认，否则即使上市申请人符合其他规定，也可能因没有获得负责审批的监管部门的确认，或者因政策问题无法获得批准。

其他关注事项

根据《香港交易所指引信》（HKEX－GL68－13A），香港联交所会要求上市申请人及保荐人在上市文件中提交详尽的分析内容，以证明上市申请人适合上市，分析内容包括以下方面。

所得款项用途

香港联交所要求上市申请人披露具体的所得款项用途，而有关用途应符合上市申请人过往及未来的业务战略及行业趋势，并解释上市的商业合理性。香港联交所不接受一般性描述，如使用上市所得款项提升声誉及品牌知名度，留待他日进行收购（而未能提供收购目标名称及特定甄选标准），增加人手以备扩充等。

未来目标及战略

香港联交所要求上市申请人提交全面的分析内容，以证明其就业务营运及增长有详细的策略计划。

利润及收入增长

上市申请人如果出现利润及收入增长下滑或偏低，或者上市后利润及收入增长可能下滑或偏低，则应提交全面的分析内容，以证明上市申请人的业务能够持续发展。

潜在夕阳行业

若上市申请人处于潜在夕阳行业或其业内市场前景堪忧，则上市申请人须证明其业务可行性，以及其有能力和资源调整业务，以适应市场需求的转变。

上市费用

若上市所得款项将大部分用于上市费用支出，上市申请人应解释为何值得花费高昂的上市费用。

没有什么比合理性更重要

《香港交易所上市决策》（HKEX－LD126－2020）规定，香港联交所对上市申请人进行的审查属于定性审查，审核上市申请人是否符合资格及是否适合上市也作通盘考虑。香港联交所如果有理由相信有关上市申请人申请上市的目的并非为其本身业务或资产发展，或其规模及前景均与其获取上市地位所付出的成本或上市目的不匹配（即有可能成为壳公司），那么会着重审核上市申请人申请上市的商业合理性，因为这直接影响上市申请人拟定集资所得款项的用途。香港联交所只有在有上述怀疑时才会评估上市申请人是否真的有集资需要，而不是独立的规定。

在中国香港上市被否的理由

香港联交所否决拟上市公司上市申请的理由一般有如下几种。

（1）公司没有需要上市的商业合理性，并非真有集资需要。

（2）公司估值依据不足；若公司未能为申请上市提供充分的商业合理性，香港联交所亦可考虑该公司的估值，以确定其是否适合上市。公司未能解释：为何预测市盈率高于同业公司；挑选同业公司的依据；考虑过往财务业绩和利润预测，其估值是否合理。

（3）董事、有重大权益关系人士或控股股东不符合资格。

（4）公司不符合上市标准，如扣除非经营性损益后未能符合最低利润规定。

（5）包装上市：公司未能证明近期重组归入上市集团的不同公司在报告期内以单一经济单位营运，令香港联交所觉得上市申请人重组只是为了符合《香港上市规则》的资格规定。

（6）财务表现倒退：公司在报告期的财务表现大倒退，而涉足新业务领域以作多元发展的时间较短，新业务的发展前景尚不明朗，没有足够依据使人相信其财务状况会有好转。

（7）业务是否可持续：公司在报告期的绝大部分收入来自其控股股东经营的另一项业务。公司的业务与控股股东的业务之间的分隔不符合行业惯例，与控股股东的安排没有按一般商业条款进行，与独立客户的安排能否产生相近的销售额亦不确定。

在中国香港上市被否的案例

商业合理性问题

某地产公司在中国香港上市被否

A公司在内地发展及出售住宅物业。在报告期，A公司多次向同集团内公司借入短期贷款，并无法还款。然后，同集团公司贷款人将被拖欠的贷款转移给不良资产贷款人（本金没有扣减）。不良资产贷款人只能购买不良债务（已违约债务）。A公司在报告期内的借款基本上来自不良资产贷款人的融资安排。

A公司解释，刚开始营运时，它只能从不良资产贷款人那里获得融资，但未能解释为何在业务走上正轨、能够从其他公司获得融资时仍继续向不良资产贷款人借款。A公司向金融机构借款不涉及相关违约，不会因此对A公司的信用产生不利影响。

A 公司无法证明不良资产贷款人提供的条件比其他商业贷款人更好，也未能显示不良资产贷款人是唯一可向其提供贷款的贷款人。事实上，向不良资产贷款人借款，不仅利率较高，还要额外支付财务顾问费。

这些安排牺牲了 A 公司的利益，A 公司无法解释这些融资安排背后的商业合理性。

这些问题也令人质疑 A 公司的董事是否适合担任董事，以及他们在为 A 公司寻求融资时，是否坚持 A 公司及其股东利益最大化的原则。

拒绝上市原因：公司缺乏商业合理性，董事不适合担任公司董事。

业务可持续性问题

某物业公司在中国香港上市被否

B 公司在中国大陆租赁及经营独立高端零售购物中心。B 公司的收入大部分来源于分租购物中心零售单位以及向商户提供物业管理服务。B 公司在报告期最后一年开始向中国大陆的物业开发商提供咨询服务。

报告期内，B 公司的业绩大幅倒退。B 公司试图转亏为盈，但其购物中心地理位置欠佳，努力未见成效，再加上陆续有新落成的购物中心，预期竞争会加剧。B 公司尽管尝试开源，但有关咨询业务的收入不多，而且经营历史尚短、业务以项目为主，表现难有保证且高度波动。

拒绝上市原因：报告期财务业绩倒退，且无充分理由相信情况会好转。

董事失信问题

某医疗保健公司在中国香港上市被否

C 公司在中国香港提供妇产科医疗保健服务。X 先生（C 公司的控股股东、创始人、主席、执行董事兼行政总裁）曾因避税接受调查。尽管 X 先生与相关税务机关达成和解安排，但当局仍发函件指出 X 先生是蓄意避税。

评估X先生是否适合出任上市公司董事时，香港联交所考虑了以下因素：一是当局对X先生施加的罚款分别是少付税款的118%及104%；二是税务审计历时5年，其间X先生并未能向税务机关证明自己不是有意避税。考虑到上述因素，X先生并不具备公司董事正常应有的诚信及操守。

拒绝上市原因：董事人选曾行为失当。

包装上市问题

某集成电路公司在中国香港上市被否

D公司采购及销售集成电路产品，并为香港及内地的客户提供应用解决方案及设计服务。D公司在香港及内地共有5家主要附属公司，分别称为“香港集团”及“内地集团”。

报告期内，D公司控股股东应占溢利（即归属于公司股东的净利润）勉强符合《香港上市规则》第8.05（1）（a）条的最低要求，香港集团及内地集团无一可以单独符合上市资格。

D公司重组前，香港集团由A先生全资拥有，内地集团则由B先生及其妻子全资拥有。2017年D公司重组后，香港集团与内地集团的权益转移至D公司，而D公司分别由A先生持有90%权益，由B先生的妻子持有10%权益。

A先生、B先生及其妻子于报告期的第三年签订了确认文件，确认香港集团与内地集团自2011年以来的合作业务安排，以及确认两者过去管理各自集团时一直是一致行动关系。

尽管有此确认文据，但D公司仍不能证明香港集团及内地集团确实以综合集团形式营运，因为两边控股股东并无拥有对方集团公司任何股本权益、没有担任董事或管理职位，亦无任何正式协议文件可以证明两边控股股东对于对方集团公司的任何盈亏拥有任何权利。

拒绝上市原因：公司包装上市。

上市条件问题

某连锁店公司在中国香港上市被否

E公司位于马来西亚，是一家专门销售服装和家庭用品的零售连锁店。除零售收入外，E公司也有租金收入，但该收入被认定为不属于《主板规则》第8.05（1）（a）条规定下的公司日常业务所产生的收入。扣除上述租金收入和投资物业的相关成本后，E公司不符合最低利润规定。

拒绝上市原因：公司不符合最低利润规定。

估值问题

某管理服务公司在中国香港上市被否

F公司是向新加坡客户提供洗衣及亚麻布管理服务的公司。F公司未能就其超高的预测市盈率提供合理解释。报告期间，F公司的收入及溢利增长有限，无法证明其增长符合业内发展速度。此外，F公司未能解答其证券是否有充足市场的相关问题。

拒绝上市原因：公司估值没有根据。

港股上市，亦是长路漫漫

如上文所述，中国香港采用实质性审核，对公司规模的要求比较高。同时，香港证券市场的投资者主要是机构投资者，市盈率相对于 A 股更低。公司在中国香港上市并不像业内所说的那么容易，亦可谓是长路漫漫。根据前文所述的香港联交所审核重点，香港上市与境内上市其实逻辑相同，业务持续性（持续盈利能力）、上市条件（会计核算）、重大违法事件（规范运行）均是上市重点关注问题。笔者结合实践操作，就上述问题分析如下。

业务可持续性

根据《香港上市规则》第 18、18A 章规定，除了没有营业收入的矿业公司及生物科技公司无须符合“利润测试”“市值、收入、现金流测试”等财务指标外，其他行业的公司拟申请在香港联交所上市，均需要符合有关收入或者利润的要求。根据上文所述，香港联交所在审核过程中较为关注公司的利润及收入情况。

因此，除特殊行业外，公司上市是需要以其业绩可持续性（或称为持续盈利能力）为基础的。若公司持续亏损或业绩大幅下滑，则其持续盈利能力将被质疑，面临无法通过香港联交所审核的风险，或者面临虽然通过香港联交所审核，但投资者并不看好该公司的发展，导致发行失败的风险。

绿茶集团业绩波动，上市时间一再推迟

绿茶集团是中国知名的休闲中式餐厅运营商。该公司成立于2008年，在美丽的杭州西子湖畔开设了第一家绿茶餐厅，并建立了全国餐厅网络。截至2022年4月初，绿茶集团共有240家餐厅，并覆盖全国18个省、4个直辖市及3个自治区。2021年，绿茶集团的市场占有率为0.5%。

受新冠肺炎疫情的影响，2020年餐厅到店客流量减少，服务客户总人数从2019年的2,970.3万人下降到2,559.8万人，营业收入由2019年的173,485.7万元下降至2020年的156,858万元。2020年，公司业绩由盈转亏，2019年净利润为10,606.8万元，2020年净利润为－5,526.2万元。扣除股份支付影响数额4,277.1万元及所得税影响，调整后的净利润为－1,163万元。

绿茶集团分别于2021年3月29日、2021年10月5日向香港联交所递交上市申请，并于2022年3月7日通过香港联交所上市聆讯。之所以2021年10月的上市申请能通过聆讯，主要是绿茶集团2021年1—9月营业收入为16.94亿元，同步增长58.2%。但由于市场等客观原因，绿茶集团并未完成在香港联交所的IPO，且聆讯资料已经显示为失效状态。

2022年4月8日，绿茶集团重新向香港联交所递交上市申请。招股书显示，绿茶集团2021年经营业绩强劲反弹，营业收入由2020年的156,950万元增至2021年的229,270万元，同比增长46.1%；2019年、2020年及2021年经营活动所产生的现金流金额分别为38,630万元、27,250万元及37,700万元。

截至2022年6月30日，绿茶集团第三次上市申请尚未通过聆讯。但由于公司业绩好转，具有持续盈利能力，预计绿茶集团2022年可以顺利完成上市。

会计核算

如前文所述，公司通过财务造假成功上市将给公司创始人及其他股东

带来巨额财富，因此很多企业愿意铤而走险。一方面，面对严格的上市审核及外部媒体或做空机构的监督，尽管公司通过财务造假可能成功上市，但虚假的财务数据并不能保证公司持续经营。终有一天，公司会因基本面的变化而被投资者抛弃，也逃不过股价下跌乃至退市的结局。同时，如果财务造假被发现，公司及其老板可能承担巨大的民事、行政责任，甚至是身陷囹圄。另一方面，公司财务造假可能造成公司股价虚高，但造假神话被戳穿的那一天，投资者可能遭受巨大的损失。因此，在境内外上市过程中，财务数据的真实性、合理性都是上市审核重点。

某公司疑似财务造假，难逃香港联交所“火眼金睛”

某公司曾经拟申请在香港联交所上市。该公司是中国丙纶纤维产品的制造商及供货商，主要从事制造及销售原生和再生丙纶长丝产品、原生和再生丙纶无纺布产品。

2011—2012 年，该公司营业收入分别约为 25,616 万元、52,230 万元、61,122 万元，净利润分别约为 4,487 万元、9,229 万元、10,568 万元。其间，由于聚丙烯纤维产品的产量和销量增加，以及生产中使用再生聚丙烯数量的增加，公司的收入和净利润复合增长率分别为 54.47% 和 53.47%。经香港联交所审核发现，该公司的业务增长情况与同行业 3 家上市公司及聚丙烯行业企业存在较大差异，且该公司无法解释其业绩增长原因。该公司虽然通过聆讯，项目执行中保荐人还专门写信给香港联交所催促其同意公司上市申请，但香港联交所最终并没有同意该公司的上市申请。

通过天眼查发现，该公司下属两家运营实体公司在 2014 年后因借款纠纷被各大银行及小额贷款公司起诉，且该公司及其实际控制人均被列为失信被执行人，被执行金额超过 1.7 亿元。当时很难想象一家年净利润上亿元的公司竟然会走到这一步，笔者事后才恍然大悟，该公司极有可能在申请香港联交所上市时进行财务造假。正是因为香港联交所的怀疑，最终未批准该公司上市申请，不得不佩服香港联交所审核人员的“火眼金睛”。

规范运行

在上市审核过程中，上市审核部门非常关注公司运营的合规性。无论公司是日常经营还是资本运作，都需要建立在合法合规的基础上，至少不要触碰法律的底线，即企业不能存在重大违法行为。一方面，法律法规一般会规定，如果企业违法违规经营，监管部门可以对该企业进行行政处罚，没收违法所得并处以罚款。另一方面，如果企业出现重大违法行为，监管部门可以责令公司停止生产或经营。因此，建立在不合规运营基础上的公司，不具有持续盈利能力，即使利润金额再高也不具备上市的基础。

缺乏合规性保障，液化天然气公司无缘上市

某液化天然气公司主要从事液化天然气的生产及销售。公司向供应商购买天然气，将天然气通过其现有管道直接输送到液化天然气站。公司利用设施将天然气液化成液化天然气，并将液化天然气存储在液化天然气站场，以向客户销售。该公司在上市报告期内的年度净利润超过5亿元，可谓是非常优质的企业。

经过保荐人和律师尽调发现，公司供应商拥有的部分气田尚未取得采矿许可证，部分气田尚未获得勘查许可证及采矿许可证。同时，香港联交所在反馈意见中提出，因公司在过往3年业绩期的主要原料天然气都由该供应商供应，香港联交所及香港证监会因此问及该供应商供应给公司的相关气田的储量是否足够满足公司未来至少10年的生产运营需求，该供应商提供的整体储量数据是否足以满足公司每个液化天然气站未来生产需要。

就供应商的合规性及储量供应的稳定性问题，公司无法向香港联交所提交第二轮反馈意见，其上市申请只能因财务数据过期而终止。

Chapter

06

通往成功之路需谨慎

· 法律底线不可触碰

· 财务造假案例警示

· 信披违法的民事责任

· 资本圈里的『黑猫警长』

· 永远不要触犯的『达摩克利斯之剑』

法律底线不可触碰

2021年，中国证监会全年共办理案件609起，其中重大案件163起，涉及财务造假、资金占用、以市值管理名义操纵市场、恶性内幕交易及中介机构未勤勉尽责等典型违法行为；依法向公安机关移送涉嫌犯罪案件（线索）177起，同比增长53%；涉及虚假陈述、内幕交易、操纵市场、中介机构违法的案件数量超过八成。[①]

虽然中国证监会每年严格打击与证券市场相关的违法犯罪行为，但是财务造假等事件仍然频频发生。一方面，在资本运作过程中，上市将为创业者带来巨额财富，让创业者无法抵挡一夜暴富、百亿身价等诱惑。另一方面，创业者将生产经营中的冒险精神运用到资本运作过程中，对证券市场相关违法犯罪行为项下所需承担责任知之甚少。为此，本章简要介绍IPO财务造假、信息披露等违法情形以及对应承担的民事责任、行政责任及刑事责任。

---

① 引自《证监会通报2021年案件办理情况》，http://www.csrc.gov.cn/csrc/c100028/c1921138/content.shtml。

财务造假案例警示

为了引进投资者或者成功实现 IPO，公司在资本运作过程中存在造假动机。客观上上市中介机构没有勤勉尽责，使财务造假行为得以实施。由于对 IPO 及上市公司的审计集中在头部的会计师事务所，这些会计师事务所的审计程序相对来说非常细致，公司仅通过调增财务报表的收入或利润、调整资产的情况在上市及上市后的财务造假中比较少见。目前大多数财务造假都采用虚构经济业务的模式。

具体而言，发行人根据 IPO 等条件预先设定年度利润目标，根据真实利润情况反推出需要虚增利润的金额，再根据净利率等指标计算需要虚增收入的金额，并根据毛利率计算需要虚增成本的金额，进一步推导出需要虚假采购的金额；通过虚增资产消化掉虚增毛利占用的利润，并分解到每个月具体实施；虚构应收账款收回，防止出现计提坏账的情况。①

虚构经济业务造假

上市涉及的财务造假大多数都是有预谋的系统性安排，涉及生产、采购、销售等各个环节。其中，较为核心的环节是：通过虚构客户和供应商

① 刘静．我国 IPO 公司的财务舞弊问题研究：以欣泰电气为例[D]．昆明：云南财经大学，2018.

方式虚构业务；通过虚构资金流与虚构业务相匹配；消化虚构毛利占用的资金。

通过虚构客户和供应商方式虚构业务

通过关联方虚构业务

为掌控虚构业务涉及的每个环节，公司实际控制人将通过自身或无关联第三方在公司体外设立壳公司，并由该壳公司扮演公司虚构业务中的客户及供应商。由于壳公司的公章、账簿等均在实际控制人掌控之中，造假条件极为便利。在较多情况下，壳公司是通过无关联的第三方注册的，具有一定的隐蔽性。

蓝山科技信息披露违法违规和欺诈发行案①

本案中，根据设立意图、人员关系、财务管理、员工工资及福利发放、资料保管等方面的证据，蓝山科技实际控制人谭某等通过无关联第三方设立北京天越五洲科技有限公司等多家关联方公司，蓝山科技通过上述未如实披露的关联方以及外部客户、供应商虚构无实际生产、无实物流转的采购销售循环业务，在采购、生产、销售、库管、物流运输、财务记账等各个环节实施全链条造假。2017—2019 年，蓝山科技及其全资子公司中经赛博通过虚构采购销售循环业务虚增收入共计 81,092.26 万元，虚增销售利润共计 24,588.96 万元，虚增存货共计 10,610.68 万元，虚增应收账款共计 6,303.33 万元。

利用真实的客户和供应商虚增收入

由于客户及供应商都是真实的，且与发行人不存在关联关系，公司与客户及供应商均存在真实业务往来，公司在真实业务的基础上虚构部分业

① 引自《中国证监会行政处罚决定书(蓝山科技)》(〔2021〕98 号)。

务。比如虚增产品的实际销售价格，虚增产品销售数量，或者两者的组合。虚增部分掺杂在真实的物流、资金流、票据流中，虚虚实实，让人真假难辨。

金正大信息披露违法违规案①

本案中，2015—2018年上半年，金正大及其合并报表范围内的部分子公司通过与其供应商、客户和其他外部单位虚构合同、空转资金，开展无实物流转的虚构贸易业务，累计虚增收入2,307,345.06万元，虚增成本2,108,384.88万元，虚增利润总额198,960.18万元。

利用境外客户和供应商造假

在财务造假过程中，较多公司利用海外客户或供应商进行财务造假。其造假逻辑与公司利用境内客户和供应商造假相同，要么利用关联方或其设立的空壳公司，与发行人进行虚假交易；要么在真实境外客户和供应商中间夹杂虚假交易，虚增收入部分可能由境外关联方支付。境外合同仅需要签字且是外文，因此真假难辨；中介机构很少采用实地核查程序调查境外销售情况，尽职调查难度较大；中介机构一般将海关数据和函证结果作为海外销售证据，实践操作中，报关缴税时的数据就是虚增销售后的数据。

雅百特信息披露违法案②

本案中，2015年，经李某松安排，雅百特通过货运代理公司安排货物虚假出口的海关报关、货物运输等，向海关报关出口价值2,255.57万元的建筑材料，用于木尔坦项目的建设，报关出口目的地为巴基斯坦卡拉奇。根据海关报关单、航运公司货物提单等有关证据，雅百特从山东出口至巴

① 引自《中国证监会行政处罚决定书（金正大、万连步、李计国、唐勇、崔彬、高义武、颜明霄、郑树林、徐恒军）》（〔2022〕1号）。

② 引自《中国证监会行政处罚决定书（江苏雅百特科技股份有限公司、陆永、顾彤莉等21名责任人员）》（〔2017〕102号）。

基斯坦的建筑材料中只有6个标准集装箱运抵巴基斯坦，收货人为中国建筑。在获取海关放行信息后，雅百特通过货运代理公司要求其他货运公司将报关出口至巴基斯坦的其他建筑材料运送到中国香港地区以及新加坡。之后，李某松又安排其他货运代理公司将货物进口回中国，虚构建筑材料出口。2015年，雅百特以虚构木尔坦项目的方式虚增营业收入20,182.50万元，相应虚增当期营业利润14,967.52万元，占当期披露利润总额的47.09%。

通过虚构资金流与虚构业务相匹配

使用现金交易

当虚构业务的客户和供应商为个体户或自然人的时候，发行人会产生大量的现金收支。在此种方式下，银行流水无法真实反映资金的来源和流向，给财务核查造成了巨大阻碍。此种情况在IPO中也经常被质疑，加上目前手机支付的普及，公司都在减少现金收支的比例，因此，该造假方式比较少见。餐饮企业的大多数客户都是自然人，存在大量的现金收款的情况，所以很难直接在A股上市。

天丰节能欺诈发行案[①]——隐瞒现金收款做账

本案中，保荐机构在核查天丰节能各报告期内的现金收款交易时，未按照中国证监会《关于进一步提高首次公开发行股票公司财务信息披露质量有关问题的意见》的相关要求对天丰节能的现金交易给予充分关注，未关注天丰节能刻意隐瞒现金收款的做账过程，违反了《保荐准则》第四条、第五条，导致其提交的《自查报告》中存在“报告期内，天丰节能现金收付交易占比较小，现金收款占营业收入的比例分别为2%、1.59%和

① 引自《中国证监会行政处罚决定书(河南天丰节能板材科技股份有限公司、李续禄、孙玉玲等19名责任人)》(〔2014〕19号)。

0.96%，呈逐年下降的趋势”的虚假记载。

伪造银行对账单

由于银行对账单是银行出具的证据，公司通过伪造银行对账单等方式进行造假很容易让人信服。但如果中介机构严格执行审计的函证程序，则公司的造假行为很容易被发现，除非银行愿意配合造假。

天丰节能欺诈发行案①——伪造银行对账单

本案中，天丰节能《招股说明书》存在“母公司资产负债表中2011年12月31日货币资金余额为65,499,487.33元”的虚假记载，实际货币资金余额应为35,499,487.33元。天丰节能明细账显示其在建设银行新乡牧野支行开立的账户在2011年12月31日的财务账面余额为30,380,019.96元，建设银行对账单显示，2011年12月31日该银行账户余额为380,019.96元。为了掩盖上述差异，天丰节能伪造了该账户2011年度银行对账单。此外，为了配合前述财务造假行为，天丰节能还伪造了其在新乡市区农村信用联合社开立的账户自2010—2012年的全套对账单。

体外循环方式

前两种方式最大的缺陷在于资金流不真实，比较容易被识别。公司通过构建资金循环伪造真实的资金流，从而达到虚增收入及资产的效果。此种方式下，所有的资金流在银行均可查到，且是真实的。如果进行深一步查询，相关部门就会发现资金是在体外转圈的。随着财务造假手段的升级，公司将体外循环的资金分拆成小金额，混在大量真实的交易业务中，然后通过不同的公司或银行账户进行划转及归集，从而无法查询到资金的对应关系及流转轨迹。另外，公司还存在使用承兑汇票背书、汇票质押等

① 引自《中国证监会行政处罚决定书(河南天丰节能板材科技股份有限公司、李续禄、孙玉玲等19名责任人)》(〔2014〕19号)。

手段掩盖资金来源和流向，阻断资金流转，这一操作加大了相关部门对公司进行财务核查的难度。

新大地欺诈发行案①

本案中，新大地通过多种手段虚增 2011 年利润总额 1,521.07 万元，占当年利润总额的 36.13%。其中，新大地在 2011 年财务账册多计向 4 家客户销售商品的金额，多计部分的销售回款资金来源于新大地或其控制使用的公司及个人银行账户，共计虚增 2011 年营业收入 850,544.30 元，虚增营业成本 529,016.74 元，虚增利润总额 321,527.56 元。

消化虚构毛利占用的资金

公司虚增利润，则必须具有虚增的资金流入或应收账款，而如何消化掉该部分资金，在实践操作过程中，操作方法较多，也比较隐蔽，令人难以分辨。

虚增银行存款

伪造银行收付款凭证是公司虚增利润最直接的方式，但中介机构在核查银行流水或执行函证程序时比较容易发现造假行为，所以目前较少被使用。但有的公司将该方式进行了升级，即在虚增银行存款之后，通过在外借款购买定期存单，然后进行质押融资，融资完成后将借款归还出借方，在公司账上就会出现银行存款增加的假象。

九好集团与鞍重股份重组造假案②

本案中，2015 年 1 月，九好集团在账面虚构其他应收款收回 1.7 亿

① 引自《中国证监会行政处罚决定书(广东新大地生物科技股份有限公司、黄运江、凌梅兰等 16 名责任人)》(〔2013〕53 号)。

② 引自《中国证监会行政处罚决定书(浙江九好办公服务集团有限公司、郭丛军、宋荣生等 4 名责任人员)》(〔2017〕32 号)。

元，虚构银行存款转入0.47亿元，同时转出1亿元资金不入账，账面形成虚假资金3.18亿元。九好集团从2015年3月开始通过外部借款购买理财产品或定期存单，于借款当日或次日利用理财产品或定期存单为借款方关联公司提供质押担保，并通过承兑汇票贴现的方式将资金归还借款方，从而在账面形成并持续维持3.18亿元银行存款的假象。

虚增应收款项

目前比较常见的虚增利润的方式是虚增应收款项。由于没有实际资金的流入，长期挂账会导致账龄长等问题，需要计提坏账准备，对利润产生影响。有的公司在报告期末利用虚假商票冲抵应收款项，期后再转回，逃避坏账准备的计提，隐蔽性较高；或者提前跟客户串通好，要求对方提供虚假的询证函或者直接伪造函证。随着造假规模的扩大，应收账款的余额会越来越大。

虚增存货

在存货难以计价和盘点时，通过虚增存货消化利润是一种常见的造假方式。在存货难以盘点时，公司虚增采购数量、以现金方式采购，导致相关部门既无法追查资金流向，又无法对既有存货进行盘点。在存货难以计价时，公司采用虚增价格的方式，容易找到辩解的理由，相关部门难以核实理由的合理性。与虚增应收账款相似，随着造假规模的增大，存货余额也会越来越大。

振隆特产欺诈发行案①

本案中，2012—2014年，振隆特产分别通过调节出成率、调低原材料采购单价方式少结转销售成本，以及采用未在账面确认已处理霉变存货损

① 引自《中国证监会行政处罚决定书（辽宁振隆特产股份有限公司、黄跃、王彩霞等19名责任人员）》（〔2016〕107号）。

失的方式虚增利润，累计虚增利润7,616.18万元，虚增存货数量3,254.13吨，金额7,631.24万元。

虚增固定资产

虚增固定资产，即虚假采购固定资产、在建工程等长期资产。在采购固定资产时，公司利用部分资产不存在公允价值的特性，随意虚增资产购买时的价格，以达到虚增固定资产的目的。

康美药业信息披露违法违规案①

本案中，康美药业在《2018年年度报告》中将前期未纳入财务报表的6个工程项目纳入表内，分别调增固定资产11.89亿元，调增在建工程4.01亿元，调增投资性房地产20.15亿元，合计调增资产总额36.05亿元。经查，前述6个工程项目不满足会计确认和计量条件，存在虚增资产的现象。

其他造假方式

提前或推后确认收入

公司在调节各会计期间的经营业绩时，往往对销售收入在销售期间进行不恰当的分割，提前或延后确认收入。实践中发生的情形包括：期末调整经销商库存以调整收入确认金额；如果公司与客户约定了销售退货权，尽管商品已经发出，根据会计准则，公司只能将估计不会发生退货的部分确认为收入，而公司为了增加业绩则全额确认收入。

① 引自《中国证监会行政处罚决定书(康美药业股份有限公司、马兴田、许冬瑾等22名责任人员)》(〔2020〕24号)。

大智慧信息披露违法案①

2014年2月28日，大智慧披露的2013年年度报告显示，大智慧2013年实现营业收入894,262,281.52元，利润总额42,921,174.52元。经查，大智慧以承诺“可全额退款”的销售方式提前确认收入，通过“打新股”的名义进行营销、延后确认年终奖、少计当期成本费用等方式，共计虚增2013年度利润120,666,086.37元，占当年对外披露的合并利润总额的281%。其中，2013年大智慧提前确认收入87,446,901.48元，虚增利润68,269,813.05元，具体情况如下。

2013年12月，大智慧针对售价在3.8万元以上的软件产品（3.8万元策略投资终端、9.8万元投资家机构版、19.8万元投资家VIP版、58万元投资家至尊投顾版）制定了包含“若在2014年3月31日前不满意，可全额退款”条款在内的营销政策。2013年12月3日至11日，此营销政策在大智慧官方网站上进行公开宣传；虽然之后在大智慧管理层要求下将“可全额退款”的条款从网站删除，但2013年12月，大智慧所有营销区域的销售人员在营销时均向客户承诺“可全额退款”。

在无法预计客户退款可能性的情况下，大智慧仍将所有销售收入认定为满足收入确认条件，并按收入确认方法确认为当期销售收入。这导致大智慧2013年12月提前确认收入87,446,901.48元，涉及的合同金额为138,443,830.90元。

跨期结转成本调节利润

跨期结转成本调节利润是指公司不按照权责发生制的要求核算当期成本，从而实现利润的跨期调节，从而达到美化财务报表的目的。

---

① 引自《中国证监会行政处罚决定书（上海大智慧股份有限公司、张长虹、王玫等15名责任人员）》（〔2016〕88号）。

嘉寓股份信息披露违法案①

本案中，针对2008—2010年完工的119个工程项目，嘉寓股份违反《企业会计准则——基本准则》(2006年)第十八条和《企业会计准则第15号——建造合同》第二十三条、第二十四条的规定，以跨期结转成本的方式调节利润。在完工当期，嘉寓股份没有以实际发生的合同成本调整合同预计总成本，在完工至最终决算前各期没有以实际发生的合同成本确认当期利润；在决算当期，以累计实际发生的合同成本与合同预计总成本的差异确认当期利润，致使各年度利润和成本数据不准确、不及时，人为调节各年度营业收入、成本和利润。

账外支付员工薪酬

账外支付员工薪酬是指公司通过关联方向员工支付薪酬，从而在公司财务报表上少计成本或费用并虚增利润的情况。2012—2013年度，嘉寓股份利用账外资金发放员工薪酬，采用少计提当期应付职工薪酬的方式多计利润。其中2012年度多计利润155.46万元，2013年度多计利润534.27万元。

由此可知，大多数财务造假是因为中介机构没有勤勉尽责，没有严格执行审计等程序。从业人员应该保持合理怀疑，在核查收入、利润、现金流、存货及固定资产等相关会计科目时，要重点关注发行人财务信息与非财务信息之间的关系，通过采用定性分析与定量分析、财务数据与同行业上市公司的横向对比、财务数据的纵向对比、财务报表各项目的钩稽关系等来判断发行人财务信息披露是否真实、准确、完整。

① 引自《中国证监会行政处罚决定书(北京嘉寓门窗幕墙股份有限公司、田家玉、胡满姣等28名责任人员)》(〔2017〕38号)。

信披违法的民事责任

信息披露违法是指信息披露义务人未按照规定披露信息，或者公告的证券发行文件、定期报告、临时报告及其他信息披露资料存在虚假记载、误导性陈述或者重大遗漏。[①] 其中，虚假记载、误导性陈述或者重大遗漏的具体含义如表 6－1 所示。[②]

表 6－1 虚假记载、误导性陈述或者重大遗漏的具体含义

名称	具体含义
虚假记载	指信息披露义务人披露的信息中对相关财务数据进行重大不实记载，或者对其他重要信息作出与真实情况不符的描述
误导性陈述	指信息披露义务人披露的信息隐瞒了与之相关的部分重要事实，或者未及时披露相关更正、确认信息，致使已经披露的信息因不完整、不准确而具有误导性
重大遗漏	指信息披露义务人违反关于信息披露的规定，对重大事件或者重要事项等应当披露的信息未予披露

① 引自《中华人民共和国证券法》(2019 年修订)第八十五条。

② 引自《最高人民法院关于审理证券市场虚假陈述侵权民事赔偿案件的若干规定》第四条。

民事责任的过错原则

无过错责任原则

关于如何承担信息披露违法的民事责任，目前适用无过错责任原则，即不以信息披露义务人存在过错为前提，信息披露违法行为给投资人造成损失的，就应当承担民事赔偿责任。比如 IPO 企业发生信息披露违法行为，无论其是否存在过错，都应当承担民事赔偿责任。

过错推定原则

对于拟上市公司的控股股东、实际控制人、董事、监事、高级管理人员和其他直接责任人员以及保荐人、承销的证券公司及其直接责任人员（以下统称“主要责任人”）适用过错推定原则，即除非证明自己对信息披露违法没有过错外，主要责任人应与发行人承担连带责任。

在适用过错推定原则时，过错主要包括两种情形：一是行为人故意制作、出具存在虚假陈述的信息披露文件，或者明知信息披露文件存在虚假陈述而不予指明、予以发布；二是行为人严重违反注意义务，对信息披露文件中虚假陈述的形成或者发布存在过失①，比如 IPO 企业或上市公司的独立董事发现信息披露违法行为时，主动投反对票，则可以证明自己没有过错。

投资者的民事诉讼

对于信息披露违法行为，投资者因此造成损失的，可以向人民法院提起民事赔偿诉讼。简而言之，如果投资者因炒股亏损，且亏损是由上市公司信息披露违法导致的，则可以要求上市公司赔偿损失。民事赔偿的要件如下。

---

① 引自《最高人民法院关于审理证券市场虚假陈述侵权民事赔偿案件的若干规定》第十三条。

发生虚假陈述事实

上市公司等信息披露义务人未按照规定期限、方式等要求及时、公平地披露信息，或者在年度报告、临时报告等信息披露文件中存在虚假记载、误导性陈述或者重大遗漏的，则构成虚假陈述。

人民法院主要以虚假陈述内容是否导致证券交易价格或者交易量发生明显变化，来判断虚假陈述内容是否具有重大性，以此决定信息披露义务人是否承担民事责任。同时，除非有证据证明虚假陈述内容未导致证券交易价格或者交易量发生明显变化外，虚假陈述内容是法律法规规定的应当披露的重大事件或者重大事项的，则直接认定虚假陈述内容具有重大性。

虚假陈述不具有重大性，汇嘉时代免责①

2018年1月至2019年1月，汇嘉时代及其全资子公司汇嘉时代小额贷款有限公司与汇嘉集团等关联方发生关联交易29,690万元。上述关联交易发生时，汇嘉时代均未按规定履行董事会、股东大会审议程序并及时披露，也未在2018年半年度报告中予以披露。

汇嘉时代的股票价格在揭露日至基准日期间并未下跌，反而呈上升趋势。即使在原告主张的2019年4月30日至10月29日期间，换手率亦未超出正常区间，最高值为5.27%（仅一天），大多数时间该值均在1%以下。该虚假陈述未导致证券交易价格、交易量的明显变化，故不具有重大性。

根据最高人民法院司法解释，被告能够证明虚假陈述不具有重大性，并以此抗辩不应当承担民事责任的，人民法院应当予以支持。② 原告主张汇嘉时代赔偿其因虚假陈述而造成损失的诉讼请求不能得到支持。

---

① 引自《杜鹏、新疆汇嘉时代百货股份有限公司证券虚假陈述责任纠纷民事二审民事判决书》。

② 引自《最高人民法院关于审理证券市场虚假陈述侵权民事赔偿案件的若干规定》第十条。

虚假陈述与股票交易损失的因果关系

虚假陈述事件的发展具有3个关键时间点。

（1）虚假陈述实施日，即作出虚假陈述或者发生虚假陈述之日。

（2）虚假陈述揭露日或更正日。其中，虚假陈述揭露日是指虚假陈述在全国范围发行或者播放的报刊、电台、电视台等媒体上，首次被公开揭露之日。虚假陈述更正日是指信息披露义务人在证券交易场所网站或者符合监管部门规定的媒体上，自行更正虚假陈述之日。

（3）投资差额损失计算的基准日。该基准日指虚假陈述行为被揭露或更正后，为了将投资人应获赔偿限定在虚假陈述造成的损失范围内，确定损失计算的合理期间而规定的截止日期。在采用集中竞价的交易市场中，自揭露日或更正日起，被虚假陈述影响的证券集中交易累计成交量达到可流通部分100%之日为基准日。自揭露日或更正日起，集中交易累计换手率在10个交易日内达到可流通部分100%的，以第10个交易日为基准日；在30个交易日内未达到可流通部分100%的，以第30个交易日为基准日。

根据最高人民法院司法解释①，基于推定信赖原则，只有两个时间段内的股票交易亏损才能被认定为投资决策和虚假陈述之间的因果关系成立：一是诱多型虚假陈述，即在实施日之后、揭露日或更正日之前买入股票，在揭露日或更正日之后卖出或者持有股票发生亏损的；二是诱空型虚假陈述，即在实施日之后、揭露日或更正日之前卖出股票，在揭露日或更正日之后买回或者未买回股票发生亏损的。

---

① 引自《最高人民法院关于审理证券市场虚假陈述侵权民事赔偿案件的若干规定》第二十七、二十八条。

鞍重股份证券虚假陈述责任纠纷案①

原告在鞍重股份虚假陈述实施日前买入鞍重股份股票5,900股，卖出鞍重股份股票900股；在虚假陈述实施日至揭露日期间，买入鞍重股份股票13,800股（21笔），卖出鞍重股份股票18,700股。截至虚假陈述揭露日（2017年3月11日），原告持有鞍重股份股票100股。因此，原告可索赔的股数仅有100股。按照先进先出加权平均法计算，原告的投资差额损失为641元，扣除系统风险等其他因素导致的投资损失，鞍重股份应赔偿原告的金额为192.3（641×30%）元。原告主张揭露日前卖出股票产生的损失以及实施日之前买入股票产生的潜在盈利应由鞍重股份赔偿，没有任何事实和法律依据。

如何确定损失数额

基于推定信赖原则，虚假信息披露将导致投资者增持公司股票。因此，诱多型虚假陈述的损失金额按增持股票的平均价格与知晓信息披露后卖出股票平均价格（或截至基准日的基准价格）之间的差额，乘以已卖出（或未卖出）股票数量计算得出。②

虚假信息披露将导致投资者减持公司股票。因此，诱空型虚假陈述的损失金额按买回股票的平均价格（或截至基准日的基准价格）与减持股票平均价格之间的差额，乘以买回（或未买回）股票数量计算得出。③

影响投资者做出股票投资决定的因素是多方面的，信息披露仅是其中一种因素。投资者购买股票产生的损失不能完全归责于信息披露义务人的虚假陈述行为，还受到行业政策紧缩、市场监管趋严等多种因素影响。因此，赔偿金额可能是损失金额的一定比例（根据鞍重股份、獐子岛、大福

---

① 引自《路景文、鞍山重型矿山机器股份有限公司证券虚假陈述责任纠纷二审民事判决书》。

② 《最高人民法院关于审理证券市场虚假陈述侵权民事赔偿案件的若干规定》第二十七条。

③ 《最高人民法院关于审理证券市场虚假陈述侵权民事赔偿案件的若干规定》第二十八条。

控股等相关案例，损失金额赔偿比例为30%～50%），并支付相关利息。

獐子岛集团证券虚假陈述责任纠纷案[①]

中国证监会对獐子岛集团违法事实予以认定，獐子岛集团2016年度虚减营业成本6,002.99万元，虚减营业外支出7,111.78万元，受虚假营业成本和营业外支出的影响，獐子岛集团2016年度虚增利润13,114.77万元，虚增利润占当期利润总额的158.11%；2017年度虚增营业成本6,159.03万元，虚增营业外支出20,595.54万元，虚增资产减值损失1,110.52万元，受虚增营业成本、虚增营业外支出和虚增资产减值损失的影响，獐子岛集团2017年年度报告虚减利润27,865.09万元，占当期披露利润总额的38.57%。

以颜某起诉獐子岛集团的案件为例，原告颜某在实施日至揭露日期间，买入4,200股，成交总金额33,936元，此期间没有卖出，则买入均价为8.08（33,936÷4,200）元。獐子岛集团于2018年2月10日发布公告，披露收到中国证监会的立案调查通知书，该公告日为虚假陈述揭露日，至2018年3月29日，“獐子岛”股票的累计成交量达到其可流通部分的100%，故应将2018年3月29日确认为案件的基准日。每个交易日平均收盘价为4.46元每股，故基准价应为4.46元每股。经法院认定，在不存在证券市场系统风险的情况下，原告颜某的投资差额损失为（8.08－4.46）×4200＝15,204元。该投资差额损失部分的佣金（按千分之一计）为15.2元，印花税（按千分之一计）为15.2元。以上3项合计为15,234.4元。

虽然被告獐子岛集团存在虚假陈述的违法行为，原告颜某也存在投资受损的事实，两者之间存在因果关系，但原告颜某买卖“獐子岛”股票遭

① 引自《颜丽、獐子岛集团股份有限公司证券虚假陈述责任纠纷民事一审民事判决书》［（2021）辽02民初1336号］。

受的损失不能完全归责于被告獐子岛集团的虚假陈述行为，还受到渔业政策紧缩、环保监管趋严等宏观因素，以及獐子岛集团经营状况恶化、第二大股东减持“獐子岛”股票、獐子岛集团控股股东被大连市人民检察院提起公诉的利空公告等多种因素影响，故法院酌情确定被告獐子岛集团因虚假陈述而应向原告颜某赔偿的损失本金为4,570.32（15,234.4×30%）元。利息以该本金数额为基数，自首次购股日2017年12月1日起至基准日2018年3月29日止，按银行同期活期存款年利率0.35%计算，利息为5.24元，以上合计4,575.56元。

民事责任配套制度

责令回购制度

责令回购制度的性质

责令回购制度是为受损投资者提供一种民事诉讼以外的简单、便捷的救济途径。对于投资者未能通过责令回购得到补偿的其他损失，仍然可以通过民事诉讼方式寻求赔偿，以最大限度地保护投资者的合法权益。具体而言，对于欺诈发行的上市公司（包括IPO及上市后的发行），证券监管部门可以责令上市公司回购股份，或者责令负有责任的控股股东、实际控制人买回股份。

责令回购制度的预防作用

责令回购制度使上市公司股份恢复到公开发行股份之前的状态；通过剥夺责任主体的不当利益，强制其支付相应经济代价，并在一定情况下产生超过不当利益的经济损失，从而提高其违法成本；对上市公司及其控股股东、实际控制人起到威慑和警示作用，最终减少欺诈发行行为的发生，为注册制改革的有序推进提供保障。

责令回购制度适用领域

根据中国证监会制定并拟发布的回购规定①，责令回购制度适用于注册制下股票发行人欺诈发行并上市的情形，包括 IPO、上市公司再融资、并购重组等各个环节中的股票发行行为。在适用的证券品种方面，《证券法》第二十四条第二款规定，仅限于股票，不包括债券、存托凭证等其他证券。在适用板块方面，由于责令回购属于注册制的配套措施，前述回购规定适用于实行注册制的科创板、创业板等板块，暂不适用于目前实行核准制的主板。

先行赔付制度

先行赔付制度的性质

先行赔付是一种和解制度，是发行人的控股股东、实际控制人、相关证券公司的自愿行为，有利于快速解决投资者的损失问题。同时，《公开发行证券的公司信息披露内容与格式准则第 1 号——招股说明书》等规定明确要求保荐人做出“先行赔付”的承诺。

先行赔付制度的适用领域

2019 年，全国人大常委会在修改《证券法》时，吸收借鉴了先行赔付制度，第九十三条规定，发行人因欺诈发行、虚假陈述或者其他重大违法行为给投资者造成损失的，发行人的控股股东、实际控制人、相关的证券公司可以委托投资者保护机构，就赔偿事宜与受到损失的投资者达成协议，予以先行赔付。先行赔付后，可以依法向发行人以及其他连带责任人追偿。

先行赔付适用范围包括发行人因欺诈发行、虚假陈述或者其他重大违法行为给投资者造成损失的情形。其中，其他重大违法行为包括内幕交

① 《欺诈发行上市股票责令回购实施办法(试行)(征求意见稿)》及起草说明。

易、操纵市场事项。

股东先行赔付案例——海联讯

2014年7月，海联讯的4名股东出资2亿元设立专项基金，对因海联讯虚假陈述而遭受损失的投资者先行赔付，并由中国证券投资者保护基金有限责任公司作为基金管理人。2014年9月10日，与专项补偿基金出资人达成有效和解的适格投资者人数为9,823人，占适格投资者总人数的95.70%，对适格投资者支付的补偿金额约为8,882.77万元，占应补偿总金额的98.81%，前述补偿金额已于2014年9月15日支付至适格投资者的证券交易结算资金账户。[①]

证券市场虚假陈述侵权民事赔偿案件归根结底属于侵权责任案件，证券市场虚假陈述侵权行为属于法律明确规定适用无过错责任原则及过错推定原则特定情形的侵权责任行为。同时，《证券法》明确规定，责令回购、先行赔付等配套制度，可以快速解决证券市场虚假陈述给投资人造成的损害赔偿问题。从案例来看，证券市场投资人的损失可能由多种原因导致。因此，人民法院在审理虚假程序侵权民事赔偿案件时，一般会判决信息披露义务人按照投资人损失金额的一定比例来承担赔偿责任。

① 引自海联讯《中国证券投资者保护基金有限责任公司关于公司虚假陈述事件投资者利益补偿专项基金的终止公告》。

资本圈里的“黑猫警长”

2019 年《证券法》修改前，我国对于财务造假等违规行为的处罚力度太小。2019 年，为全面推行注册制改革，落实以信息披露为核心的理念，《证券法》加大对欺诈发行、信息披露违规等行为的处罚力度。

欺诈发行的行政处罚

中国证监会对欺诈发行的具体行政处罚如表 6－2 所示。

表 6－2　中国证监会对欺诈发行的具体行政处罚

具体行为		责任主体	处罚措施
欺诈发行	发行成功	发行人	处以募资金额 10% ~100% 的罚款
		直接负责的主管人员和其他直接责任人员	处以 100 万 ~1,000 万元的罚款
	未发行成功	发行人	处以 200 万 ~2,000 万元的罚款
		直接负责的主管人员和其他直接责任人员	处以 100 万 ~1,000 万元的罚款
控股股东、实际控制人组织、指使欺诈发行行为		控股股东、实际控制人	处以违法所得 10% ~100% 的罚款；没有违法所得或者所得不足 2,000 万元，处以 200 万 ~2000 万元的罚款
		直接负责的主管人员和其他直接责任人员	处以 100 万 ~1,000 万元的罚款

信息披露违法的行政处罚

中国证监会对于信息披露违法的具体行政处罚①如表6－3所示。

表6－3　中国证监会对于信息披露违法的具体行政处罚

具体行为	责任主体	处罚措施
未按规定履行信息披露义务	信息披露义务人	责令改正，给予警告，并处50万~500万元的罚款
	直接负责的主管人员和其他直接责任人员	警告，并处20万~200万元的罚款
控股股东、实际控制人组织、指使不按规定披露行为或隐瞒相关事项	控股股东、实际控制人	处以50万~500万元的罚款
	直接负责的主管人员和其他直接责任人员	处以20万~200万元的罚款
虚假陈述	信息披露义务人	责令改正，给予警告，并处100万~1000万元的罚款
	直接负责的主管人员和其他直接责任人员	50万~500万元的罚款
控股股东、实际控制人组织、指使虚假陈述行为或隐瞒相关事项	控股股东、实际控制人	处以100万~1,000万元的罚款
	直接负责的主管人员和其他直接责任人员	处以50万~500万元的罚款

中国证监会行政处罚程序及救济

对于欺诈发行及信息披露违法行为，中国证监会给予相关主体行政处罚，需履行行政处罚的内外部流程。在此过程中，当事人要积极行使自身陈述、申辩和要求听证等权利，以减轻处罚或不被处罚。

① 引自《证券法》第一百九十七条。

中国证监会行政处罚程序

根据中国证监会规定[①]，中国证监会行政处罚工作在程序上可以分为两个阶段：第一阶段为案件调查阶段，第二阶段为案件审理、听证阶段。案件调查由稽查部门负责，案件审理和听证工作由法律部门承担。

以欣泰电气为例，中国证监会行政处罚流程如图 6－1 所示。

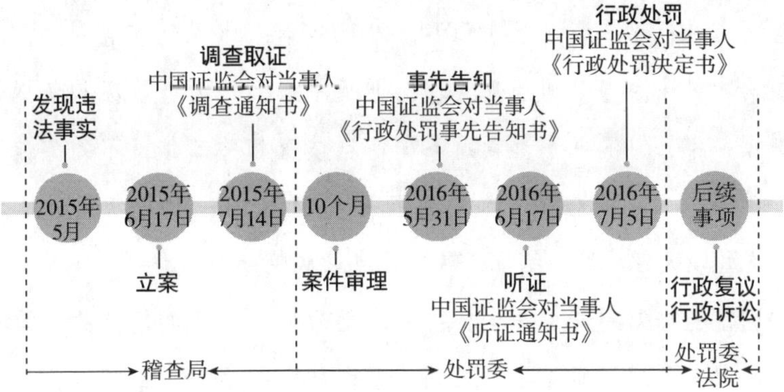

图 6－1　中国证监会行政处罚流程（以欣泰电气为例）

资料来源：笔者整理。

中国证监会行政处罚的救济

根据中国证监会行政处罚的流程，救济手段按程序进程分为 3 种：一是行政处罚前的听证程序，享有陈述、申辩等权利；二是行政处罚决定出具之后的行政复议程序；三是行政处罚之后的行政诉讼程序。

处罚前的陈述与申辩

中国证监会在出具行政处罚决定前，需要向当事人送达《行政处罚事先告知书》，当事人依法享有陈述和申辩的权利，对于责令停止发行证券、罚款等处罚，当事人享有要求听证的权利。听证过程包括陈述、申辩，提

① 《中国证券监督管理委员会关于进一步完善中国证券监督管理委员会行政处罚体制的通知》。

出相关事实、理由和证据，辩论等流程。当事人如果有免责或减轻责任的事实和证据，可以在这个阶段提出，以帮助证券监管部门做出正确决定。

抚顺特钢2018年信息披露违法案件[①]

在抚顺特钢2018年信息披露违法案件中，中国证监会举行了听证会，时任总法律顾问赵光晨在申辩材料中提出：第一，其并非公司章程规定的高级管理人员；第二，其虽在2014—2016年年度报告上签字，实际上其因身患重病，并未参与公司经营管理，也不了解公司财务状况和年报披露的财务数据；第三，其并不负责财务和信息披露相关工作，不知悉涉案违法事实；第四，《事先告知书》认定抚顺特钢2010—2017年累计虚增利润19.02亿元与事实不符。综上，赵光晨请求从轻处罚。

中国证监会对赵光晨关于其在违法行为中参与程度较低的申辩意见予以采纳，对其他申辩意见不予采纳，理由如下：第一，中国证监会依照询问笔录、会计凭证、原始凭证、抚顺特钢各系统数据等多方面证据认定抚顺特钢涉案年度虚增、虚减的财务数据准确，事实清楚，证据充分，且赵光晨未提出有效证据证明中国证监会认定的抚顺特钢涉案年度虚增、虚减的财务数据不准确；第二，赵光晨作为抚顺特钢总法律顾问，虽因身体原因参与度较低，但不属于法定免予处罚的情形，且其实际履行高级管理人员的职责，在任职期间未充分了解、核查涉案年度报告中的相关事项即在2014—2016年年度报告上签字确认，未提出其他证据充分证明其已勤勉尽责。

综上，中国证监会依法认定赵光晨构成未勤勉尽责，同时综合考虑其违法事实、情节及因身体原因对违法行为的参与程度，对其处罚幅度作适当调整。

---

① 抚顺特殊钢股份有限公司披露的《公司关于收到中国证监会行政处罚决定书和市场禁入决定书的公告》(临2019-054)。

行政复议程序

对证券监管部门做出的警告、罚款、没收违法所得、责令关闭、证券和期货市场禁入等行政处罚决定不服的，当事人可以提出行政复议申请，行政复议机构负责审查并提出复议意见。尽管通过行政复议使中国证监会撤销行政处罚决定的案例较少，但也是一个撤销或变更行政处罚决定、使当事人减轻处罚或不予处罚的机会。

天目药业实际控制人被撤销行政处罚①

2012年3月30日，杭州天目山药业股份有限公司（以下简称“天目药业”）与杭州誉振科技有限公司等签订关于股权转让的《补充协议》。《补充协议》有关内容属于“公司订立重要合同，可能对公司的资产、负债、权益和经营成果产生重要影响”的重大事件，应立即披露，而天目药业在2012年7月26日才对此协议进行披露。因此，中国证监会对天目药业、时为天目药业实际控制人章鹏飞、时任天目药业董事长范建国、时任天目药业总经理朱容稼给予警告并处罚款的处罚。

经过行政复议程序，2014年5月，中国证监会做出《行政复议决定书》：经查明，根据行政复议调查阶段调取的电子邮件、询问笔录，《补充协议》实际签署时间并非2012年3月30日，而是2012年5月15日之后至2012年5月20日公司董事会换届之前。公司第一大股东及实际控制人已在此前于2012年4月发生变更。处罚认定的《补充协议》签署时间与复议调查中核实的实际签署时间不一致；没有证据证明章鹏飞在《补充协议》签署时仍为公司实际控制人。因此，中国证监会撤销了上述行政处罚决定。

① 天目药业《关于收到中国证监会行政复议决定书的公告》（临2014－023）。

行政诉讼程序

为了保证当事人的合法权利免受行政权力的侵害，当事人可以向法院提起行政诉讼，法院将依法对具体行政行为进行审查并做出裁判。行政诉讼是改变行政处罚决定的最后一种方式。虽然中国证监会在行政诉讼方面几乎没有败诉，但我们也要根据案件具体情况进行争取，苏嘉鸿行政诉讼案①就曾打破中国证监会行政诉讼“零败诉”纪录。因此，中国证监会在做出相关行政处罚时所依据的证据和适用的法规并不一定是完美无缺的，我们如果认真分析案情，仍存在行政诉讼胜诉的可能性。

中国证监会行政处罚案例

中国证监会对公司信息披露违规行为进行行政处罚的案件如表6－4所示。

表6－4　行政处罚案件

公司名称	所属行业	股票代码	被处罚主体
蓝山科技	光通信设备行业	830815	发行人、保荐人、律师、审计机构
乐视网	互联网信息服务	300104	发行人
登云股份	汽车零部件	002715	发行人、保荐人、律师、审计机构
方正证券	证券	601901	控股股东及关联方
嘉寓股份	建筑装饰	300117	发行人
振隆特产	农副产品加工	—	发行人、保荐人、律师、审计机构
欣泰电气	制造业	300372	发行人、保荐人、律师、审计机构
京天利	移动信息服务	300399	发行人
海联讯	电力信息化	300277	发行人、保荐人、审计机构
康达新材	胶黏剂行业	002669	发行人
天丰节能	节能环保	—	发行人、保荐人、律师、审计机构
汉王科技	软件行业	002362	发行人
新大地	油茶产业	—	发行人、保荐人、律师、审计机构

① 具体详见《苏嘉鸿与中国证券监督管理委员会二审行政判决书》[（2018）京行终445号]。

续表

公司名称	所属行业	股票代码	被处罚主体
万福生科	稻米精深加工	300268	发行人、保荐人、律师、审计机构
天能科技	光伏行业	—	发行人、保荐人、律师、审计机构
绿大地	花卉行业	002200	发行人、保荐人、律师

资料来源：Wolters Kluwer 法律信息库。

根据上述统计，中国证监会对 IPO 信息披露违规行为查处及行政处罚的力度仍然不足。随着注册制的推进以及中国证监会对证券违法行为打击力度的加强，信息披露违规处罚案例的数量预计将进一步上升。发行人、上市公司及证券服务机构应该认真履行信息披露义务，避免受到证券监管部门的行政处罚。

我国香港地区对欺诈发行的处罚

与 A 股市场一样，欺诈发行等信息披露违法行为在香港证券市场仍然存在。在香港证券市场，信息披露违规者仍然要承担民事、行政及刑事 3 类责任。在民事责任方面，根据中国香港《证券与期货条例》第 213 条规定，允许香港证监会授权香港法院根据民事诉讼程序冻结上市公司资产并可以强制当事人回购其欺诈发行的证券，退回募集资金。在行政责任方面，香港证监会对财务造假等信息披露违法行为的处罚更严厉，比如责令退市、撤销保荐机构保荐资格。

洪良国际香港上市财务造假案①

洪良国际于 2009 年 12 月 24 日在中国香港主板挂牌上市，上市后仅 3 个月就遭到停牌处罚。香港证监会向香港高等法院指控洪良国际违反《证券及期货条例》有关欺诈、提供虚假和误导性信息等规定，要求法院禁止洪良国际及旗下 4 家全资附属公司转走或处置在港资产，收回并接管洪良

① 引自 http://finance.sina.com.cn/stock/hkstock/ggscyd/20130306/021614729963.shtml。

国际上市时募集的9.97亿港元资金净额，更要求将该笔资金返还给投资者。2012年6月20日，洪良国际和香港证监会达成协议，同意以停牌前收市价每股2.06港元回购股份，涉及金额10.3亿港元。对此，香港高等法院表示认可该和解方案。

2013年2月底，港交所上市复核委员会宣布维持对洪良国际“取消上市地位”的裁决。2013年9月底，洪良国际正式退市。

此外，香港证监会对于洪良国际保荐机构的处罚同样值得内地监管机构借鉴。香港证监会对洪良国际上市保荐机构兆丰资本（亚洲）做出处罚，撤销兆丰资本的牌照，禁止其再为机构融资提供意见，并罚款4,200万港元，作为保荐人的原兆丰资本董事总经理康晓龙被香港证监会撤销牌照。

永远不要触犯的“达摩克利斯之剑”

2020 年 12 月，为保证以信息披露为核心的注册制的顺利实施，加大对证券信息披露违规行为的处罚力度，《中华人民共和国刑法修正案（十一)》对证券违法犯罪条款进行修订，对欺诈发行及信息披露违规分别规定了欺诈发行证券罪和违规披露、不披露重要信息罪。

欺诈发行证券罪

欺诈发行证券罪是指在招股书等发行文件中隐瞒重要事实或编造重大虚假内容，从而发行股票、存托凭证及其他证券。

构成要件

欺诈发行证券罪的构成要件如表 6 – 5 所示。

表 6 – 5　欺诈发行证券罪的构成要件

构成要件	具体内容
行为主体	发行人及其控股股东、实际控制人
客体	证券市场管理秩序与证券投资者合法利益
主观方面	直接故意
客观方面	在发行文件中隐瞒重要事实或者编造重大虚假内容，骗取证券的发行

具体刑罚

针对不同的犯罪主体，对应的罚则如表6－6所示。

表6－6 不同的犯罪主体对应的罚则

序号	犯罪主体	具体罚则
1	发行人	数额巨大、后果严重或者有其他严重情节的，处5年以下有期徒刑或者拘役，并处或者单处罚金
		数额特别巨大、后果特别严重或者有其他特别严重情节的，处5年以上有期徒刑，并处罚金
2	控股股东、实际控制人（组织、指使实施的）	处5年以下有期徒刑或者拘役，并处或者单处非法募集资金金额20%～100%的罚金
		数额特别巨大、后果特别严重或者有其他特别严重情节的，处5年以上有期徒刑，并处非法募集资金金额20%～100%的罚金
3	单位犯罪	对单位判处非法募集资金金额20%～100%的罚金
		直接负责的主管人员和其他直接责任人员，参照第1项对发行人的刑罚

其中，直接负责的主管人员和其他直接责任人员，主要是指在招股书等发行文件上签字确认真实性的人，比如IPO时发行人的董事、监事及高级管理人员。

追诉标准

2022年4月29日，最高人民检察院、公安部联合发布修订后的刑事案件立案追诉标准，加大了对欺诈发行证券等犯罪行为的打击力度。欺诈发行证券罪的立案追诉标准如下：

（1）非法募集资金金额在1,000万元以上的；

（2）虚增或者虚减资产达到当期资产总额30%以上的；

（3）虚增或者虚减营业收入达到当期营业收入总额30%以上的；

（4）虚增或者虚减利润达到当期利润总额30%以上的；

（5）隐瞒或者编造的重大诉讼、仲裁、担保、关联交易或者其他重大事项所涉及的数额或者连续12个月的累计数额达到最近一期披露的净资产50%以上的；

（6）造成投资者直接经济损失数额累计在100万元以上的；

（7）为欺诈发行证券而伪造、变造国家机关公文、有效证明文件或者相关凭证、单据的；

（8）为欺诈发行证券向负有金融监督管理职责的单位或者人员行贿的；

（9）募集的资金全部或者主要用于违法犯罪活动的；

（10）其他后果严重或者有其他严重情节的情形。

违规披露、不披露重要信息罪

违规披露、不披露重要信息罪主要包括两种情形：一是披露虚假的或者隐瞒重要事实的财务会计报告；二是对依法应当披露的其他重要信息不按照规定披露，严重损害股东或者其他人利益，或者有其他严重情节。

构成要件

违规披露、不披露重要信息罪构成要件如表6－7所示。

表6－7 违规披露、不披露重要信息罪构成要件

构成要件	具体内容
行为主体	信息披露义务公司直接负责的主管人员和其他直接责任人员及公司的控股股东、实际控制人
客体	证券市场管理秩序与证券投资者合法利益
主观方面	直接故意
客观方面	依法负有信息披露义务的公司、企业向股东和社会公众提供虚假的或者隐瞒重要事实的财务会计报告；对依法应当披露的其他重要信息不按照规定披露，严重损害股东或者其他人利益，或者有其他严重情节

具体刑罚

针对不同的犯罪主体，对应的罚则如表6－8所示。

表 6－8 不同的犯罪主体对应的罚则

序号	犯罪主体	具体罚则
1	信息披露义务公司直接负责的主管人员和其他直接责任人员	处5年以下有期徒刑或者拘役，并处或者单处罚金
		情节特别严重的，处5年以上10年以下有期徒刑，并处罚金
2	控股股东、实际控制人（组织、指使实施、隐瞒相关事项导致的）	参照第1项的刑罚
3	控股股东、实际控制人是单位的	对单位判处罚金
		对直接负责的主管人员和其他直接责任人员，参照第1项的刑罚

值得注意的是，违规披露、不披露重要信息罪只追究直接负责的主管人员和其他直接责任人员的刑事责任，不追究单位的刑事责任。由于上市公司所涉利益群体的多元性，为避免中小股东利益遭受双重损害，违规披露、不披露重要信息罪不追究单位的刑事责任。但并不表示单位不需要承担任何法律责任，单位仍应按照《证券法》等规定承担民事责任及行政责任。①

追诉标准

2022年4月29日，最高人民检察院、公安部联合发布修订后的刑事案件立案追诉标准，加大了对违规披露、不披露重要信息等犯罪打击力度。违规披露、不披露重要信息罪的立案追诉标准如下：

（1）造成股东、债权人或者其他人直接经济损失数额累计在100万元以上的；

（2）虚增或者虚减资产达到当期披露的资产总额30%以上的；

（3）虚增或者虚减营业收入达到当期披露的营业收入总额30%以

① 《最高人民检察院发布第十七批指导性案例》中的《3. 博元投资股份有限公司、余蒂妮等人违规披露、不披露重要信息案(检例第66号)》。

上的；

（4）虚增或者虚减利润达到当期披露的利润总额30%以上的；

（5）未按照规定披露的重大诉讼、仲裁、担保、关联交易或者其他重大事项所涉及的数额或者连续12个月的累计数额达到最近一期披露的净资产50%以上的；

（6）致使不符合发行条件的公司、企业骗取发行核准或者注册并且上市交易的；

（7）致使公司、企业发行的股票或者公司、企业债券、存托凭证或者国务院依法认定的其他证券被终止上市交易的；

（8）在公司财务会计报告中将亏损披露为盈利，或者将盈利披露为亏损的；

（9）多次提供虚假的或者隐瞒重要事实的财务会计报告，或者多次对依法应当披露的其他重要信息不按照规定披露的；

（10）其他严重损害股东、债权人或者其他人利益，或者有其他严重情节的情形。

两罪之间的关系与适用性

欺诈发行证券罪与违规披露、不披露重要信息罪是特殊与一般的关系，属于法条竞合。法条竞合是指一项行为同时触犯存在法条竞合关系的数个法条的犯罪形态，由立法技术上的原因造成。两罪的主要区别在于行为发生的时间。在符合相应追溯标准的前提下，在证券发行阶段的违规披露、不披露重要信息也同时构成欺诈发行证券罪。此时，两罪属于法条竞合关系，按特别法优于一般法的原则，适用欺诈发行证券罪。

如果违规披露、不披露重要信息行为在证券发行及证券交易环节都存在，在满足相应追溯标准的前提下，应该数罪并罚。欣泰电气及温德乙等人欺诈发行股票、违规披露重要信息就是一个典型案例。

欺诈发行退市第一股——欣泰电气[①]

欣泰电气主要从事节能型输变电设备和无功补偿装置等电网性能优化设备的设计、生产和销售。该公司成立于1999年3月23日，于2007年7月25日由丹东整流器有限公司整体变更为股份有限公司。

2009年9月，欣泰电气提交了IPO申请材料；2011年3月，其因“所并购资产持续盈利能力不足”等原因未通过中国证监会审核。

2011年6月，欣泰电气将保荐机构更换为兴业证券，再次冲击IPO。为了实现经营业绩，欣泰电气放宽了对客户的信用尺度，导致应收账款增加，现金流也一度为负数。为了顺利通过IPO审核，欣泰电气当时的总会计师刘胜明建议公司老板温德乙虚构应收账款收回、少计提坏账准备等事项。其中，2011年12月—2013年6月，欣泰电气通过外部借款、使用自有资金或伪造银行单据的方式，虚构应收账款的收回，在年末、半年末等会计期末冲减应收款项，大部分在下一会计期初冲回。

2014年1月27日，欣泰电气成功登陆创业板并上市。为了不让上市财务造假事件东窗事发，欣泰电气上市后继续通过虚构应收账款收回等操作进行财务造假。2015年5月，辽宁证监局对辖区内的欣泰电气进行现场检查，发现了财务造假问题。随后，中国证监会立即立案，由深圳证监会、辽宁证监局两地约30人组成联合调查组，通过4个月左右的调查，最终确定欣泰电气存在欺诈发行和信息披露重大遗漏问题。[②]

2016年7月7日，欣泰电气被中国证监会行政处罚，对欣泰电气欺诈发行行为处以公司非法所募资金的3%，即772万元罚款，对上市后信息披露违法行为处以60万元罚款，合计处以832万元罚款。中国证监会对温德乙欺诈发行行为处以802万元罚款，其中对直接负责的主管人员处以30

① 部分内容引自《中国证监会行政处罚决定书(丹东欣泰电气股份有限公司、温德乙、刘明胜等18名责任人员)》(〔2016〕84号)。

② 曹晓菲. 创业板IPO财务造假问题研究:以欣泰电气为例[D]. 西安:西安理工大学,2017.

万元罚款，对实际控制人处以公司非法所募资金的3%，即772万元罚款；对温德乙信息披露违法行为处以90万元罚款，其中对直接负责的主管人员处以30万元罚款，对实际控制人处以60万元罚款，合计处以892万元罚款。中国证监会对刘明胜欺诈发行行为处以30万元罚款，对刘明胜信息披露违法行为处以30万元罚款，合计处以60万元罚款。

2017年8月28日，欣泰电气正式在深交所摘牌。2019年4月23日，辽宁省丹东市中级人民法院作出“（2017）辽06刑初11号”判决①，欣泰电气、温德乙、刘明胜的行为均构成欺诈发行股票罪；温德乙、刘明胜的行为还构成违规披露重要信息罪，依法应当数罪并罚。依法以欺诈发行股票罪判处欣泰电气罚金832万元；以欺诈发行股票罪、违规披露重要信息罪判处温德乙有期徒刑3年，并处罚金10万元；以欺诈发行股票罪、违规披露重要信息罪判处刘明胜有期徒刑2年，并处罚金8万元。

以上就是欣泰电气上市及退市的整个过程，时间跨度约10年，该案例最终以涉案人员沦为阶下囚落下帷幕。“君子爱财，取之有道”，成功固然是我们毕生的追求，但通过造假等违法犯罪行为取得暂时的成功，只不过是海市蜃楼、过眼云烟，更经不住时间的检验。企业在资本运作或上市过程中，应多一点耐心、多一些谨慎，要相信“欲速则不达”。

---

① 引自《欣泰电气公司、温德乙、刘明胜欺诈发行股票、违规披露重要信息一审刑事判决书》[（2017）辽06刑初11号]。

附录

A股IPO常见审核要点

· A股IPO常见法律审核要点

· A股IPO常见财务审核要点

· A股IPO常见行业审核要点

A股IPO常见法律审核要点

历史沿革

（1）发行人历次出资、增资及股权转让的资金来源、合法性，是否存在虚假出资或出资不实的情况，增资及股权转让的原因、价格、定价依据及其合理性，增资或股权转让定价存在较大差异的原因、价款支付情况。

（2）发行人历次股权转让、转增股本、分红、整体变更过程中所涉当事方缴纳个人所得税的具体情况及其合法合规性，是否存在利用低价转让规避税收缴纳义务的情形。

（3）发行人对赌协议的具体情况，签订时间、权利义务条款的约定、违约责任等相关安排，协议签订及履行的程序，关于业绩等约定历年的实现情况，对发行人的影响，是否损害发行人其他股东等相关方的利益，是否存在纠纷或潜在纠纷；除上述情况外，发行人历史沿革中是否还存在未披露的含有对赌条款的相关增资及股权转让协议、目前存在的相关对赌协议的安排；相关对赌协议的合法性、有效性，是否对发行人的股权结构产生不利影响，发行人目前的股权结构是否稳定。

（4）发行人前身历史上存在挂靠及集体企业改制的情形。①发行人进行集体企业改制时是否符合相关法律法规和当时的政策规定，是否获得了有关主管部门的批准，是否履行了必要的法律程序，是否存在损害国家、集体及其他第三方合法权益的情形，是否存在纠纷或潜在风险；②资产分割的具体过程，包括但不限于所履行的法律程序、资产分割的明细、职工处理情况、是否存在债权债务纠纷等。

（5）发行人改制、历次股权转让、未分配利润转增股本时，控股股东、实际控制人是否缴纳相关个人所得税。如未缴纳的，披露控股股东、实际控制人欠缴税款的具体情况和原因，可能导致的被追缴风险，并由控股股东、实际控制人承诺承担补缴义务及处罚责任。

股东情况

（6）发行人股东是否存在不符合上市公司股东资格要求的情况，是否曾经或目前存在代持或委托持股的情况，是否按照股份锁定期有关要求进行承诺；请核查发行人的历次股权变化及目前发行人股东所持股份是否存在争议、纠纷或潜在的争议、纠纷。

（7）发行人历次股权转让及增资所引入新股东（包括员工持股平台）的具体情况，包括发行人的法人股东的设立目的和背景、设立时间、注册资本及实收资本、注册地址及办公地址、实际从事的主要业务与发行人主要业务的关系；该法人股东是否仅为持有发行人股权而设立并存续，最近3年的主要财务数据、股权结构及演变情况，说明各法人股东的上层法人股东的具体情况，披露至法人股东的终极股东；说明各法人股东的自然人股东近5年具体工作经历、目前及曾经的对外投资企业的具体情况及投资背景、所投资企业实际从事的主要业务及与发行人主要业务的关系及往来情况，该自然人股东对发行人法人股东及其他所投资企业出资的资金来源及合法合规性。员工持股平台是否存在离职转让股份的约定，增资定价依据及其合理性，是否存在外部自然人股东，是否存在纠纷或潜在纠纷。

（8）对于申报前一年内发行人通过增资或股权转让引入的新股东，披露相关股东的股权结构及实际控制人，如为合伙企业的，请补充披露其基本情况及其普通合伙人的基本信息；如为自然人的，请补充披露其基本信息。请保荐机构、发行人律师核查相关股东的基本情况、引入新股东的原因、股权转让或增资的价格及定价依据，有关股权转让是不是双方真实意思表示，是否存在纠纷或潜在纠纷，新股东与发行人其他股东、董事、监事、高级管理人员、本次发行中介机构负责人及其签字人员、发行人的客户及供应商是否存在亲属关系、关联关系、委托持股、信托持股或其他利益输送安排，新股东是否具备法律、法规规定的股东资格。

（9）发行人股东中是否存在私募股权基金，是否按照《私募投资基金监督管理暂行办法》及《私募投资基金管理人登记和基金备案办法（试行）》等规定履行登记备案程序，发行人历史上股东穿透后的人数是否存在超过200人的情况；发行人直接或间接股东中是否存在"三类股东"，出资的资金来源是否合法合规，是否存在股份代持、委托持股等情形，发行人股份是否清晰稳定。

（10）发行人各股东之间是否存在一致行动关系，在公司章程、私有化及入股发行人时是否存在特殊利益安排（比如重大事项否决权、董事提名或任命权等），是否影响公司的实际控制权；结合发行人董事会的具体构成、董事提名来源、董事的任职经历及历史关系等情况，说明某方股东是否对发行人董事会实施控制或存在重大影响；核查最近2年内公司章程、协议或其他安排以及发行人股东大会（股东出席会议情况、表决过程、审议结果、董事提名和任命等）、董事会（重大决策的提议和表决过程等）、监事会及发行人经营管理的实际运作情况，以及发行人各股东之间是否存在一致行动协议等安排，对发行人最近2年内是否存在实际控制人、实际控制人是否发生变更、是否存在导致控制权可能变更的重大权属纠纷，以及上市后发行人的股权结构是否稳定。

（11）请发行人按照中国证监会《监管规则适用指引——关于申请首

发上市企业股东信息披露》《监管规则适用指引——发行类第 2 号》等规定，说明直接或间接持有发行人股份的主体具备法律、法规规定的股东资格，是否存在《监管规则适用指引——发行类第 2 号》规定的证监会系统离职人员不当入股发行人的情形。

独立性

（12）关于关联方和关联交易：发行人按照《企业会计准则》《上市公司信息披露管理办法》第七十二条及证券交易所颁布的相关规则完整、准确地披露关联方关系及报告期内关联交易。请发行人披露关联交易汇总表，相应关联交易占销售收入、营业成本、期间费用的比例；说明各项关联交易发生的原因、必要性、定价依据及公允性、发生的未来持续性，补充注释各项“占比”的具体含义和计算过程。核查关联交易对独立性的影响，关联交易定价对财务报表表达公允性的影响，报告期是否存在关联方替发行人承担成本、费用以及其他向发行人输送利益的情形。发行人说明报告期初关联方的总体情况、报告期内被清理的关联方的总体情况，逐项说明关联方被清理的原因，工商变更登记完成时间或注销的最新进展情况，被清理的关联方报告期内实际从事的主要业务及财务情况，被清理的关联方报告期内是否与发行人存在交易、是否存在替发行人承担成本费用的情况，被清理关联方的股东、董事、监事、高级管理人员与发行人及其实际控制人、关联方是否存在关联关系，说明关联方清理对发行人独立性和财务报表公允性的影响。发行人说明报告期末关联方的存续情况，逐项说明控股股东、实际控制人及其控制的其他企业报告期内与发行人在主营业务、客户及供应商方面是否有重叠，在具体资产负债规模及分布、高管、核心技术人员方面是否有重叠、在财务及经营成果、机构、商标及商号的使用及权属情况等方面的对比情况，结合上述对比情况说明发行人与控股股东、实际控制人及其控制的其他企业是否有同业竞争。

（13）请发行人披露关联交易的程序完备性（包括但不限于章程对关联交易决策程序的规定、已发生关联交易的决策过程是否与章程相符、关联股东或董事在审议相关交易时是否回避、独立董事和监事会成员是否发表不同意见）等。

（14）请发行人说明公司关联方资金占用、关联方委托贷款、开具无真实交易背景的票据融资、自然人关联方借款等的原因，是否履行了完备的程序；公司有何整改措施，是否建立相应的、完善的内控制度。

（15）发行人说明其控股子公司少数股东、参股子公司的其他股东的信息，上述股东和发行人及其董监高、控股股东、实际控制人之间是否存在关联关系。

（16）公司财务部门人员与公司董监高、控股股东及实际控制人（如为个人）是否具有亲属关系；如有，是否会影响财务工作的独立性、财务相关内部控制设计和执行的有效性。

（17）关于同业竞争。发行人控股股东、实际控制人控制企业的实际经营业务，说明发行人是否简单依据经营范围对同业竞争进行判断，发行人是否仅以细分产品、细分市场的不同来认定不构成同业竞争的情形。如涉及大行业的细分行业、细分产品的区分认定，发行人需结合该企业在历史沿革、资产、人员、业务、专利取得主体和技术来源等方面与发行人的关系，以及是否共享采购销售渠道、是否具有相同的供应商或客户等方面分析论证对发行人独立性的影响，是否构成同业竞争。

（18）发行人控股股东、实际控制人、董监高及其近亲属对外投资情况是否存在与发行人利益冲突的情形。如存在，请核查其对发行人独立性的影响。

业务运营

（19）发行人是否拥有生产经营所需的资质证书、产品认证，上述资质证书、产品认证是否已覆盖发行人产品类型及销售市场，发行人在国内市场销售的产品是否已取得必要的资质证书、产品认证；发行人拥有的资质证书、产品认证是否存在已经或即将到期的情形，是否存在到期后未能重新取得的情形。

（20）公司排污许可证的办理是否存在障碍。发行人是否属于重污染行业，是否符合国家和地方环保要求，是否发生过环保事故，是否受到环保部门行政处罚或被环保部门要求整改；是否靠近居民生活区域，是否有来自环保方面的居民投诉或纠纷；核查发行人员工劳动环境及劳动安全情况；发行人有关污染处理设施的运转是否正常有效；核查并披露报告期内环保相关费用支出明细，核查相关环保投入、环保设施及日常治污费用是否与处理公司生产经营所产生的污染相匹配。

（21）公司生产过程和产品是否存在重大质量和安全问题，是否出现过影响恶劣的产品质量问题或受到监管部门的行政处罚。公司建立了何种制度保证核心技术的安全（包括但不限于防范核心技术人员流失的风险等），具体落实情况，有无技术泄密事件的发生。

（22）发行人报告期内所受行政处罚的具体情况，是否就构成重大违法违规发表意见，有关主管部门出具的最近3年的发行人生产经营合法合规的证明。

（23）公司票据的开具、取得、转让或背书是否存在真实的交易背景。票据背书名称中是否存在关联方，如存在，请说明相关交易的公允性和真实性，以及是否存在应收票据贴现的情况。

（24）发行人是否存在商业贿赂或其他违反《反不正当竞争法》等有关法律法规的情形；在营销活动中是否存在给予相关医生、医务人员、医药代表或客户回扣、账外返利、礼品，是否存在承担上述人员或其亲属境内外旅游费用等变相商业贿赂行为。

（25）关于项目招投标：发行人报告期内承接各项业务中的主要项目

是否已履行招投标程序或竞争性谈判程序，订单的获取是否合法、有效，对报告期内经营成果是否产生重大不利影响。

资　产

（26）发行人土地未如期开发的原因以及后续的施工计划，是否违反《闲置土地处置办法》等土地管理法律法规，是否面临被有关部门处罚的潜在风险；发行人募投项目的建设地点拟建于该地块，募集资金到位前该地块的建设计划，发行人是否面临被有关机关处罚的风险。

（27）集体建设用地占发行人全部土地的比例，全部集体土地使用权的面积、占比、性质、用途、重要性、权利人和取得、使用情况，履行的法定程序是否合法合规，是否签订了相关保障条款，搬迁对发行人财务和经营的影响；发行人使用集体建设用地（包括出让和出租）是否符合土地利用规划和城市、村镇规划，是否取得政府的批准（包括是否办理土地登记及领取相关权属证明），是否按照批准文件规定的用途使用土地，是否存在改变土地用途的情形，如存在，是否履行了相关程序；出具相关批复或文件的政府行政管理部门是否属于有权部门；报告期内发行人是否存在土地方面重大违法违规或被处罚的情形，对发行人的生产经营是否构成重大不利影响，是否存在应披露未披露事项，相关风险是否充分披露；发行人用地是否符合《土地管理法》等法律法规。

（28）公司及其子公司拥有尚未办理产权登记的已建成物业。发行人需要说明公司尚未办理产权登记的已建成物业的具体情况及办理进展，没有取得房地产权证的原因，是否可能受到主管部门的行政处罚；房产的具体用途和对发行人收入、利润的具体影响，是否存在影响发行人经营稳定性的事项。如果部分土地是划拨用地，且土地用途与实际用途不符，发行人需要说明将划拨用地转为出让用地并将土地用途转为商业经营用途的进展，相关房地使用权证的办理进展，是否可能因土地权属瑕疵受到主管部门的行政处罚，是否会对此次发行上市造成实质性障碍。发行人说明违规建筑物是否面临被拆除的风险；违规建造行为是否面临被主管部门行政处罚的风险，是否属于重大违法违规行为，是否会对此次发行上市造成实质性障碍。

（29）主要生产场地采用租赁方式取得。发行人需要说明：其租赁房产是否取得产权证书，明确未取得房屋产权证书的租赁面积及占比，上述房屋的所有权瑕疵是否对发行人的生产经营产生影响；其租赁房产是否办理登记备案手续，是否存在潜在的法律风险；租赁厂房产生的收入、利润及其占比情况等，租赁协议的签订情况，租赁合同的稳定性和持续性，是否存在无法续租的风险，是否存在租赁违约的风险，对可能出现的搬迁情形有无应对措施，量化说明如无法持续租赁，该部分物业或租金上涨对发行人生产经营产生的影响；披露租赁房产的租金情况，租金是否公允，是否存在利益输送情形，上述情形是否影响发行人的资产完整性，对发行人生产经营是否有重大不利影响。

（30）发行人拥有专利、商标、软件著作权。发行人需要说明：商标、专利、核心技术的形成过程；目前商标、专利的使用情况；商标、专利的来源、取得方式，是否存在争议，权属是否明确、有无瑕疵，有无被终止、宣布无效以及侵害他人权利的情形；非专利技术的保护措施，未申请专利保护的原因及合理性；关联方拥有或使用与发行人业务相关的商标、专利等知识产权的情况；是否存在对核心技术人员的依赖，是否与其他机构或研发人员存在纠纷及潜在纠纷；专利、核心技术是否涉及相关技术人员在原单位的职务成果，技术人员是否违反竞业禁止的有关规定，是否存在违反保密协议的情形，是否可能导致发行人的技术存在纠纷及潜在纠纷；与发行人业务相关的商标、专利等知识产权是否均已实际纳入发行人，是否存在控股股东或实际控制人拥有发行人商标、专利的情形；披露发行人许可及被许可使用知识产权的具体情况，包括但不限于许可人、被许可人、许可使用的具体资产内容、许可方式、许可使用费等；发行人保护自有商标、专利等知识产权的措施，是否存在其他第三方侵犯发行人知识产权的情形及应对措施；结合国内外主要竞争对手的研发进展、技术水平、产品质量等情况，披露发行人核心技术的竞争优势及其先进性；发行人核心技术或产品近年来是否存在被国际、国内市场上其他技术替代、淘汰的风险。

（31）发行人是否存在重要子公司情形。发行人需要按照《公开发行证券的公司信息披露内容与格式准则第 1 号——招股说明书》第十四条的要求披露重要子公司的相关信息；披露现有组织架构下对母公司、子公司的业务定位，实际主营业务情况，资产、负债、技术、人员分布情况；分别按母公司、子公司披露主要产品的分部信息；披露报告期内子公司的分红情况、财务管理制度和公司章程中规定的分红条款，并说明上述财务管理制度、分红条款能否保证发行人未来具备现金分红能力。

（32）发行人需要说明报告期内注销或转让子公司的情况、具体原因，上述公司在报告期内的股权结构、主营业务、财务状况等，以及相关资产、人员、债务的处置情况；报告期内上述公司是否存在违法违规行为，是否属于破产清算或吊销营业执照的情形，是否存在纠纷或潜在纠纷，相关债务处置是否合法合规，是否存在关联交易非关联化的情况。

（33）发行人需要披露：其境外子公司管理制度及实施情况；其在境外经营的总体情况，并对有关业务活动进行地域性分析；境外子公司的简要历史沿革、经营情况、主要业务内容及数据、主要财务数据、其他股东情况；发行人能否对境外子公司实施控制；境外子公司内部控制制度是否规范有效。此外，发行人需要说明境外子公司设立与运作的合法性。

重大资产重组

（34）发行人资产或业务占比较大的子公司，需要比照发行人披露其信息，是否存在收购国有资产、集体资产的情况及其合法性。

（35）发行人披露各项重要资产重组的完成时间，说明相应会计处理情况；对照《〈首次公开发行股票并上市管理办法〉第十二条发行人最近3年内主营业务没有发生重大变化的适用意见——证券期货法律适用意见第3号》的规定，说明最近3年内主营业务是否发生重大变化。

董事、监事、高级管理人员及核心技术人员

（36）发行人按照《公开发行证券的公司信息披露内容与格式准则第1号——招股说明书》的要求披露董监高及核心技术人员的简要情况，核查并披露董监高是否具有相关规定要求的任职资格。

（37）兼职董事在发行人任职是否符合中组部发布的《关于进一步规范党政领导干部在企业兼职（任职）问题的意见》、教育部发布的《关于进一步加强直属高校党员领导干部兼职管理的通知》《关于开展党政领导干部在企业兼职情况专项检查的通知》，以及相关高校的管理规定，是否合法合规，是否履行必要程序。发行人需要说明兼职董事是否有充分的时间参与公司治理，对发行人公司治理是否造成影响。发行人律师需要对上述事项进行核查，说明核查过程并发表意见。

（38）发行人需要核查董监高及核心技术人员对其曾任职单位是否负有竞业禁止或保密义务，是否存在技术和劳动合同争议或潜在纠纷。

（39）发行人需要核查最近2年内其董事的变动比例是否较大、其核心人员是否发生变化、对发行人生产经营是否产生重大不利影响，并对其董事是否发生重大不利变化发表明确意见。

募集资金投资项目

（40）发行人需要说明募投资金投向的盈利前景及项目风险，是否符合国家产业政策。

（41）发行人需要说明本次募投项目所需场地以购买方式取得的原因及合理性，具体位置、购买情况、款项支付情况、是否已取得房产权证；如发行人未对购买募投项目所需场地做出现实安排，则需要补充说明购买房产及装修所需的时间，以及对本次募投项目顺利实施是否构成重大不利影响。

（42）发行人需要结合行业前景、市场容量、公司市场占有份额、行业地位、客户产能扩张情况、公司现有及潜在订单、公司已有产能及拟建产能等，说明其对新增产能的消化能力，是否存在过度扩产的情况；结合当前销量和未来市场需求，披露募投项目收益分析的具体计算过程。

债权债务

（43）关于重大合同的信息披露与核查情况。发行人需要说明其销售合同对产品质量、品种型号、定价方式、销售数量、交货时间、付款条件等内容是否有明确的约定，各方权利义务关系是否明确，风险报酬转移时点是否清晰；有关重大合同的披露是否完整，是否符合招股说明书准则第八十八条的规定；分析报告期各重大合同的执行情况，是否存在异常或违约事项。

税　务

（44）报告期发行人税款缴纳是否合规，包括税收缴纳方式是否合规、采用的税收政策是否合规，是否存在通过子公司之间不公允交易定价规避税负，是否存在大额补税、大额税收处罚的风险。

（45）发行人需要披露各主体、各业务、各报告期适用的税种和税率，提供并说明税收优惠的依据、备案认定及有效期等情况；说明报告期内享受的税收优惠，收到的主要政府补助的具体内容、依据；中介机构应核查其取得税收优惠、政府补贴的合法合规性，发行人的业绩是否对税收优惠、政府补助存在重大依赖，税收优惠、政府补贴是否成为本次发行上市的障碍。

（46）中介机构核查公司高新技术企业资格是否符合相关认定办法的规定，逐项核对并发表意见；公司高新技术企业资格是否即将到期，到期后是否存在不能被重新认定的风险。

劳动用工、社会保险与住房公积金

（47）中介机构核查各项社会保险和住房公积金的缴纳人数及缴纳比例，未缴纳原因；就上述情况是否符合相关法律法规的规定发表核查意见，并对发行人是否足额缴纳社会保险和公积金，以及如足额缴纳，对经营业绩的影响进行分析说明，是否存在因违反社会保险、住房公积金相关法律法规而受到处罚的情形。

（48）发行人说明报告期内各期劳务采购和劳务派遣的具体业务内容，发行人员工和业务外包、劳务派遣人员各自实施的金额及比例，业务外包和劳务派遣的具体实施方式、业务流程、合作方式，及发行人与外包企业责任事故的划分方式；劳务派遣和劳务外包两种模式的主要合同条款、结算方式、采购价格等方面的差异对比分析；劳务采购和劳务派遣对发行人独立性和完整性的具体影响，是否符合《首次公开发行股票并上市管理办法》的相关规定；报告期各期主要供应商的基本情况，包括但不限于成立时间、注册资本、股本演变情况、营业范围、经营规模、采购金额占供应商收入的比例及是否具备劳务派遣经营许可相关资质等情况；上述供应商与公司、实际控制人、公司高管、核心技术人员及其他关联方之间是否存在关联关系，供应商之间是否存在关联方关系及有无交易、资金往来或其他利益安排。

（49）若报告期内发行人采用劳务派遣方式用工，发行人应披露报告期劳务派遣人员薪酬总额和平均薪酬情况，与发行人员工是否存在差异，并结合当地平均工资情况，说明其合理性；说明规范劳务派遣用工前后劳务派遣人数和派遣人员费用变化情况，是否存在利用劳务派遣压缩薪酬费用的情况；披露公司使用劳务派遣工是否符合《劳务派遣暂行规定》等相关法律法规的规定。

（50）公司存在劳务外包情况。发行人披露外购劳务的主要情况及外购原因，劳务外包业务是否涉及关键工序或关键技术；说明劳务成本与人工成本的差异及合理性，是否存在人为压低人工成本的情形；补充说明其劳务外包是否符合相关法规，是否存在利用劳务外包规避《劳务派遣暂行规定》的情形，核查并说明劳务外包岗位的薪酬支付、“五险一金”缴纳等情况。

（51）发行人需要说明：相关高管奖金的发放和职工企业年金的购买是否符合内部审批流程，是否经过董事会薪酬与考核委员会和董事会等审议程序；发放奖金和购买企业年金的规模是否符合公司激励机制，相关金额的确定是否有科学、合理的依据，是否可以避免随意性和突发性对发行人经营业绩造成的不利影响。

涉诉事项

（52）发行人披露自身及其控股子公司的重大诉讼或仲裁事项。

（53）发行人披露报告期内其控股股东或实际控制人的重大诉讼或仲裁事项的进展情况，是否存在重大违法违规行为。

（54）若发行人及其下属公司存在尚未了结的诉讼，发行人应逐项披露对股权结构、生产经营、财务状况、未来发展等可能产生较大影响的诉讼或仲裁事项，包括案件受理情况和基本案情，诉讼或仲裁请求，判决、裁决结果及执行情况，诉讼或仲裁事项对发行人的影响等。中介机构应对上述诉讼或仲裁进行核查，同时核查发行人控股股东、实际控制人、控股子公司、董事、监事、高级管理人员和核心技术人员是否涉及重大诉讼或仲裁事项，是否存在失信记录，并就发行人相关内控制度是否健全并得以有效运行、诉讼和仲裁事项对发行人生产经营的影响、是否构成本次发行上市的法律障碍等进行判断。

其他法律事项

（55）发行人及中介机构对比发行人 H 股申请文件及上市后信息披露文件，梳理与发行人境内首次发行 A 股信息披露的差异情况，在招股说明书中补充披露发行人已在中国香港市场披露的信息。

（56）发行人如果曾向中国证监会提出首发申请，后撤销申请，则需要说明：前次申报文件与本次的差异和原因，上次申报文件是否存在虚假记载、误导性陈述或重大遗漏，是否存在不符合发行条件的情形；发行人撤销前次发行申请的原因，是否存在重大违法违规行为；更换保荐机构的原因，是否存在违法违规行为。

（57）发行人要保证招股说明书引用数据的真实性，说明数据引用的来源和第三方基本情况，数据是否公开、是否专门为本次发行上市准备，以及发行人是否为此支付费用或提供帮助、是否为定制的或付费的报告、是否为一般性网络文章或非公开资料、是不是保荐机构所在证券公司的研究部门出具的报告。

（58）发行人需要说明新三板挂牌期间的信息披露是否与其本次申报文件提供的信息一致，如果存在差异，需列明具体差异情况并定量分析差异产生的原因，无法进行定量分析的，需进行针对性描述；说明挂牌期间其在信息披露、董事会或股东大会决策、股权交易等方面的合法合规性。

A 股 IPO 常见财务审核要点

货币资金

（1）发行人需要说明其存放在境外且资金汇回受到限制的款项的具体情况、受限原因，计入货币资金是否符合《企业会计准则》的规定。

（2）发行人需要说明其他货币资金的形成过程、形成原因和波动原因，其他货币资金金额与应付票据的匹配性。

（3）发行人需要说明受限资金、被抵押或质押资产的具体情况和金额，并结合担保合同、抵押或质押合同、偿还计划等，说明并披露其是否存在抵押或质押资产被强制行权的风险，是否对公司生产经营造成重大不利影响。

应收账款

（4）发行人应结合主要客户的信用政策，披露报告期各期末不同销售模式下（直销和经销）客户应收账款余额、销售收入占比、账龄及坏账计提金额及比例情况、期后回款情况，应收账款金额与信用政策的匹配性，是否存在通过放松信用政策刺激销售的情形；报告期各期应收账款前五名客户与前五名主要销售客户是否存在差异及导致差异的原因。

(5) 发行人应披露逾期应收账款的金额、占比，说明形成的具体原因、款项性质、对应的产品种类及后续款项支付情况；对比公司逾期应收账款占比和同行业可比公司的情况，说明原因和合理性；披露报告期内坏账计提是否充分，在新金融工具准则下采用预期信用损失模型对应收账款计提坏账准备的具体方法，披露新金融工具准则下确认的预期损失率与原准则下的坏账计提比例的差异情况并分析原因，使用预期信用损失模型计提的信用损失金额是否充分，与同行业可比公司是否存在差异；应收账款及坏账计提是否符合相关会计政策及会计估计，并说明会计核算和列报是否准确。

(6) 发行人应披露报告期各期应收账款冲回、核销的金额和涉及的产品分类，重大项目应收账款的计提金额和具体情况。

(7) 发行人应披露各期末的发函比例、回函比例、回函金额占期末应收账款余额的比例、函证是否存在差异及处理意见；说明各期末应收账款的金额至反馈意见回复日的回款金额及比例。

(8) 发行人在货款结算、信用政策方面与同行业可比公司是否存在差异；发行人与同行业可比公司在应收账款账龄分布及坏账准备计提政策、计提比例方面是否存在差异。

(9) 发行人应分析报告期内发行人应收账款周转率逐年下降且低于同行业可比公司（或逐年上升且高于同行业可比公司）的原因，并结合产品类型、客户类型、应用领域、信用及结算政策、下游客户回款周期等进行定量分析。

(10) 发行人应分别说明各类细分业务对应的应收账款和重分类至合同资产的应收质保金余额明细；结合各项业务质保金的确定依据、收回条件、账龄、同行业可比公司情况等，分析质保金余额变动的原因及合理性。

(11) 发行人应说明其他应收款中账龄超过 1 年的款项的金额、形成原因、未结转原因；现金流量明细中往来款、保证金、资金拆借款的构成、形成原因、与业务规模的匹配性，与其他应收款、其他应付款、其他货币资金、应付票据等报表科目的钩稽关系；各项保证金、往来款、拆借款的资金最终流向，是否涉及发行人关联方或发行人供应商及客户。

应收票据

（12）发行人应披露应收票据的坏账计提情况，应用新准则前是否存在对已背书、贴现的商业承兑汇票终止确认的情形，如有，披露具体的出票对象、金额和占比，终止确认是否符合《票据法》《企业会计准则》的相关规定，测算上述票据未予终止确认并计提坏账准备对报告期各期的影响金额。

（13）发行人应披露报告期各期银行承兑汇票的具体情况，包括出票方、承兑银行、承兑银行性质（国有大型银行、已上市的全国性股份制商业银行及其他银行等）、期初余额、收到汇票、汇票背书、汇票贴现、到期承兑金额及期末余额。

（14）发行人应披露报告期各期末应收票据的出票方或开具方的具体情况，是否与其客户情况匹配，是否存在无真实交易背景的票据往来，是否存在使用无真实贸易背景的应收票据进行融资的情形。

（15）发行人应披露报告期内是否存在应收项目之间（如应收票据和应收账款）互相转换的情形，如存在，账龄是否连续计算；应收票据偿还应收账款的具体情况，包括具体客户、涉及应收账款金额、以应收票据偿还应收账款的原因、对应应收账款和应收票据的账龄及期后回款情况。

（16）发行人应说明终止确认的银行承兑汇票是否附有追索权，报告期内有无被追索的情况，是否存在被追索的风险。

存　货

（17）发行人应披露各期末存货中有具体订单支持的金额及比例，并对其在报告期内的变动情况进行分析；存货周转天数与原材料采购周期、生产周期、运输周期的匹配性。

（18）发行人应按照不同产品类型补充披露各类存货的库龄情况、计提存货跌价准备的具体方式，并结合行业发展情况、竞争情况，以及同行业可比公司的存货跌价准备计提比例等，说明存货跌价准备计提是否充分。

（19）发行人应说明存货周转天数与原材料采购周期、生产周期、运输周期的匹配性，原材料、在产品和库存商品大幅上升的原因和合理性。

（20）发行人应核实外协加工模式下，其对存货委托加工物资的管理情况，包括但不限于发行人发出商品至客户仓库时客户的验收方法、客户对存放在其仓库中但是所有权属于发行人的存货管理方法；报告期内是否出现过由于客户仓库保管不当或者其他原因（如不可抗力等）造成发出商品毁损、灭失，并给发行人带来损失的情况；发生退货如何处理；除了定期盘点之外，发行人对存放在客户仓库中的存货是否还存在其他行之有效的管理方法；发行人业务员对产品的保管及客户领用是如何随时进行跟踪的，人工管理是否存在出现差错的风险，是否有电子化的管理系统。

（21）发行人核实报告期各期末不同存货类别中有订单支持的金额及比例，是否与以销定产的经营模式相符，存货结构变动的原因及合理性。

（22）发行人应结合其业务模式分析并披露发出商品的形成原因，相关设备在客户现场安装的平均周期，各期末发出商品期后结转情况、平均结转周期，各期末对相关存货的盘点和监盘情况，是否存在金额较大的盘盈、盘亏，如何确定发出商品的权属和控制关系。

（23）发行人应披露报告期各期末主要原材料类型及金额、在产品与半成品的主要区别、期末发出商品金额降幅较大的原因、是否存在提前验收的情况。

（24）发行人应结合各期末在手订单金额，在产品、半成品、库存商品订单覆盖率，存货生产周期、备货周期、发出商品确认周期等情况，分析各期末各类型存货变动的原因及合理性。

（25）发行人应披露公司的盘点制度、各报告期末的盘点计划、盘点方式及结果（包括发出商品的盘点情况）。

固定资产

（26）发行人应核实主要机器设备的数量、用途及其关键设备产能情况，设备开工时长、能源消耗、工人出勤状况、生产日志等披露产能及产量的变化情况与固定资产的变化是否匹配，固定资产投入比是否符合行业惯例。

（27）发行人核实固定资产折旧计提的充分性，是否存在应计提减值准备未计提的情形。

（28）发行人核实公司固定资产周转率情况，与同行业可比公司进行对比；披露公司净资产收益率、固定资产收益率的合理性；并结合上述情况，补充披露产能、产量大幅增长的合理性。

（29）发行人核实各类资产的折旧摊销年限是否合理，与同行业上市公司相比是否存在重大差异。

（30）发行人核实固定资产是否存在减值迹象、减值测试过程和减值准备计提的充分性；设备不同折旧年限对应的具体资产类型，存在多种折旧年限的原因及合理性，与同行业可比公司是否存在差异。

（31）发行人核实报告期内产能的计算方法、产能利用率的金额和变动情况，生产人员的变动与产量及产能是否匹配，结合人均产出数量与金额、同行业可比公司人均产出，披露差异原因以及发行人人均产出的合理性。

在建工程

（32）发行人核实在建工程的具体项目名称、预算、期限、本期转固金额、本期结余金额、期末完工比例，各期完工进度和投入金额与计划进度是否存在差异，并分析原因和合理性，是否存在提前预付工程款的情形，工程进度款的支付与合同条款的约定是否一致；核实主要工程承包商的名称、成立时间、实际控制人，主要工程承包商是否与发行人及关联方存在关联关系，是否存在资金体外循环的情形；发行人向主要工程承包商采购的规模与主要工程承包商的规模是否匹配，是否存在工程建设外包的情形，如有，披露外包商的具体情况和服务金额，外包商是否具有相应的资质。

应付账款

（33）发行人核实报告期各期末应付账款累计前五大付款方的名称、采购内容和金额、结算方式、期后支付情况、未结算的原因，与发行人采购规模是否匹配。

（34）发行人核实应付账款账龄分布及变动情况，年末应付账款金额大幅上升的原因和合理性，各期末 1 年以上应付账款的金额及期后偿还情况，是否符合发行人的付款政策，发行人是否存在逾期未支付的情况和重大偿债风险。

（35）发行人应分析使用票据结算的原因，披露应付票据和应付账款占当期采购金额的比例，与采购情况是否匹配。

（36）发行人应分析在营业收入和成本均上升的情形下，年末应付票据及应付账款均下降的原因及合理性，供应商给予发行人的信用政策是否发生变化。

预收款项

（37）发行人核实与客户签订合同时预收款项比例以及其他重要节点的收款比例。

（38）发行人核实报告期内是否存在客户已预付款项但因资金困难或需求变动而取消订单的情形，上述情形下相关产品及预付款项的处理方式，对应存货跌价准备的计提是否充分，是否可能因客户预付款项无法覆盖设备制造成本而导致损失，如有，发行人应充分提示风险。

（39）发行人应结合合同约定的预收款项比例，披露预收款项是否与合同金额、收入金额及发出商品相匹配，并分析预收款项下降是否表明未来产品销量下滑。

递延所得税

（40）发行人应说明递延所得税资产中未实现内部交易利润及计提资产减值准备金额的计算依据及计算过程，递延所得税负债产生的具体原因及计算过程。

（41）发行人应说明各报告期利润总额与应纳税所得额之间的具体差异内容，递延所得税资产与递延所得税负债确认依据及各期波动原因；形成递延所得税资产的各具体项目的计算方式，适用税率情况，对递延所得税资产的确认是否符合谨慎性原则，是否存在未确认递延所得税资产的可抵扣暂时性差异。

营业收入

（42）发行人应核实收入确认方法、具体时点和依据，是否符合同行业惯例和《企业会计准则》的规定；各期收入确认方法、时点是否保持一贯性；各类业务收入确认方法和确认时点与合同约定是否相符，与同行业公司是否一致，发行人对于会计政策的选择是否审慎；报告期内公司收入的确认是否均提前取得了客户的验收凭证，是否存在收入确认后进行验收的情形。

（43）发行人应披露报告期内不同经营模式的划分标准及依据，对应的收入金额及占比，毛利及占比、毛利率，结合定价方式的差异分析不同模式下收入和毛利率变化的原因及合理性。

（44）发行人应说明终端客户产业链强势地位的具体情形，其收入确认是否取决于终端客户的验收确认，或其收款权限、回款风险是否取决于终端客户的付款时间或能力。

（45）发行人结合报告期各期订单、下游客户需求、客户数量和收入贡献等，披露其主营业务和净利润大幅上升（或下降）的原因和合理性，是否符合同行业可比公司的变动趋势。

（46）发行人应披露主要产品销售价格和单价变动的原因和合理性，产品定价原则，是否存在价格调整机制，主要产品价格和销量的波动是否与同行业公司一致。

（47）发行人核实报告期内各年度（期）合同执行情况、取得合同方式、通过招投标取得合同的比例，合同获取途径的合法合规性。

（48）发行人核实报告期内换货、退货、召回、索赔的具体情况及后续处理情况；销售合同中是否存在质保金的规定，披露与质保期、质保金相关的会计处理，会计处理方法是否符合《企业会计准则》的规定。

（49）发行人应说明内销、外销区域的明细构成及划分依据，进一步说明主要销售客户所属地和销售区域的对应关系，各个区域报告期内收入变化的原因。

（50）发行人核实报告期内收入的季度分布，说明是否存在季节性特征及原因。

（51）发行人按照细分分类并结合订单获取情况、具体运用领域及客户类型、各类产品对应的下游主要客户产品需求、同行业竞争及发展趋势等，量化分析并披露报告期内销售量大幅增长的原因及合理性，各产品销售数量、销售收入及同比变动数据。

（52）发行人应披露公司原材料销售的原因、价格、毛利率及销售对象情况，边角料、副产品销售的成本如何计量及结转，受托加工的具体内容及工序情况，受托加工物资在受托加工期间的风险报酬转移情况，相关受托加工的会计处理是否符合《企业会计准则》的规定；进一步说明并披露如何划分边角料成本与产品生产成本及其准确性，边角料量、副产品生产量与产品产量之间是否匹配。

（53）发行人披露主要境外客户的基本情况、设立时间、股权结构、主营业务、经营规模、销售内容、销售金额、占当期发行人外销收入和营业收入比例；披露报告期各期发行人海关出口数据、出口退税金额、境外客户应收账款函证情况；分析发行人境外销售收入与上述数据的匹配情况。

（54）发行人按主要产品类别及规格披露主营业务收入构成情况，结合对主要客户的销售情况，分析各类产品收入变动原因。

（55）发行人披露贸易类收入构成情况，分析贸易类、非贸易类收入的毛利率差异情况，贸易类收入确认政策、时点和依据与同行业可比公司是否存在较大差异。

前五大客户

（56）发行人按销售收入范围分析并披露报告期内客户数量分布、新增与退出客户数量、客户平均销售金额、中位数、平均毛利率情况；分析新增客户的收入贡献金额和占比；结合同行业可比公司相关业务报告期内客户集中度情况、公司业务性质与特征等说明公司客户集中度是否符合行业特征。

（57）发行人披露报告期各期前五大客户成立时间、注册资本、主营业务、控股股东及实际控制人、开始合作时间、客户获取途径、定价方式、结算方式，是否存在长期合作协议，未来交易是否具有持续性，客户及其实际控制人或主要股东、关键经办人员与发行人是否存在关联关系，发行人关联方与客户是否存在异常资金往来；分析其对主要客户的销售金额占其采购同类产品金额的比重，其是否对主要客户存在重大依赖且构成重大不利影响。

（58）发行人披露报告期各期前五大客户的销售内容、销售单价、销量、毛利率、期末应收款及期后回款情况，同一报告期其向不同客户销售同类产品的单价、毛利率是否存在差异，说明差异原因及合理性。

经销和直销模式

（59）发行人应结合智能入户产品的市场容量及公司的市场占有率，分析报告期各期经销模式下智能家居产品销售数量及变动趋势的合理性；说明不同模式、不同区域、不同类别的经销商销售价格、毛利率比较情况及差异原因；说明经销商备货周期、进销存匹配情况，是否存在经销商压货的情形，退换货情况；说明经销模式与直销模式下的信用政策及付款条件的差异；说明经销商回款方式、应收账款规模；说明经销商的终端销售实现情况。

（60）如果发行人产品通过经销商配送进入医院或零售药店，由经销商各自与医院或药店签署合同，则发行人应按照要求对经销业务逐条进行核查，说明核查方式、核查标准、核查比例、核查证据等，核实经销商模式下收入的真实性。

（61）发行人应说明报告期内直销客户和经销客户的数量及分布情况、变动情况；分析报告期内经销商客户数量大幅下滑的原因和合理性，报告期内前五大经销商的名称、成立时间、注册资本、主营业务、股权结构。

境外销售

（62）发行人应结合内外销的定价方式、信用政策、结算方式，比较并披露报告期内内外销平均销售价格、毛利率差异的原因及合理性。

（63）发行人应核实其产品属于海外国家（地区）贸易摩擦加征关税和反倾销政策的哪种类型，报告期内收入占比，加征关税和反倾销后对海外销售的实际影响，是否存在大量订单被取消及大客户转移采购的情形；核实其与海外客户就有关税收承担机制的协商进展情况，并结合其自身竞争优势、在手订单价格和数量变化、税收分担协商、购销协议商定周期及贸易摩擦最新进展等情况，进一步说明贸易摩擦和反倾销政策的影响是否滞后，其拟采取何种措施减少上述政策对经营业绩的影响，风险是否充分披露。

（64）发行人核实其报告期内在进出口方面有无重大违法违规情形，报关数据与其自身数据是否匹配，出口退税情况是否与其境外销售规模相匹配；报告期内相关货币对人民币的汇率变动趋势，其出口收入、进口采购等金额与其汇兑损失之间的匹配性。

（65）发行人按照销售区域补充披露欧洲及其他海外市场主要国家的收入构成和变动情况，结合内外销的定价方式、信用政策、结算方式，分析内销、外销毛利率差异的原因及合理性。

（66）发行人分析 FOB、CIF、DDP 等结算模式下的销售收入和占比，各模式下的收入确认与相关合同约定条件或行业惯例是否相符，不同结算模式下的收入确认节点及依据。

（67）发行人从供应商、品牌商等角度披露海外客户的数量、销售金额及变动情况，报告期新增客户的拓展方式，新增客户的种类、数量、收入金额及其占比。

营业成本

（68）发行人应结合具体业务流程，披露产品成本的核算流程和方法，直接材料、直接人工、制造费用、外协加工费用的归集和分配方法，产品成本结转方法是否符合《企业会计准则》的规定；结合自身的运营模式，说明营业成本的核算及结转方法，与同行业已上市公司是否存在差异；说明成本核算的过程和控制的关键环节，并举例说明成本核算的规范性、准确性。

（69）发行人应说明报告期各期直接材料、制造费用明细情况，并分析各项成本明细要素占比变动的原因及合理性；说明产品主要原材料单位耗用变化情况，主要原材料采购、领用数量与产量的匹配情况；核实主要原材料采购价格和行业公开报价是否一致，量化分析上游原材料价格变化与下游产品价格变化之间的传导机制。

（70）发行人根据报告期内工人人数变动、工人工资政策调整、工人平均工资变化、制造工时等因素，披露直接人工变动的合理性；分析其人工成本与同行业公司相比是否存在重大差异；根据不同类别产品的生产周期、制约产能的关键因素，结合报告期内产量、平均人数的变动，分析人均产量变动的原因及合理性；结合同行业可比公司薪酬水平和经营所在地平均工资，披露发行人平均职工薪酬是否与同行业或当地存在差异及差异原因，披露与人工工时核算相关的内部控制制度及执行情况。

（71）发行人应披露材料外购或自产的金额和比例、自产和外购的成本差异、报告期内以自产代替外购对成本的具体影响。

前五大供应商

（72）发行人应结合报告期各期前五大供应商基本情况、合作历史、采购方式、采购内容、定价方式、结算方式等，说明并披露同种原材料采购价格在不同供应商之间是否存在显著差异，以及报告期内各主要供应商采购金额、次序变动较大的原因及合理性；披露报告期内供应商数量及变动情况、贸易类供应商采购比例和向终端供应商采购的情况；核实供应商及其关联方与发行人是否存在关联关系或同业竞争关系、其他利益安排。

（73）发行人应核实各期供应商的数量，并对供应商按适当的采购金额标准进行分层，列示不同层级的供应商数量、采购金额及占比；核实新增供应商数量、对应新增供应商采购金额占比和变动情况。

（74）发行人披露刚成立不久（一年以内）的供应商与发行人进行合作的原因、背景、对应的金额和占比。

（75）发行人披露报告期各期与个人或个体工商户的交易情况，包括金额及占比、收款结算方式中现金结算的金额及占比。

（76）发行人披露报告期内前五大供应商的主营业务、主要产品情况，与发行人的米购内容是否匹配，前五大供应商是否存在向发行人销售非自产产品的情况。

（77）发行人披露供应商策略，各类原材料、外协采购是否选取两家以上供应商，同类原材料、外协采购的供应商交易单价对比情况，是否存在明显差异。

外协加工

（78）发行人核实外协加工大幅上升的原因和合理性，报告期内各期前五名外协厂商的公司名称、加工金额、成立时间、地址、股东结构、生产金额占外协厂商的收入比例等，上述外协厂商是否为其他客户提供生产服务，主要外协厂商的付款方式和交货方式。

（79）发行人披露采购外协服务具体环节、计价方式、生产定价依据、采购数量和金额及相关占比，结算方式对外协生产厂商采购、生产、存货管理、质量控制等主要措施的具体要求；披露外协生产成本与自产成本的差异；披露外协加工费用定价依据，交易价格是否合理公允，是否存在利益输送情形。

（80）发行人核实其控股股东及实际控制人，发行人董事、监事、高级管理人员是否与外协厂商存在关联关系，是否存在发行人关联方或前员工设立外协厂商的情形。

（81）发行人核实报告期内其与外协厂商是否采取买断式的采购模式，是否存在退换货情况。

（82）发行人核实存货中委托加工物资和外协加工金额的匹配关系，报告期前期不存在委托加工物资的原因和合理性，后一会计年度委托加工物资大幅上升，是否涉及外协加工来料方式的变化，对应的外协加工会计处理是否涉及从总额法向净额法的转变。

（83）发行人核实报告期内外协加工数量、金额，与自产数量、自有产能对比是否具有必要性，是否符合行业惯例，发行人是否存在对外协厂商的依赖，说明发行人对外协业务的质量控制措施。

（84）发行人说明外协加工的具体内容、应用产品及环节，外协加工是否属于关键工序或关键技术，分析并披露外协加工的必要性和合理性，是否对发行人独立性和业务完整性构成影响，发行人是否存在将外协环节纳入自产的计划。

研发费用

（85）发行人应披露采用净额法核算与研发投入或购建长期资产相关的政府补助的原因及合理性，若采用总额法核算，披露对相关税费及经营情况的影响；分析采用净额法抵消前研发费用金额与研发投入中研发费用金额存在差异的原因。

（86）发行人应列示报告期内所有研发项目的研发方式（国拨、自筹）、计划研发投入、国拨及自筹比例、实际投入金额、期末具体研发进度、项目的起止时点（或预计完成时间）、开始资本化时点、转入无形资产时点、资本化金额（净额法抵消前）及占比、项目交付成果的具体形式、形成实物产品的情况。

（87）发行人应分析报告期研发费用波动的原因、研发费用的支出范围和归集方法，研发人员的构成与研发实力是否相匹配，研发费用材料投入的具体构成、金额和占比，主要产品的研发周期及平均研发周期，是否存在研发费用资本化的情形，主要研发项目的金额和进展情况。

期间费用

（88）发行人核实报告期各期可比公司期间费用率的金额，发生变化的原因和合理性，分析与发行人的期间费用率是否存在较大差异及原因；量化分析并披露报告期内发行人期间费用率大幅下滑的具体原因，与营业收入、业务量变动的匹配情况；核实是否存在第三方代为承担费用、少计费用的情况，是否存在商业贿赂的情形。

（89）发行人核实各期银行借款、融资租赁设备的具体情况，各期利息支出金额持续大幅上升的原因，与当期银行借款规模是否相符，报告期是否存在利息支出资本化的情形；披露融资租赁业务的具体情况、涉及的设备供应商和租赁公司情况，相关会计处理是否符合《企业会计准则》的规定；分析发行人公司资产修理费相对较高的原因和合理性。

（90）发行人核实销售人员、管理人员和研发人员的平均职工薪酬，分析与同行业可比公司薪酬水平和经营所在地平均工资是否存在差异及差异原因。

（91）发行人分析期间费用率低于同行业可比公司平均水平且逐年下滑的原因及合理性，是否存在其他主体为其代垫费用的情形。

（92）发行人分析销售费用中宣传展览费和业务招待费的具体构成、用途、主要支付方、报告期内波动的原因、金额较大的原因，相关费用支付方与发行人是否存在关联关系，是否存在商业贿赂情形。

股份支付

（93）发行人应说明股权激励计划中关于等待期、服务期、离职限制等相关具体条款，公允价值的确定依据，会计处理过程；报告期内持股平台激励对象是否存在新增、退出的情形及相关处理情况，股权激励协议中的相关约定是否得到执行；报告期内，发行人是否存在以非公允价格对员工、实际控制人或其他个人直接或间接授予股份的情形。

（94）发行人应严格区分董事、监事、高级管理人员、核心技术人员和其他员工等，列示授予股票期权的人员名单，说明授予的股票期权数量及占比；结合中国证监会《首发业务若干问题解答》（2020 年修订）问题 26，进一步说明涉及股份支付的相关情况，并详细说明确定公允价值、分摊期限的依据，股份支付费用的具体计算过程；结合报告期内营业收入与净利润规模说明业绩考核指标不考虑股份支付费用影响的合理性，是否存在为股权激励对象输送利益的情形；结合发行人终端品牌客户认证情况、技术先进性与市场化应用情况等说明业绩考核指标的可实现性，是否主要依赖于控股股东及其关联方的订单来源；分别说明提前终止股权激励方案、考核不达标两种情况下的会计处理方式及其对发行人经营业绩的影响；结合报告期经营业绩、在手订单与订单可持续性等，测算并说明发行人报告期内及未来年度是否存在因大额股权激励费用导致亏损或持续亏损的风险。

（95）发行人核实实际控制人在员工持股平台的股份未做股份支付费用会计处理的原因及合理性，员工持股平台涉及的人员范围及具体岗位、有无服务年限要求、公允价值及确定依据、会计处理是否符合《企业会计准则》要求和《首发业务若干问题解答》（2020 年修订）的相关规定。

毛利率

（96）发行人披露同行业可比公司的选取标准，同行业可比公司选取是否具有完整性、可比性；按照不同产品、服务分别与可比公司同类产品、服务的毛利率进行比较，并结合同行业公司产品结构、采购和销售模式、产品成本和定价等情况，量化分析并披露毛利率与各可比公司同类产品的差异原因及毛利率波动趋势不一（如有）的原因。

（97）发行人结合主要产品单位价格及单位生产成本变动情况等，量化分析并披露毛利率变动的原因及合理性、不同产品毛利率差异的原因和合理性。

（98）发行人核实是否面临重大不利影响因素（包括行业、政策、下游客户等），是否影响其持续盈利能力，其收入和净利润变动趋势与同行业存在较大差异的原因，未来是否存在收入和净利润大幅下滑的风险。

税收优惠

（99）发行人核实各主体、各业务、各报告期适用的税种、税率、优惠依据及有效期，提供相关税收优惠的备案或认定文件；核实《高新技术企业证书》到期后的续期进展，是否存在无法续期的风险。

（100）发行人核实报告期内增值税应税范围，各期增值税的期初额、当期发生额、期末额及与相关收入的匹配性。

（101）发行人说明收到的税费返还和支付的各项税费的具体构成、形成原因，与营业收入规模及结构变动的匹配情况。

现金流量表

（102）发行人核实各报告期大额现金流量变动项目的内容、发生额是否与实际业务相符，是否符合与相关会计科目的钩稽关系。

（103）发行人核实收到、支付其他与经营活动有关的现金的明细情况及变动原因。

（104）发行人核实收到、支付其他与筹资活动有关的现金的明细情况及变动原因。

（105）发行人核实经营活动产生的现金流量净额与净利润差异较大的原因和合理性。

（106）发行人说明表外担保项目按未折现剩余合同现金流量的内容、金额及列表情况。

第三方回款

（107）发行人核实第三方回款是否符合行业经营特点、是否具有必要性和合理性。

（108）发行人核实客户在委托第三方代付的情形中，与第三方的具体关系、核实方法是否有误。

（109）发行人核实通过亲属、员工、经销商股东、下游终端向公司进行销售的回款金额及占比；核实相关销售交易是否为真实交易，是否存在纠纷或潜在纠纷。

分　红

（110）发行人核实实际控制人分红款的去向，是否存在与其客户及关联方、供应商及关联方的资金往来，是否存在为其分担成本费用的情形，是否存在商业贿赂的情形。

（111）发行人结合公司净利润情况，披露分红金额较高的原因和合理性。

财务内控

（112）发行人说明报告期内使用个人银行卡作为公司账户的原因，相关人员与发行人、供应商、客户的具体关系，是否存在以其他员工、股东的个人银行卡、网络支付账号作为公司银行账户的情形，是否存在报告期内与供应商、客户存在资金往来的情形，除发行人出具的承诺外，中介机构是否采取核查措施；结合有权机关认定意见内容及相关规定，进一步分析报告期内无真实交易背景票据、转贷面临的法律风险；说明报告期内实际控制人、股东、董事、监事、高级管理人员、其他关键人员及关系密切主体单笔金额5万元以上交易笔数、银行卡账户数量、大额未收回支出及大额取现资金的最终流向；结合上市审核问答相关规定，说明是否存在资金拆借、现金交易等其他财务不规范的情形，财务内控制度及执行情况，报告期内财务不规范行为的整改情况；结合招股说明书相关信息披露内容与格式准则、上市审核问答等相关规定，详细披露报告期内会计差错更正信息；说明前次IPO申请撤回后至此次申报期间仍存在多项会计差错更正的原因及合理性，是否存在未经批准擅自变更会计政策或会计估计，以及连续、反复地自行变更会计政策或会计估计的情形，相关会计差错更正是否符合《企业会计准则第28号——会计政策、会计估计变更和会计差错更正》的规定，与财务报告相关的内控制度设计和执行是否有效，相关财务人员及负责人能否胜任。

（113）发行人说明其相关主体和供应商、客户之间的资金往来与发行人业务无关的客观依据，对实际控制人报告期内大额资金支出最终流向的具体核查情况，涉及员工借款的具体金额，截至目前相关借款归还情况，是否存在相关资金流向报告期内供应商、客户的情形；披露对其使用个人卡作为公司账户，无真实交易背景票据及转贷，第三方回款，与供应商、客户非业务资金往来等财务内控不规范行为的具体核查措施及核查意见。

（114）发行人说明报告期内部交易具体产品种类、单价及定价依据、买方税率等信息，是否存在同类产品既销售又采购的内部交易情形，合并报表编制过程中内部交易抵消、外币报表折算差额和未实现内部交易利润的计算方法；说明内部交易定价及企业所得税相关处理是否合法合规，是否存在通过内部交易不公允定价规避税负的情形，是否符合境内外税收规定，是否存在追缴税款或面临税务处罚的风险。

关联交易

（115）发行人结合与关联方的合作模式，分析并说明采购后又销售的交易模式与受托加工模式的区别；结合同类原材料、产品采购与销售的可比价格，说明与关联方关联交易的公允性、背景、原因与合理性，以及占同类交易的比例；分析关联方注销的原因，注销后其资产、人员与业务的去向；说明发行人为减少关联交易采取的具体措施。

新冠肺炎疫情的影响

（116）发行人应分析新冠肺炎疫情对其报告期生产经营及财务状况的具体影响，其所处的外部生产经营环境是否发生重大不利变化；新冠肺炎疫情是否对其持续盈利能力、全年经营业绩产生重大不利影响，相关风险是否被充分披露。

A股IPO常见行业审核要点

核心技术

（1）发行人说明其核心技术应用的具体产品、对产品性能的提升作用及国内外相关技术的研发进展情况，是否为行业通用或较为成熟的技术；分析其存储系统及数据库管理系统相较于行业国内外竞争对手在容量、性能（读写速度、时延）、可靠性、可用性、拓展性、兼容性、安全性等方面的竞争优势和劣势；说明D－Fusion系列产品、CDDB数据库支持的数据模型类型，是否支持传统结构化数据及非结构化数据的技术实现方式；核实存储系统核心软件及数据库软件的形成过程、当前版本、MPP架构的先进性，是否存在被技术迭代的可能性；分析公司移动存储产品在上述极端环境下对硬件的适配及优化作用，是否满足极端环境下特殊存储及数据管理要求的技术实现方式。

（2）发行人说明其产品相关技术自主可控的依据，在全产品层面实现代码级自主可控的具体情形，是否存在利用开源技术的情形，若存在，是否存在纠纷或潜在纠纷；分析其核心技术的形成及迭代过程，相关专利的申请过程，核心技术人员对核心技术形成的贡献情况，是否存在依赖合作研发的情形。

（3）发行人核实其在国外设立子公司并生产关联零部件的必要性，是否存在相关零部件或技术依赖国外子公司相关技术的情形，国外子公司的主要核心技术、工艺内容及来源是否存在第三方专利授权的情形，报告期内是否存在专利侵权或发生专利诉讼、仲裁纠纷等情形；核实国外子公司的人员配置及构成、生产线建设及资金来源、报告期内为发行人提供的具体零部件明细，详细分析国外子公司的生产成本、费用构成情况，是否存在第三方为国外子公司垫付资金或向其输送利益的情形；披露国外子公司的经营模式、定价原则，报告期内收入、净利润的来源构成，是否存在向发行人以外的第三方销售货物的情形。

行业定位

（4）发行人说明公司主要产品与《战略性新兴产业重点产品和服务指导目录》（2016 版）、《战略性新兴产业分类（2018）》的具体对应关系；说明硬件及软件性能对于存储系统产品整体性能的影响作用；分析报告期内数据库管理系统业务中数据库软件及预研开发服务的收入、毛利、毛利率与同行业公司的对比情况；结合其主要产品、主营业务实际情况及同行业可比公司行业定位情况，说明其行业定位是否准确。

（5）发行人应结合报告期内医药产品对应的销售收入、净利润，可比上市公司行业认定情况及相关规定，说明申报时所选行业类别是否客观、准确；结合主要产品市场规模及市场份额情况、主营业务收入及扣非后净利润变动情况、复合增长率情况、与同类产品及竞品的竞争优势和劣势等因素，说明主营业务是否具有可持续性及成长性；结合相关专利的具体作用及先进性、技术工艺同行业对比情况、在研产品进展情况等，进一步分析说明自身是否属于高新技术产业和战略性新兴产业发展方向的创新创业企业，是否符合创业板行业定位；按照《创业板首次公开发行股票注册管理办法（试行）》第三条、深交所《创业板股票发行上市审核规则》第十九条等规定，说明发行人主营业务在创新、创造、创意方面的具体特征。

国际环境

（6）发行人核实报告期各期国外市场各自的销售金额、销售占比以及变动原因，分析当前国际政治、经济环境对其在国外市场开展业务的具体影响，在上述地区开展业务的可持续性，拟采取的应对措施。

（7）发行人核实其主要产品是否符合外销国家的行业标准，是否具备产品外销至相关国家或地区所需的全部资质、认证、许可，取得过程是否合法合规，报告期内是否存在产品质量纠纷或潜在纠纷。

（8）发行人核实主要外销国家或地区政治、经济环境的基本情况，报告期内对其产品征收的关税税率及变动情况，是否存在关税壁垒、产品禁入等贸易限制措施，贸易摩擦对其业务的影响是否存在滞后性，是否存在贸易环境发生重大不利变化的风险。

（9）发行人核实报告期内主要原材料是否涉及进口，与境外供应商的合作关系是否稳定，境外采购是否受贸易摩擦及汇率波动的影响。

行业环境

（10）发行人核实行业发展政策对其生产经营的影响；量化分析未来下游企业由失去政策红利的支持导致的需求下降对其业绩及持续盈利能力产生的影响；结合在手订单和预计客户开拓情况，补充披露募投项目的新增产能能否被有效消化，新增折旧摊销费用情况，是否存在产能过剩、募投项目终止、业绩下滑等风险。

（11）发行人结合公司所处行业的整体状况，并按产品和服务类别说明同行业公司的主要情况、财务数据、市场份额、经营及盈利模式是否与发行人存在差异。

（12）发行人结合自身产品和服务的终端客户与市场竞争情况，分析公司在报告期内业务收入保持快速增长的原因及可持续性。

（13）发行人结合产品市场占有率情况及市场竞争格局，披露报告期内毛利率略有下降的原因及合理性。

（14）发行人分析其报告期内营业收入的增长幅度与行业整体发展情况的匹配性，如存在较大差异，进一步披露其原因及合理性。

（15）发行人结合行业特点，充分说明其相关产品是否存在技术快速迭代的风险、产品在行业中所处的地位、相关风险揭示是否充分。

（16）发行人结合公司的具体产品和服务，说明相关产品的市场竞争格局和未来成长性。

（17）发行人说明公司的核心竞争力以及技术壁垒。

行业地位

（18）发行人说明行业内竞争的详细情况，各细分领域国内外参与竞争企业的数量，行业内主要企业的技术水平、产值、收入等情况；结合产品市场占有率及与境内企业比较的情况，说明其市场空间。

（19）发行人说明同行业主要企业的名称、资产规模、销售规模、经营状况及研发水平等方面的情况；按照公司市场类别披露公司面临的市场供求和竞争状况，包括但不限于市场供求情况、竞争对手的数量及情况、目标市场的容量及未来增长趋势、公司在目标市场的占有率及排名情况，说明公司的竞争优势、劣势及其在行业中的地位；结合业务模式说明其核心竞争优势及未来发展趋势，在市场上是否具有竞争力。

（20）发行人核实“先行者”“国内规模最大”等表述或其他类似表述的依据是否充分，若否，需删除相关表述；核实获得相关认定或获奖的难易程度、国内同行业公司获奖的情况、相关奖项是否具有权威性，若不符合实际情况，需删除相关表述；衡量其技术先进性的具体指标及与同行业公司相关指标对比分析的情况，并说明招股说明书中“国际先进”“国内领先”“行业先进”等表述的划分标准，是否有充分依据。

进口替代

（21）发行人核实其主要产品实现进口替代的相关支撑性政策文件和法律法规，是否属于国家鼓励、支持和推动的关键产品。

（22）发行人说明进口替代主要涉及的核心技术、产品服务及应用情况，其在哪些方面提供了进口替代、进口替代的时间和程度，并说明进口替代相关的产品收入、净利润等在报告期内的占比及涉及的主要客户等情况。

业绩波动

（23）发行人结合前后两次申报期间行业趋势、市场环境、主营业务、产品种类、客户及供应商、技术工艺等方面的对比情况，分析说明前次申报撤回后业绩大幅增长的具体原因及合理性；结合境内可比公司主要业务、产品种类、市场分布、客户及供应商、产能规模等方面的对比情况，分析说明报告期内发行人主要业绩指标与上述可比公司在变动趋势、变动幅度方面存在差异的具体原因及合理性；说明报告期营业收入与净利润变动趋势不一致的具体原因，同一原因造成的业绩下滑是否存在再次发生的可能性；量化分析产能、产量的提升对报告期内营业收入、扣非净利润等经营业绩指标的具体影响，说明新冠肺炎疫情影响其他厂商供货而促使发行人抢占部分市场的客观依据；结合新冠肺炎疫情对主要市场供需关系、运输情况、客户及供应商、境外子公司经营等方面的影响，以及产品毛利率下降、贸易环境变化等情况，说明期后预计经营业绩、在手订单情况，分析报告期抢占市场份额、主要产品售价及毛利率、未来主营业务收入及净利润是否存在下滑风险，充分提示上述可能对业绩持续性产生不利影响的风险情况。

客户连续性

（24）发行人披露在客户集中度较高且新客户开发周期较长的情况下，一旦出现大客户流失情形，其如何保持业绩的稳定性以及生产经营的正常开展。

（25）发行人披露主要客户及其关联方的基本情况、股权结构、实际控制人、董事及高级管理人员、主营业务、业务规模、产能规模，是否与发行人存在实质或潜在的关联关系，相关交易单价与发行人产品平均单价是否存在差异，持续大额购买发行人产品的原因及合理性，是否已用于实际生产。

（26）发行人核实报告期内相同客户重复购买产品的具体情况，包括但不限于客户名称、购买数量和金额、购买原因、购买周期是否与商品使用寿命、客户生产规模、产能扩张情况相匹配。

（27）发行人披露报告期内新增客户和存量客户的销售金额及占比、毛利率，其开拓新客户的主要方式及具体情况。

后　记

首先，笔者想让更多的人了解律师这项职业。许多行业外的朋友都认为，律师只是打官司。笔者每次向对方介绍自己的职业时，都会告诉对方："我是一名资本市场的律师，主要从事企业上市、投融资领域的工作"。尽管大家都知道上市公司，但大多数人却既不知道公司上市的整个过程，也不知道资本市场道路的曲折。笔者在阐述资本市场相关内容时，从旁观者的角度讲述了某些案例。这些案例虽然只是寥寥数语，却蕴藏了企业及其实际控制人几年甚至几十年的心血。在参加工作10年之际，笔者将工作内容及心得整理成书，希望能对所有参与或即将参与资本运作的朋友们有所帮助。

其次，感恩笔者的爷爷。他是教导笔者致力于考上清华北大的人。爷爷出生在新中国成立前，自学成才，是较早一批取得医师资格证的人，从医时间超过50年，了解很多治病救人的处方，知道很多奇异故事，经常会给笔者讲述他曾经救死扶伤的故事。正因为看到爷爷在平凡岗位上的坚守，才让笔者保持初心，坚持走过作为一名资本市场律师的10年。"早晨东方初升的太阳，明明亮亮"是他对小时候的笔者的祝愿，笔者亦祝愿他在天堂安好。

最后，感谢生命中遇到的每一个人，感谢团队同事及相关朋友对本书的支持。